JN060990

徳島県の教員採用試験　参考書シリーズ❽

2026年度版

徳島県の音楽科 参考書

協同教育研究会 編

協同出版

はじめに～「参考書」シリーズ利用に際して～

教育を取り巻く環境は変化しつつあり，日本の公教育そのものも，教員免許更新制の廃止やGIGAスクール構想の実現などの改革が進められています。また，現行の学習指導要領では「主体的・対話的で深い学び」を実現するため，指導方法や指導体制の工夫改善により，「個に応じた指導」の充実を図るとともに，コンピュータや情報通信ネットワーク等の情報手段を活用するために必要な環境を整えることが示されています。

一方で，いじめや体罰，不登校，暴力行為など，教育現場の問題もあいかわらず取り沙汰されており，教員に求められるスキルは，今後さらに高いものになっていくことが予想されます。

本書は，教員採用試験を受験する人が，より効率よく学習できるように構成されています。本書の基本構成としては，各自治体の過去問を徹底分析した上で，巻頭に，各自治体の出題傾向と学習法，出題例，類題等を作成・掲載しております。第1章以降では，各自治体の出題傾向に基づいて，頻出の項目を精選して掲載しております。ページ数やその他編集上の都合により，掲載しきれず，割愛している内容もありますので，あらかじめご了承ください。なお本書は，2024年度（2023年夏実施）の試験を基に編集しています。最新の情報につきましては，各自治体が公表している募集要項やWebサイト等をよくご確認ください。

最後に，この「参考書」シリーズは，「過去問」シリーズとの併用を前提に編集されております。参考書で要点整理を行い，過去問で実力試しを行う，セットでの活用をおすすめいたします。

みなさまが，この書籍を徹底的に活用し，難関試験である教員採用試験の合格を勝ち取って，教壇に立っていただければ，それはわたくしたちにとって最上の喜びです。

協同教育研究会

教員採用試験「参考書」シリーズ

徳島県の音楽科 参考書

CONTENTS

徳島県の音楽科
出題傾向と学習法

効率よく試験対策を進めるために

1　ポイントを確実に理解して問題を解く

教員採用試験の専門教養の筆記試験対策として最重要なのは，受験する自治体の出題形式や傾向に合った学習法を知ることである。本書は過去問を分析し頻出分野を中心に構成されている。各節の冒頭で学習のポイントを示し，例題を解きながら知識を身につけるようになっている。したがって，まず，各節のポイントを確実に理解するようにしよう。

専門教養とはいえ，学習指導要領の内容から大きく離れた「難問」が出題されることはほとんどない。志望する学校種の問題レベルを把握し，十分に対応できるまでの知識を身につけることが求められる。試験対策としては，苦手な分野や触れたことのない内容を残さないようにすることも大切だが，まずは本書の例題や過去問などに積極的に取り組んで，頻出分野の知識を身につけてほしい。

2　出題傾向から効率よい学習法を導き出す

過去問に目を通すことで，頻出分野だけでなく，出題形式の特徴も窺うことができる。

徳島県の音楽科は，他の都道府県と比較すると，問題数もとりわけ多くなく，出題領域も広くはない。しかし，解答方式が記述式であることや，一問あたりの配点が高い問題もあるため，しっかりとした準備と対策は欠かせない。大問1つは関連する多岐にわたる問題から成り立っているので，音楽に関する基礎的な知識に加えて，深い知識がなければ解答が困難な問題も多い。

出題分野の傾向としては「音楽理論・楽典(音楽の基礎知識，調と音階)」や「音楽史(作曲家と作品の知識を問う問題，音楽様式，音楽形式の知識を問う問題)」，「学習指導要領(各学年の目標と内容，指導計画と内容の取扱い)」，「作曲・編曲(新曲を作曲)」について頻繁に出題されている。いわば，これらの分野・内容が，徳島県の特徴といえる。こうした分野については本書で学習し，過去問や類題を解き，確実に得点できるようにしておきたい。

ここでは，実際に出題された問題を，いくつか示す(出題例参照)。

「音楽の基礎知識」については，音程，音階，和音，調など，楽典の最も基本的な問題が中心である。和音・調についての問題の数が多い。和音の調における特性をしっかり学習しておこう。音程は，数え間違い等によるケアレスミスをしやすい。見直しを徹底して正確に解答しよう。西洋音楽史については譜例からの問題が頻出なので，音源と楽譜をあわせて聴いておきたい。かなり深掘りした問題も出題されているので，楽曲に対する知識が問われる。

教科書教材は作詞・作曲者名，旋律と歌詞，テンポや強弱記号など，きちんと覚えておけば全問正解をねらえる問題である。しっかりと教材研究をしておこう。

徳島県の一番の特徴である，作曲・編曲では，与えられた条件をもとに新曲を作曲する問題が出題される。配点も高いので，高得点をねらいたい。2024年度はアルトリコーダーの二重奏を作曲する問題であった。2020年度はソプラノリコーダーとアルトリコーダーの二重奏，2021年度はアルトリコーダーの単旋律を沖縄音階を使って作りコードネームをつける，2022年度はボディーパーカッションの三重奏，2023年度はア・カペラの混声三部合唱曲であった。課題は様々で，毎年異なるので過去問をチェックして練習を重ねよう。課題が珍しい上に時間を要するので，作曲に慣れていないと点を取るのが難しいであろう。

学習指導要領は穴埋め問題だが，記述式である。特に指導計画と内容の取扱いについて，キーワードを覚えて書けるようにしておくこと。

3　過去問題集との併用等で実践力をつける

以上のように，本書の使い方としては，効率的に試験対策を進めるために頻出分野のポイントを押さえ，例題を通して解法を理解していくことになるが，本試験でその学習成果が発揮できるかどうかは，実践的な問題をどれだけ解いているかが重要である。その対策として，一通り基礎の確認ができたら時間を計って各年度の過去問を解くこと，模試を活用するといったことが考えられる。そこで不正解だった問題については，本書の該当箇所を参照して，繰り返し学んでほしい。そうすることで，出題傾向に合わせた実践的な力が必ず身につくはずである。

まずは出題例を見ていこう！

本自治体の出題例：始めにチャレンジ！①（2023年度実施問題改）

次の楽譜は，シューベルト作曲「交響曲第７番ロ短調　D759　第２楽章」の一部である。（記譜の無いパートは省略）。この楽譜を見て，(1)，(2)の問いに答えなさい。

(1)　A～Cの調性を判定し，日本語で答えなさい。

(2)　次の(i)·(ii)について，(　　)に当てはまる関係調の種類(属調など)を答えなさい。

(i)　BはAに対して(　　)である。

(ii)　CはBに対して(　　)である。

解答：(1)　A　ホ長調　　B　ホ短調　　C　ト長調
(2)　(i)　同主調　　(ii)　平行調

本自治体の出題例：始めにチャレンジ！② (2024年度実施問題改)

モーツァルトの三大交響曲と言われる作品の中で，ローマ神話の主神ユーピテルの名前を標題につけた交響曲の番号を答えなさい。

解答：(交響曲第)41(番)

本自治体の出題例：始めにチャレンジ！③（2024年度実施問題改）

次の楽譜は，モーツァルト作曲オペラ・ブッファ「フィガロの結婚」の第２幕第３場のアリア「恋とはどんなものかしら（邦題）」である。この楽譜を見て，（1），（2）の問いに答えなさい。

(1)　①を調号を用いて実音に書き換えなさい。

(2) 楽譜のCHERUBINO(ケルビーノ)はメゾソプラノの歌手が担当する役である。②を調号を用いてメゾソプラノ譜表に書き換えなさい。

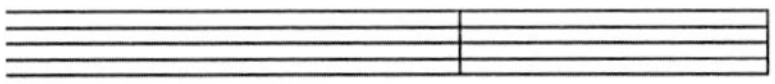

解答：(1)

(2)

本自治体の出題例：始めにチャレンジ！④ (2024年度実施問題)

授業でアルトリコーダーの二重奏に取り組む。【条件】の(1)～(6)を全て満たした二重奏曲を創作しなさい。

【条件】

(1) 16小節で二部形式の曲であること。

(2) 拍子は任意とし，ト長調で作曲すること。

(3) A1とA2のいずれにも主旋律を演奏する部分をつくること。

(4) アルトリコーダーで演奏できる音域とし，調号や記譜等，楽譜が正確であること。

(5) 速度記号(または速度標語)及び強弱記号(変化を表す記号も可)を示すこと。また，フレーズに合ったブレスの位置を記号で示すこと。

(6) 高校入学直後の生徒を対象とした中学校3年生程度の難易度とし，曲としてのまとまりがあること。

解答略

本自治体の出題例：始めにチャレンジ！⑤（2023年度実施問題改）

ロマン派の音楽の説明として適切なものをア～キの中から２つ選び，記号で答えなさい。

ア　オペラの序曲などから発展した交響曲，さまざまな器楽のためのソナタ，弦楽四重奏など，新たなジャンルが生まれた。

イ　オペラ・ブッファ，オペラ・セリアのほかに，ドイツ語圏ではセリフの入ったジングシュピールも現れた。

ウ　リストはベートーヴェンの交響曲を継承し，物語性を排した絶対音楽を主に追究した。

エ　文学や絵画などの結びつきを重視した標題音楽が盛んとなる。

オ　ヴァーグナーは音楽，台本，演出を融合させた交響詩を発表した。

カ　自国の民謡などを基に民族色豊かな音楽を作ることで，民族の心を表現しようとした作曲家たちを国民楽派と称した。スメタナ，パガニーニ，シベリウスなどが挙げられる。

キ　「夜想曲」，「即興曲」，「舟歌」など，特定の気分や性質を想起させるような名をもつ，比較的小規模で自由な形式のピアノ曲が数多く作られた。

解答：エ，キ

過去３カ年の出題傾向分析

ここでは，過去3カ年で出題された分類と主な出題事項を表にまとめている。学習する前に，大まかな傾向をつかんでおこう。

年度	分類	主な出題事項
2024年度	音楽理論・楽典	音楽の基礎知識，調と音階，音楽の構造
	音楽史	作曲家と作品の知識，音楽様式，音楽形式の知識，文化的背景との関わり，近現代の作曲家や演奏家についての知識
	総合問題	オーケストラスコアによる問題
	楽器奏法	
	日本伝統音楽	
	民族音楽	音楽のジャンルと様式
	中学校学習指導要領	目標，指導計画と内容の取扱い
	高校学習指導要領	各学年の目標と内容，指導計画と内容の取扱い
	教科書教材	
	作曲・編曲	新曲を作曲
	学習指導案	
2023年度	音楽理論・楽典	音楽の基礎知識，調と音階，音楽の構造
	音楽史	作曲家と作品の知識，音楽様式，音楽形式の知識，文化的背景との関わり
	総合問題	オーケストラスコアによる問題
	楽器奏法	
	日本伝統音楽	民謡・郷土芸能，総合問題
	民族音楽	
	中学校学習指導要領	各学年の目標と内容，指導計画と内容の取扱い

年度	分類	主な出題事項
	高校学習指導要領	
	教科書教材	
	作曲・編曲	新曲を作曲
	学習指導案	
2022年度	音楽理論・楽典	音楽の基礎知識，調と音階
	音楽史	作曲家と作品の知識，音楽様式，音楽形式の知識
	総合問題	小編成アンサンブルのスコア，大譜表(ピアノ用楽譜)による問題
	楽器奏法	
	日本伝統音楽	楽器(箏，尺八，三味線)
	民族音楽	
	中学校学習指導要領	各学年の目標と内容，指導計画と内容の取扱い
	高校学習指導要領	各学年の目標と内容
	教科書教材	
	作曲・編曲	新曲を作曲
	学習指導案	

※「分類」「主な出題事項」は，過去問シリーズに掲載されている出題傾向分析に該当する。

次に，ここで紹介した分類の類題を掲載しておくので，学習の第一歩としてほしい。

類題を解いてみよう！

類題で問題演習の幅を広げよう！①

次の楽譜について，以下の１から８の問いに答えよ。

1　①，②の音楽用語の意味をそれぞれ答えよ。

2　③の音楽用語を省略せずに記せ。また，その意味を答えよ。

3　「弓で」を意味する音楽用語をイタリア語で記せ。

4　④の音を導音とする長調の平行調を答えよ。

5　4で求めた調の和声的短音階を，臨時記号を用いてアルト譜表に記せ。

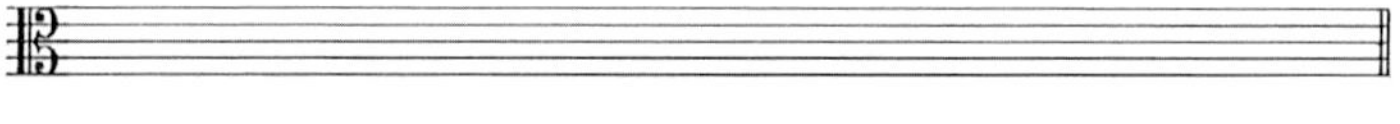

6　Aの部分の和音の種類を次のアからエのうちから一つ選び，記号で答えよ。

ア　長三和音　　イ　短三和音　　ウ　増三和音　　エ　減三和音

7　Bの2音間の音程と転回音程を答えよ。

8　Cの旋律をアルトサクソフォーン(in Es)で演奏できるように，調号を用いて高音部譜表に記せ。

解答：1　①　敬虔な(神仏を敬うような気持ちで)　②　一つのパートを分けて　2　音楽用語…pizzicato　意味…弦を指ではじく　3　arco　4　変イ短調(as moll)

5

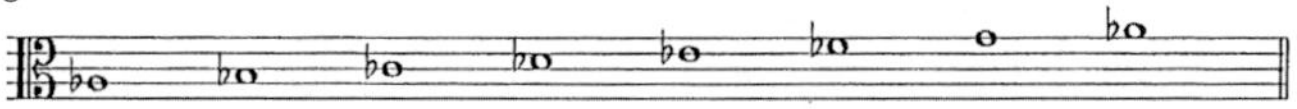

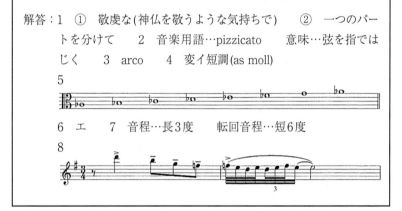

6　エ　7　音程…長3度　転回音程…短6度

8

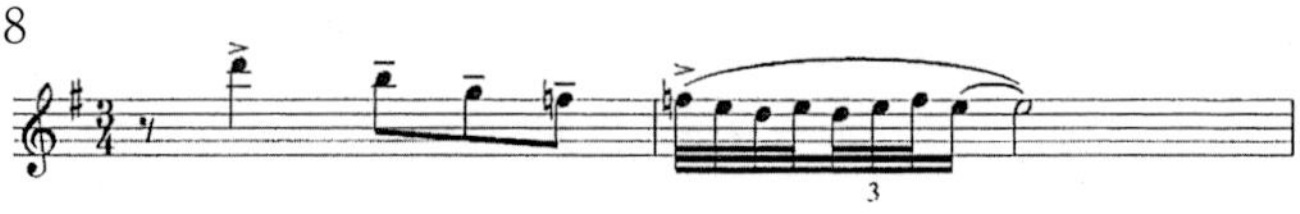

類題で問題演習の幅を広げよう！②

次の(1)～(5)の各問いに答えなさい。

(1)　ルネサンス期のドイツにおいて，マルティン・ルターが宗教改革を進めるにあたり，一般信徒が覚えやすいようにドイツ語の歌詞で歌う讃美歌を用いた。このような讃美歌を何というか答えよ。

(2)　バロック期に多く使用された形式の1つで，総奏部と独奏部を交互に繰り返しながら発展していく形式を何というか答えよ。

(3)　19世紀以降に多く作られた，特定の気分や性質を想起させるような名をもつ，小規模で自由な形式のピアノ曲を何というか答えよ。

(4)　ヴァーグナーによってオペラに用いられた，登場人物や場面の状況に対して，常に同じ動機を用いる手法を何というか答えよ。

(5) 20世紀を代表する作曲家で，偶然性，不確定性の音楽を実践し，「4分33秒」などで知られる作曲家を答えよ。

解答：(1) コラール　(2) リトルネッロ形式　(3) キャラクター・ピース　(4) ライト・モティーフ(示導動機)　(5) ジョン・ケージ

類題で問題演習の幅を広げよう！③

次の楽譜は，立原道造作詞，木下牧子作曲の混声合唱曲「夢みたものは……」の冒頭である。冒頭の４小節を，以下の①～③の指定楽譜にそれぞれ書き換えなさい。なお，調号や縦線，拍子記号も書くこと。歌詞及び曲想楽語は省略可とする。

① ソプラノパート譜をクラリネット譜

② アルトパート譜をアルトサクソフォン譜

③ テノールパート譜をフレンチホルン譜

解答：①

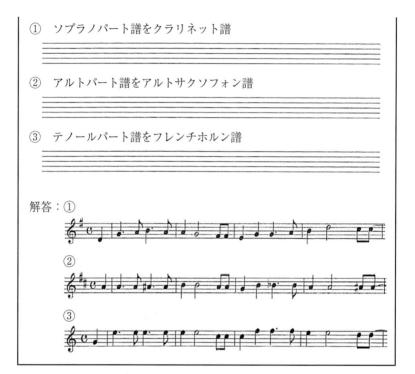

②

③

類題で問題演習の幅を広げよう！④

以下の楽譜のコードネームに従って，ト音譜表には１小節目の続きの旋律を，ヘ音譜表にはその伴奏をつくりなさい。ただし，次に示す条件①～⑤を踏まえること。

① ト音譜表の旋律の音域はアルトリコーダーで演奏できる範囲とする。(伴奏はピアノを使用し，音域は問わない。)

② 旋律にはアルトリコーダーのサミングを用いて演奏する音を必ず含むこと。

③ 使用してもよい音符は，2分音符・4分音符・8分音符・16分音符・付点2分音符・付点4分音符・付点8分音符，休符は，4分休符・8分休符・16分休符のみとする。

④ 音を音楽へと構成する原理の反復を用いること。

⑤　生徒に「創作」を指導する際に例示することができる作品であること。

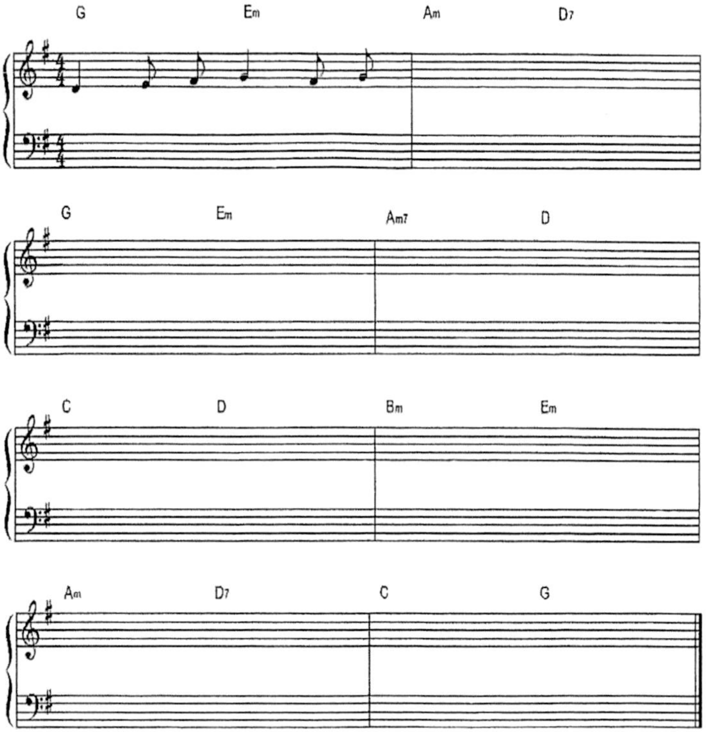

解答：

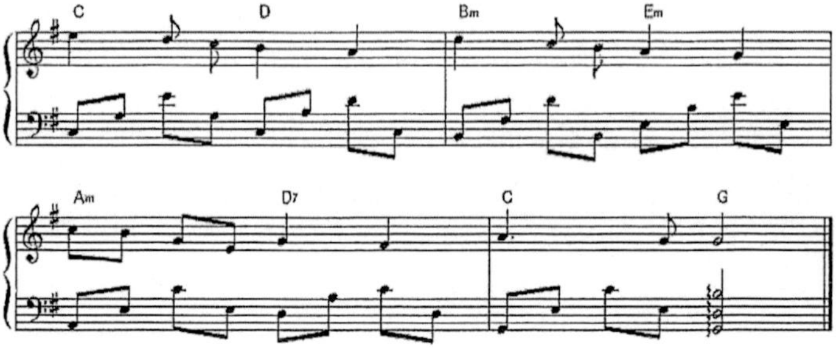

類題で問題演習の幅を広げよう！⑤

次の文章は，スペインの音楽について述べたものである。以下の1から5の問いに答えよ。

スペイン南部のアンダルシア地方で育まれてきた音楽と舞踊である $_A$フラメンコは，インド北西部から移住してきたロマの影響が色濃くみられる。

カンテ(歌)，バイレ(舞踊)，トク(ギター演奏)の3つで構成され，パルマ(手拍子)，サパテアード(足踏み)，ハレオ(掛け声)などの独特な音楽伴奏はフラメンコに欠かせない重要な要素となっている。

また，フラメンコ・ギターには，$_B$独特な奏法も用いられる。アルベニス，グラナドス，ファリャなど近代スペインの作曲家たちもまたスペインの味を色濃く表現している。一方で，$_C$ラヴェルの「ボレロ」をはじめ，ビゼーの歌劇「カルメン」，リムスキー＝コルサコフの「スペイン奇想曲」など，他国の多くの作曲家たちがスペインのリズムやイメージを作品の題材に取り上げている。

スペインの民俗音楽は，どの地方の歌でも，新しいものと古いもの，西欧的なものと東方的なものが入り交じっており，$_D$スペイン民謡には，$_E$日本民謡の追分や馬子歌などとの共通性がみられる。

1　下線部Aについて，フラメンコの踊り手が音楽に合わせて打ち鳴らす打楽器は何か。

2　下線部Bについて，フラメンコ・ギターの独特な奏法について，簡潔に説明せよ。

3　下線部Cについて，ラヴェルが作曲した「ボレロ」において，繰り返し演奏される小太鼓のリズムを2小節で記せ。

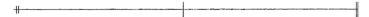

4　下線部Dについて，次の楽譜はカタルーニャ民謡の一曲の冒頭部分である。この曲は，1971年，ニューヨークの国連本部においてパブロ・カザルスによって演奏され，平和を求める彼のスピーチとともに人々に強い感動を与えた。この曲の曲名を以下のアからエのうちから一つ選び，記号で答えよ。

ア　故郷の空　　イ　庭の千草　　ウ　流浪の民　　エ　鳥の歌

5　下線部Eについて説明した次の文中の[　　]に入る語を答えよ。

> 1音節に対して多数の音符があてられる[　　]や，歌い手が即興的に装飾するコブシを利かせたものがあり，微妙な音高の揺れや間合いが味わいを生み出す。

解答：1　カスタネット　　2　弦を激しくかき鳴らしたり，表板を指で叩いたりする奏法

3

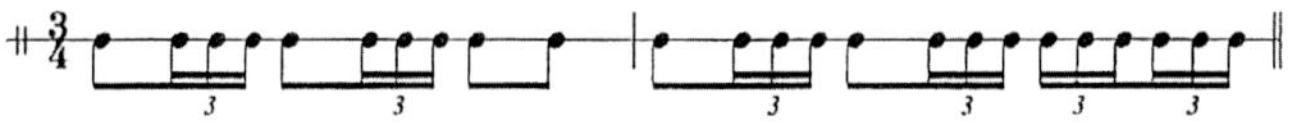

4　エ　　5　メリスマ

第 1 章

音楽理論

音楽理論

Point

音楽理論の出題内容は多岐にわたっており，倍音，音程，音楽用語，音階(調と旋法)，コードネーム・和音記号，移調と調判定，楽式などが出題される。これらは音楽の専門基礎知識であり，完全にマスターしておく必要があるだろう。音楽理論に関する問題は単独で出題される場合がほとんどだが，楽譜，総譜を用いた総合問題の1つとして出題される場合も見られるので，受験する自治体の傾向を研究する必要がある。

倍音

Check

楽器等で音を奏でると振動が発生する。その振動数(周波数)が，基になる音(基音)の整数倍になる音を「倍音」と呼ぶ。理論上，倍音は無限に存在するが，音楽科で出題されるのは，10倍音までとみてよい。当然，基音によって倍音は変わるので，幹音，派生音を含む構成を把握しておく必要がある。

○　C音を基音とした場合の倍音

倍音	基音との関係	音名
第2倍音	1オクターヴ上	C
第3倍音	1オクターヴと完全5度上	G
第4倍音	2オクターヴ上	C
第5倍音	2オクターヴと長3度上	E
第6倍音	2オクターヴと完全5度上	G
第7倍音	2オクターヴと短7度上	B♭
第8倍音	3オクターヴ上	C
第9倍音	3オクターヴと長2度上	D
第10倍音	3オクターヴと長3度上	E

音程

Check

示された2音間の隔たりを「度」という単位を用いて表す。音程の表記は「完全」「長」「短」などの漢字と「1度」「2度」などの数字の2つの部分で構成される。1度，4度，5度，8度は「完全」を用いるが，2度，3度，6度，7度は「長」「短」を用いる。それぞれの音程から半音1つ分「増」「減」「重増」「重減」は共通で用いる。1オクターヴを超える音程の場合は「1オクターヴと○○度」，もしくは「7」を加えた数を用いる（例：「オクターヴと長3度」もしくは「長10度」)。なお，幹音のみでできている音程をまとめると，次表の通りになる。

	全音	半音	音程名
1度	同じ音		完全1度
2度	1		長2度
		1	短2度
3度	2		長3度
	1	1	短3度
4度	3		増4度
	2	1	完全4度
5度	3	1	完全5度
	2	2	減5度
6度	4	1	長6度
	3	2	短6度
7度	5	1	長7度
	4	2	短7度
8度	5	2	完全8度

「転回音程」は，示された2音の上下を逆にした(転回した)音程である。度数の最初の漢字の部分は，「長－短」「増－減」「重増－重減」と交換しなければならないが，「完全」はそのまま用いる。また数字の部分は「9からオリジナルの音程数を引き算」した数字を用いる(例：長2度の転回音程は短7度，増4度の転回音程は減5度，完全8度の転回音程は完全1度)。

音楽用語

Check

音楽用語は大きく分けて速度記号，強弱記号，発想記号，前者3つを含めた複合的記号，奏法記号，省略記号，付加語に分類できる。下記にその一例を示すが，教員採用試験では多くの用語が出題されている。

速度記号			
Lento	遅く	Adagio	ゆるやかに
Andante	歩くような速さで	Allegro	速く
Vivace	活発に	Presto	急速に

強弱記号			
f	強く	***p***	弱く
decresc. ＞	音を次第に小さく	dim. ＞	音を次第に小さく
cresc. ＜	音を次第に大きく		

発想記号			
espressivo	表情豊かに	dolente	嘆くように
appassionato	激情的に	animato	活き活きと
giocoso	戯れるように		

速度記号・強弱記号・表情記号を含めた記号			
Allargando	だんだん遅くするとともにだんだん強く	Perdendosi	だんだん遅くするとともにだんだん弱く

奏法記号			
arco	弓で弾く	una corda	(ピアノの)ソフトペダルを踏む
staccato	音を切り離して	legato	音をつないで
G.P.	総休止		

省略記号			
div.	2つで	m.s.	左手で
m.d.	右手で	8va.	1オクターヴ上げる(下げる)

付加語			
Molto	非常に多く	Piu	より多く
Meno	より少なく	Senza	…なしに
Poco	少し	Assai	非常に

音階(調と旋法)

Check

西洋音楽で主として用いられている音階，長音階，短音階(自然，和声，旋律)の元となったのが，教会旋法である。教会旋法には第1旋法(ドリア旋法)，第2旋法(ヒポドリア旋法)，第3旋法(フリギア旋法)，第4旋法(ヒポフリギア旋法)，第5旋法(リディア旋法)，第6旋法(ヒポリディア旋法)，第7旋法(ミクソリディア旋法)，第8旋法(ヒポミクソリディア旋法)がある。なお，現在の長調の原型は第11旋法(イオニア旋法)，短調の原型は第9旋法(エオリア旋法)であることを覚えておこう。日本の音階では「都節音階」「律音階」「民謡音階」「沖縄音階」などが代表的なものである。

○　教会旋法

※fは終止音を示す

○　日本の音階の代表例

コードネーム，和音記号

Check

コードネームは「C」「Cm」など，主としてジャズやポピュラー音楽のジャンルで用いられている「和音記号」の1つである。和声学におけるローマ数字「I」「V」などの和音記号との違いは，前者は和音構成音が絶対音であるのに対し(CならばC，E，G)，後者は特定の調における機能を示した相対的な音構成という点である。和音にはそれぞれ機能がある。問題で頻出するのは，主要三和音と呼ばれる，主音上に三和音を作った主和音，下属音の上の下属和音，属音の上の属和音。それから，属和音に主音から7度にあたる音をもう1つ加えた属七の和音は，調を規定する役割も大きく，導音を含んでいるため重要である。また，短調の$Ⅶ_7$の和音は，主音から7度上の音程が減七の関係になるため，減七の和音と呼ばれる。

和音の機能は，以下の通りである。

T(tonic)	主和音に代表される，主格感，安定感をもった和音
D(dominant)	属和音に代表される，主和音へと進もうとする強い性格がある和音
S(subdominant)	下属和音に代表される，強さはないが開放的，抒情的な性格をもつ和音

コードネームについては，主要なものを以下にまとめた。

○　コードネームの例

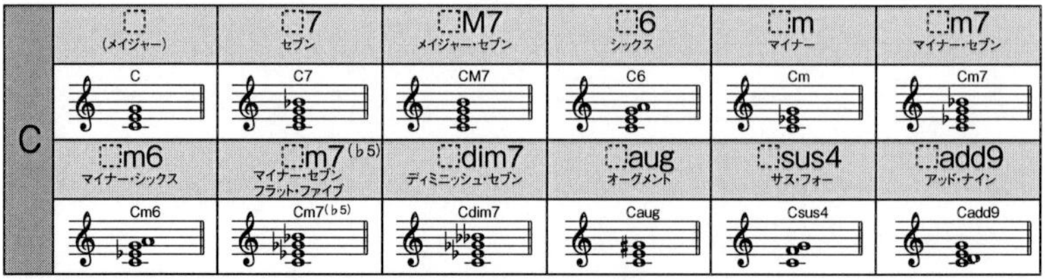

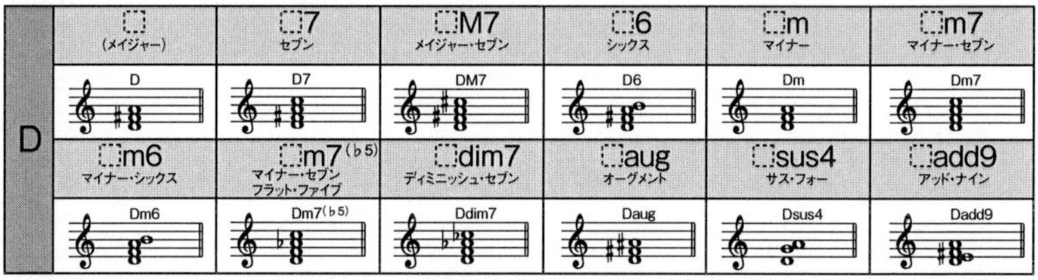

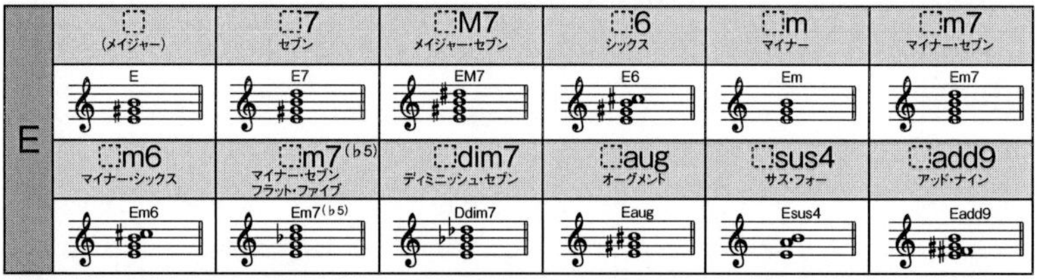

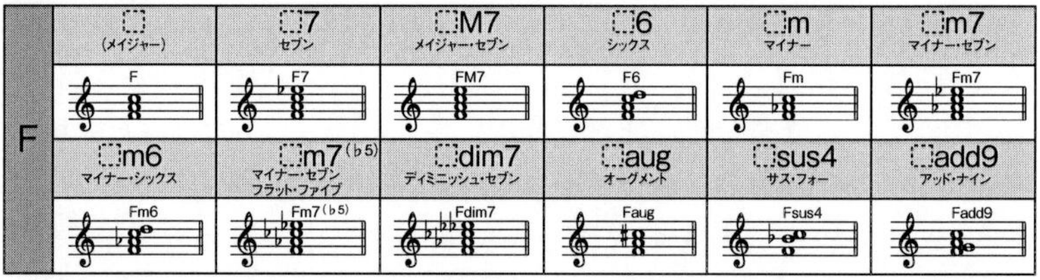

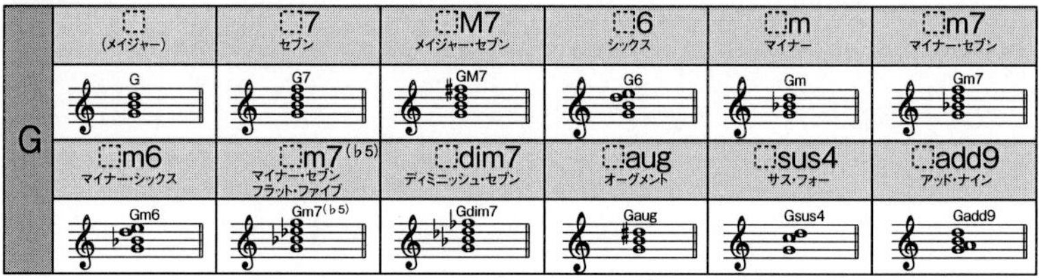

※演奏するジャンルや曲の流れにより，省略コードや異なるフォームを使用することがある。

移調と調判定

Check

教員採用試験では楽譜に記入させる移調問題が多く出題される。これは，音楽の授業の際に，例えば歌唱での出しやすい声域への移調，リコーダーで臨時記号が少ない調への移調など，必要になるテクニックであるため，マスターしておきたい。

移調とは，旋律をそのまま別の調に移動することであり，移調後の音程関係は元の旋律と同一でなければならない。例えば，ハ長調の旋律をホ長調に移調する場合，ハからホへ，長3度上がるため，旋律の各音をすべて長3度上げて記譜する。

移調をするためには，元の楽譜が何調であるのか判定する必要がある。各音階の調号を覚えることは必須であり，調号で何調かわかれば移調すべき調の調号に変え，臨時記号に注意して，指定された度数だけ移動すればよい。たいていの問題では調号を付けず，臨時記号で記譜されていることが多い。

その解き方は，旋律の中の「音階固有音」と「非音階固有音」をわけ，「音階固有音」を選び出すことである。音階固有音を特定するための手掛かりは次のようなものがあげられる。

① 跳躍進行する音(ただし，短調の導音は跳躍進行することがある)。
② 2度上行するときも2度下行するときも変わらない音。
③ 音階固有音が臨時に2度高くされた場合は，次に2度上行し(2度下行の場合は非音階固有音)，2度低くされた場合は，次に2度下行(2度上行の場合は非音階固有音)する。
④ 終止のある旋律の場合は最後の音。

なお，短調の場合，和声短音階は第7音，旋律短音階では上行形で第6，7音が半音上げられるので，長短調の判定の手掛かりとなる。

楽式

Check

西洋音楽では原則として，2小節を「動機」，4小節を「小楽節」，小楽節2つ，つまり 8小節を「大楽節」と呼び，小楽節，大楽節をさまざまな形式で組み合わせて楽曲を構成する。1部形式は1つの大楽節，2部形式は2つの大楽節，3部形式は3つの大楽節から成り立っており，最も基本的な音楽形式として「唱歌形式」または「リート形式」と呼ばれる。

○　2部形式の典型例

A		B	
a	a′	b	a′

○　3部形式の典型例

A		B		C(A)	
a	a′	b	b′	c	c′

そして，唱歌形式を複雑，かつ大規模に発展させた形式として，「複合3部形式」「ロンド形式」「ソナタ形式」「フーガ形式」などがある。

○　複合3部形式

上記A，B，C(A)をさらに2部形式，3部形式に細分化した形式であり，典型例は次の通りである。

A			B			A		
a	b	a	c	d	c	a	b	a

○　ロンド形式

主題が異なる旋律を挟みながら，繰り返し演奏される形式で，典型例は次の通りである。

A	B	A	C	A	D

○　ソナタ形式

前古典派の時代から用いられた楽曲形式で，1780年代には形式が完成した。基本的には次の形式で構成される。

序奏	提示部	展開部	再現部	コーダ

○　フーガ形式

対位法によって展開される形式で，提示部，嬉遊部，追迫部で構成される。典型例は次の通りである。

提示部 (主調)	嬉遊部	提示部 (主調以外)	嬉遊部	…	追迫部 (主調)

その他，ロンド形式にソナタ形式を組み込んだ「ロンドソナタ形式」，主題にさまざまな変化を施し展開する「変奏曲形式」がある。

なお歌曲形式や音楽様式については，次表の通りである。

○　歌曲形式

有節形式	同じメロディに1番，2番と歌詞をつけている
通作形式	歌詞毎にメロディが異なる
連作形式	複数の歌曲をつなげ，音楽的なまとまりをもっている
ポピュラー歌曲	(Aメロディ)－(Bメロディ)－(サビ)－(コーダ)
リフレイン形式	前語り(verse)とリフレインから構成される

○　音楽様式

モノフォニー	1つの旋律のみからなる音楽
ポリフォニー	複数の異なる動きの声部が重なり協和し合う音楽
ホモフォニー	1つの旋律に対して複数の並行した音が和声を構成する音楽
ヘテロフォニー	同一の旋律が任意で別々に動き，テンポや音程がずれて偶発的に各声部が複雑に重なる音楽(雅楽，声明，地謡など)

Attention!

倍音

Cを基音として第1～第10倍音，そして，隣接する倍音構成音の音程は覚えておく必要がある。例えば第1倍音と第2倍音は完全8度，第2倍音と第3倍音は完全5度，第3倍音と第4倍音の音程は完全4度など，確認しておくこと。Cからの音程関係がわかれば，他の音が基音となってもあてはめることができる。

音程

単純に2音を示して答えさせる問題だけでなく，転回音程や派生音で問われることもある。自治体によっては重増，重減音程も出題されているので留意すること。

音楽用語

丸暗記ではなく，楽譜を見ながら演奏したり鑑賞することと関連させることが，音楽用語が身に付く近道だと思われる。音楽用語は非常に多いので，地道な日頃の積み重ねが必要である。イタリア語だけでなく，ドイツ語，フランス語の音楽用語にもふれておきたい。

演習問題①

問題 1

次の音が倍音列の第8倍音にあたる場合，基音を低音部譜表に全音符で記せ。

解答

解説 第2倍音は1オクターヴ上の音，第4倍音が2オクターヴ上の音，第8倍音は3オクターヴ上の音なので，出題の音を3オクターヴ下げた音となる。

問題 2

次に示された2音間の音程が，減6度になるように変化記号を書け。

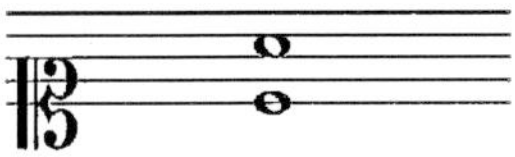

解答

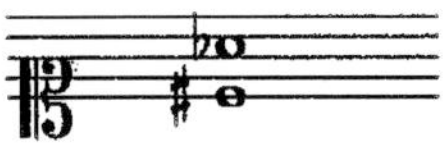

※ダブルフラットを用いてもよい

解説 ここで使われている音部記号は，ソプラノ記号である。第1線がハ音にあたるので，示された2音はハとイである。ト音記号，へ音記号が一般的に使われることが多いが，それ以外の音部記号も理解しておきたい。アルト記号はヴィオラやアルト・トロンボーンで用いられる。

問題 3

音程について，次の(1)，(2)の問いに答えよ。

(1) 三全音にあたる音程を，次の1～4の中から1つ選べ。

1 長3度音程　2 完全3度音程　3 増4度音程
4 完全4度音程

(2) 長6度の転回音程を，次の1～4の中から1つ選べ。

1 長3度　2 短3度　3 長2度　4 短6度

解答 (1) 3　(2) 2

解説 (1) 三全音はトライトーンと呼ばれ，全音3つ分の音程を意味し，増4度もしくは，減5度に相当する。 (2) 転回音程とは，片方の音をオクターヴ上げたり，下げたりしてできる音程である。長は短に，増は減に，完全は同じく完全音程で，度数は9度から元の音程をひいたものとなる。

問題 4

音楽用語について，次の(1)，(2)の意味を答えよ。

(1) Adagio assai　(2) Tempo giusto

解答 (1) 非常にゆったりと　(2) 正確な速さで

問題 5

次の(1)～(5)の音楽用語の意味を下の①～⑧から選んで番号で答えよ。

(1) ritenuto　(2) sempre　(3) amabile　(4) cantabile
(5) leggero

① 急に　② すぐに遅く　③ 歌うように
④ 常に　⑤ だんだんせきこんで　⑥ 軽く
⑦ 表情豊かに　⑧ 愛らしく

解答 (1) ②　(2) ④　(3) ⑧　(4) ③　(5) ⑥

解説 音楽用語は基礎的，かつ頻出であるので十分な対策が必要である。関連事項として，同義語や反意語を覚える必要があろう。

問題 6

次の①～④の楽譜の説明として正しいものを，それぞれア～エから1つずつ選び，記号で答えよ。

① col legno

ア 弱音器をつけて

イ 弓の木部で弦をたたいて

ウ 声部に従って

エ 左手で

② colla parte

ア 主声部のリズムやテンポに従って

イ 2つのパートに分かれて

ウ 話しかけるように

エ ペダルを離して

③ arco

ア 低く　イ 弓で　ウ 愛らしく　エ 強くしながら

④ rinforzando

ア だんだん強く　イ すぐに遅く　ウ 急に強く

エ 少し強く

解答 ① イ　② ア　③ イ　④ ウ

解説 ②のcolla parte(コラ・パルテ)は伴奏者に指示する語で難問である。④は***rfz***または***rf***と略されることが多い。

問題 7

音楽用語について，次の1，2の問いに答えよ。

1 次の(1)，(2)の意味を答えよ。

(1) elegiaco　(2) ritenuto

2　次の(1)，(2)に示した音楽用語と同じ意味を持つものをア～エからそれぞれ1つずつ選び，記号で答えよ。

(1)　pauken

ア　gran cassa　　イ　piatti　　ウ　tam-tam　　エ　timpani

(2)　Hum.

ア　B. F.　　イ　D. S.　　ウ　G. P.　　エ　M. M.

解答　1　(1)　悲しく　　(2)　すぐに遅く　　2　(1)　エ　　(2)　ア

解説　1　(1)　伊語エレジアコで「悲しく，悲しそうに」という意である。

(2)　伊語リテヌートで「すぐに遅く」という意味である。

2　(1)「pauken」は独語でティンパニーのこと。アは伊語グランカッセで大太鼓，イは伊語ピアッティでシンバル，ウは英語タムタムで金属製の銅鑼を指す。　(2)「Hum.」はハミングで歌うことの略記。アのように仏語「bouche fermee」(閉じた口)とも書く。イは伊語ダル・セーニョでセーニョ記号に戻って再度演奏すること，ウは英語「general pause」の略記で演奏者全員の休止，エは独語「metronom mälzel」の略記でメトロノームの速さを意味する。

問題 8

次の①～⑩の音楽用語の示す意味をそれぞれ答えよ。

①　con spirito	②　grandioso (grand.)	③　sospirando
④　delicatezza	⑤　vigoroso	⑥　con moto
⑦　stringendo	⑧　misterioso	⑨　cantando
⑩　alla marcia		

解答　①　精神をこめて(元気に)　　②　壮大に(堂々と)　　③　嘆息しながら(悲しんで)　　④　優雅に(やさしく，繊細に)　　⑤　力強く(活発に)　　⑥　動きをもって(感動して，動きをつけて)

⑦　だんだんせきこんで(しだいに急速に)　　⑧　神秘的に

⑨　歌うように　　⑩　行進曲風に

解説　①は「活気をつけて」，③は「嘆いて」「苦悩に満ちて」，⑤は「活気のある，エネルギッシュに」，⑦は「緊迫感をもって」，などの意味もある。④と⑤は難易度の高い問題。

問題 9

次の音楽用語群のうち，それぞれ種類の異なるものを答えよ。

アの語群　1　assai　2　destra　3　molto　4　poco
5　simile　6　subito

イの語群　1　accelerando　2　calando　3　morendo
4　perdendosi　5　slentando　6　smorzando

解答　ア　2　イ　1

解説　ア　2は右を意味する。よく使われるのは，mano destra(m.d.)右手で。2以外は程度や状態を表す。1…きわめて，3…とても，4…少し，5…同様に，6…急に。　イ　1以外はいずれも遅くすることや消えていくような曲想を示す用語である。

問題10

高さの異なる二音間を，音を引きずるようになめらかに演奏する奏法を答えよ。

1　arco　2　bel canto　3　martellato　4　pizzicato
5　portamento　6　sostenuto　7　staccato

解答　5

解説　選択肢の他の用語の意味は，1…弓を使って，2…声楽における歌唱法の一つ，3…弦楽器の奏法で強いスタッカートをつけて，4…指で弦をはじいて，6…少し遅く音の長さを十分に保って，7…音と音の間を切って。

問題11

次の(1)～(5)の問いに答えよ。

(1) 次のア～オの用語と同様の意味を持つ用語として最も適当なものを，あとの①～⑤のうちからそれぞれ1つずつ選べ。

ア animato	イ dolente	ウ grave
エ con amore	オ appassionato	

① pesante　② con calore　③ con brio　④ elegiaco
⑤ affettuoso

(2) Esを基音(第1倍音)とした場合の第7倍音の音名として最も適当なものを，次の①～⑦のうちから1つ選べ。

① C　② Des　③ Es　④ F　⑤ G　⑥ A
⑦ B

(3) DisとFisの2音を同時に音階構成音とする長調と短調はいくつあるか。最も適当なものを，次の①～⑤のうちから1つ選べ。ただし，短調は和声的短音階とする。

① 6　② 7　③ 8　④ 9　⑤ 10

(4) 舞曲を表す用語として適当なものを，次の①～⑧のうちからすべて選べ。

① ソナタ　② ポルカ　③ シチリアーナ
④ スケルツォ　⑤ オーヴァチュア　⑥ メヌエット
⑦ セレナード　⑧ アンプロンプチュ

(5) 弦楽器の奏法に関するものとして適当でないものを，次の①～⑤のうちから1つ選べ。

① thumbing　② spiccato　③ pizzicato　④ choking
⑤ col legno

解答 (1) ア ③　イ ④　ウ ①　エ ⑤　オ ②
(2) ②　(3) ③　(4) ②，③，⑥　(5) ①

解説 (1) 提示された楽語は基本的なもので，選択も容易である。(ア)は生き生きと，(イ)は悲しげに，(ウ)は重々しく，(エ)は愛情をもって，

(オ)は熱情的に。楽語については普段から学習しておくことが大切である。 (2) 倍音の基本を理解していないとこの問題は解けない。第1倍音を基音としてオクターヴの関係で倍音列になっていく倍音は，第2倍音，第4倍音，第8倍音等・・・となる。第3倍音は第2倍音の完全5度上，第5倍音は第4倍音の長3度上，第6倍音は第3倍音のオクターヴ，そして，第7倍音は第6倍音の短3度上に現れる。上記の考えに基づき，基音を「Es」とした場合は，第7倍音は「Des」になる。 (3) DisとFisの2音を含む調は，E dur とH durの関係調を中心に導き出すと比較的早く解答を出すことができる。解答は，E・H・Fis・Cisdurの長音階とcis・gis・dis・ais mollの短音階の8種類の調である。 (4) ポルカはチェコ(ボヘミア)に起こった2拍子の舞曲，シチリアーナはイタリアのシチリア島に発生した8分の6拍子または12拍子の舞曲，メヌエットはフランスで流行した3拍子系の舞曲である。他の選択肢について，①は器楽曲の形式の一つで，提示部，展開部，再現部の形式をもつ曲，④は複合3部形式の曲，⑤は序曲，⑦は小夜曲，⑧は即興曲である。 (5) ①のサミングはリコーダーで使う奏法である。②は弓を弦上で弾ませる奏法，③は弦を指で弾く奏法，④はエレキギターの音程を変える奏法，⑤は弓の木部で，という意味である。

Attention!

音階（調と旋法）

音階や旋法の問題は，それぞれの種類の名前と構成音，および調号を覚えておく必要がある。楽譜から音階，旋法を問う問題については楽譜に書かれた音符を音階構成音として取り出して該当する音階と照合する。

教会旋法を暗記するには，それぞれの旋法名の頭の言葉をつなげて「ドフリミ」と覚えるとよい。それぞれ第1，第3，第5，第7旋法が対応し，「ヒポ」をつけた旋法がそれぞれ第2，第4，第6，第8旋法となる。

コードネーム，和音記号

コードネームは，コードの種類ごとに音程の組み合わせとして覚えておくこと。例えば，メイジャーコードの場合は，根音から長3度，短3度，マイナーコードでは短3度，長3度，オーグメントコードでは長3度，長3度，メイジャー・セブンコードでは長3度，短3度，長3度となる。

移調と調判定

移調の際は音符の移動に伴って，「ぼう」「はね」の向きに注意すること。転調の問題では，素早く音階固有音を見つけることができる跳躍音程を探すことから始めるとよい。また，終止線が書かれている楽譜は，最後の音が主音である場合が圧倒的に多い。

演習問題②

問題 1

次の文章中の(a)～(e)に入る最も適当なものを，下の①～④の中から１つ選び，記号で答えよ。

> 教会旋法は，グレゴリオ聖歌の集大成とともに組織化された旋法で，最初は正格旋法4種(a)旋法・(b)旋法・リディア旋法・ミクソリディア旋法と，変格旋法4種の計8種だったが，(c)世紀に至って4種の旋法が追加された。
>
> そのうちエオリア旋法が後の(d)音階に，イオニア旋法が後の(e)音階に発展した。

①	a	ヒポドリア	b	ヒポフリギア	c	15	d	長	e	短
②	a	ドリア	b	フリギア	c	16	d	短	e	長
③	a	ドリア	b	フリギア	c	14	d	長	e	短
④	a	ヒポドリア	b	ヒポフリギア	c	15	d	短	e	長

解答　②

解説　正格旋法は，ドリア旋法，フリギア旋法，リディア旋法，ミクソリディア旋法の4種，変格旋法は，ヒポドリア旋法，ヒポフリギア旋法，ヒポリディア旋法，ヒポミクソリディア旋法の4種である。後に追加された4種の旋法は，正格旋法のエオリア旋法，イオニア旋法と変格旋法のヒポエオリア旋法，ヒポイオニア旋法である。

問題 2

次の(1)，(2)の音階を主音から1オクターブ上の主音まで全音符で答えよ。その際，調号は用いないこと。

(1)　1点ニ音を下属音とする旋律的短音階上行形(ト音譜表上)。

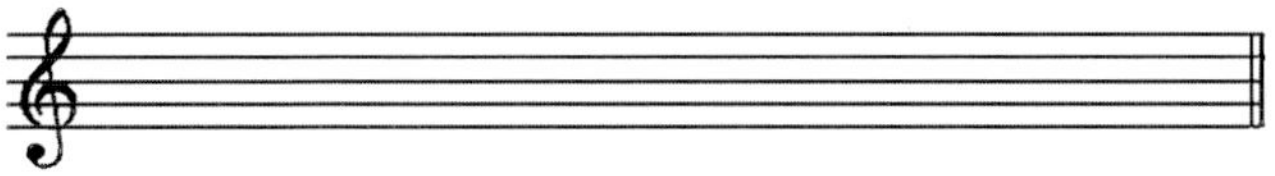

(2)　ヘ音を主音とする調の下属調(ヘ音譜表上)。

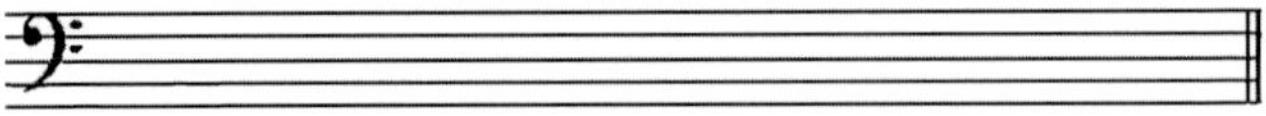

解答　(1)

(2)

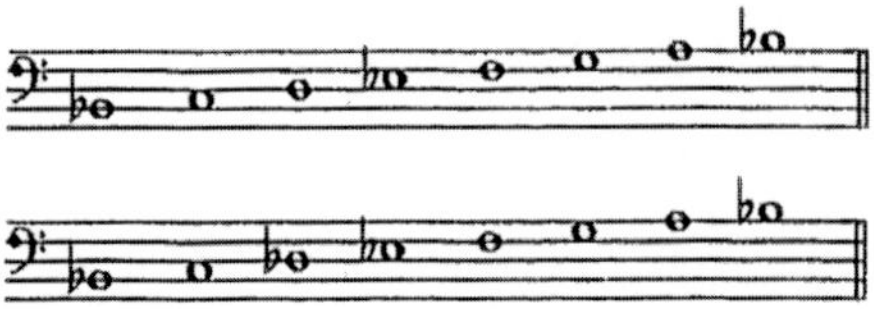

解説　(1)　ニ音を下属音とする短調は，完全4度下のイ短調である。調号は0で，旋律的短音階なので，第6音と第7音を半音あげる。1点ニ音の音高に気をつけること。　(2)　ヘ音を主音とする調はヘ長調もしくはヘ短調である。その下属調は，完全4度上の変ロ音から始まる音階である。ヘ音は点がついていない，ひらがなの「へ」である。音高に気をつける。

問題 3

次の図Aは，C durを主調に置いた場合の近親調とそれに準ずる調を示したものである。図Aにおける調の相互関係で図Bに調を書き入れた場合，①に入る調を下の1～4の中から1つ選べ。

図A

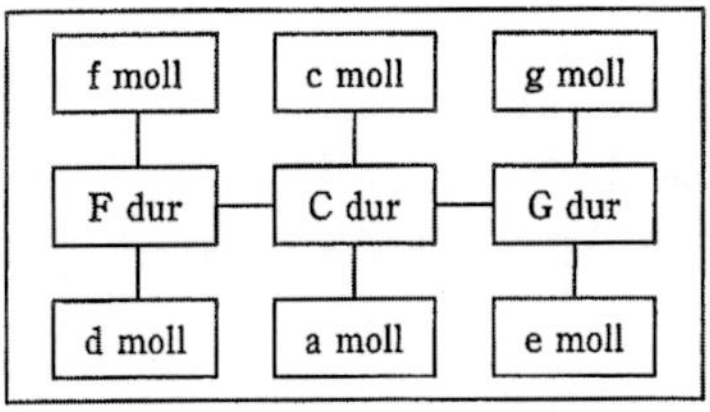

図B

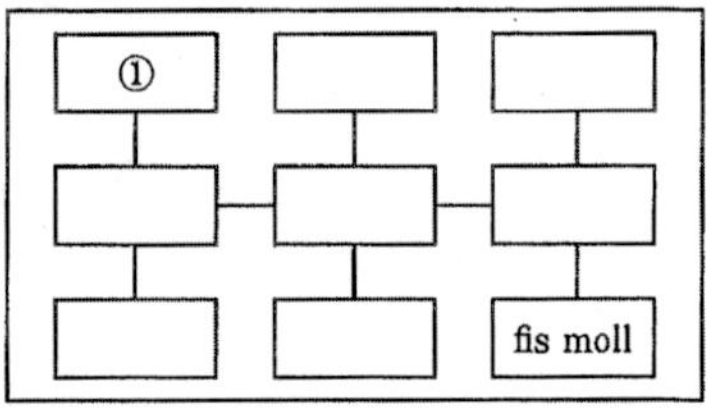

1　e moll　　2　a moll　　3　h moll　　4　g moll

解答　4

解説　主調に対して上の列は同主調，下は平行調。右は属調で，左が下属調となっている。fis mollの平行調はA dur, A durを属調とする調は，D dur。D durの下属調はG durでその同主調なので，g mollである。

問題 4

次の楽譜の5音が含まれる音階を，①～⑤から1つ選べ。

① b moll旋律的短音階上行形
② b moll和声的短音階
③ f moll旋律的短音階上行形
④ es moll旋律的短音階上行形
⑤ es moll和声的短音階

解答　①

解説　旋律的短音階では第6・7音が半音上がることを理解していれば，正答できるだろう。

問題 5

音階について，次の(1)，(2)の各問いに答えよ。

(1)　次の①～③の各問いに答えよ。

① 変イ長調の平行調が属調である短調を日本語で答えよ。
② ニ長調の第6音を下属音とする長調の同主調を日本語で答えよ。
③ 平行調の属音がG durの下属調の導音と同じである長調をドイツ語で答えよ。

(2)　次の旋律の調名をドイツ語で答えよ。

解答 (1) ① 変ロ短調　② 嬰ヘ短調　③ G dur　(2) f moll

解説 (1) ①は変イ長調の平行調であるヘ短調の5度下になる。②は二長調の第6音，ロ音を下属音(第4音)にするのは嬰ヘ長調である。③はG dur(ト長調)の下属調であるハ長調の導音ロ音が第5番目の音になる調はホ短調で，その平行調は短3度上のト長調となる。 (2) 楽譜よりト音には♭が付いていないことから，♭の付く順番を考慮すると♭4つがつく調である。また経過音以外のホ音に♭が付いていないことからも，ホ音を導音とするヘ短調と判別できる。

問題 6

次の音を終止音(フィナリス)とする第7旋法をアルト譜表上に全音符を用いて書け。

解答

解説 教会旋法8種のうち第7旋法(正格第4，ミクソリディア)を，示された音を終止音として書く出題である。中世から16世紀までの西欧音楽史や教会旋法について学んでいないと解答するのは困難であろう。

問題 7

次の和音を表すコードネームとして適当なものを，あとの①～④のうちから1つ選べ。

1

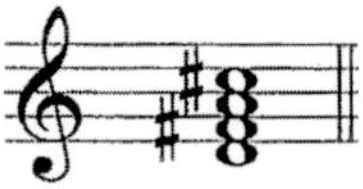

① D　② D7　③ Dm7　④ DM7

2

① Am7　② AM7　③ Adim7　④ A7

解答　1 ④　2 ③

解説　1　示された和音は，Dを根音とする長3和音の上に，根音から数えて長7度の音をのせた長7の和音。　2　示された和音は，Aを根音とする減3和音の上に，Aから数えて減7度の音をのせた減7の和音。

問題 8

次の和音のコードネームを答えよ。

①　②　③　④　⑤

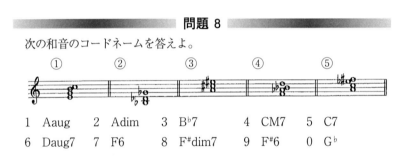

1 Aaug　2 Adim　3 B♭7　4 CM7　5 C7
6 Daug7　7 F6　8 F♯dim7　9 F♯6　0 G♭

解答　① 4　② 0　③ 1　④ 3　⑤ 8

解説　Cを基準に，基本的なコードネームを簡単に説明する。Cは長三和音(C・E・G)，Cmは短三和音(C・Es・G)，Caugは増三和音(C・E・Gis)，Cdimは減三和音(C・Es・Ges)である。C7は属七の和音(C・E・G・B)，CM7は長七の和音(C・E・G・H)，Cm7は短七の和音(C・Es・G・B)，Caug7は増三和音＋減3度からなる和音(C・E・Gis・B)，Cdim7は減七の和音(C・Es・Ges・Heses)である。和音の構成音を下から3度で並べなおし，この説明に当てはめて判断する。

問題 9

次の①～⑤のコードネームで示される和音を例に倣って五線譜上に全音符で書け。

① D_6　② Em_7　③ C_9　④ B_7　⑤ Fm

例：C_7

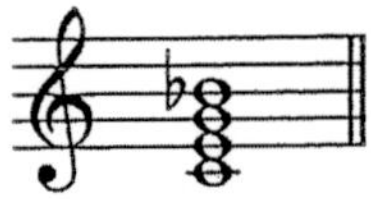

解答 ①

②

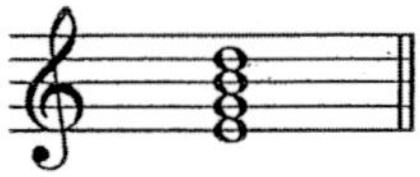

③

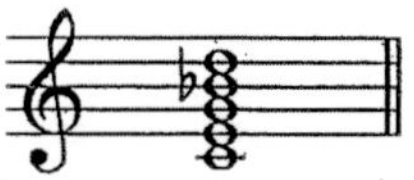

④

⑤

解説 ①　ニ音を根音とする長三和音に長6度の音が加わった和音。
②　ホ音を根音とする短七の和音。　③　ハ音を根音とする属七の和音に長9度を加えた和音。　④　ロ音を根音とする属七の和音。
⑤　ヘ音を根音とする短三和音。

問題10

曲が嬰ハ短調であったとき，D♯m7－G♯7－C♯m－A7のコード進行を和音記号で正しく表したものを選べ。

(1)　II_7－V_7　－Ⅰ　－VI_7
(2)　I_7－IV_7　－Ⅰ　－VI_7
(3)　II_7－V_7　－Ⅵ　－I_7
(4)　II_7－IV_7　－V_7－Ⅰ

解答　(1)

解説　主音が嬰ハなので，3番目の和音C♯mがⅠになる。よって(1)か(2)に絞られる。さらに，はじめがDに係るコードから始まっているのでⅡの和音である(1)を選ぶことができる。

問題11

次の楽譜を(1)，(2)の指示にしたがって移調せよ。

flute

(1)　alto saxophone in E♭用に高音部譜表に移調せよ。

(2)　長3度下に移調し，アルト譜表にせよ。

解答　(1)

(2)

解説　各設問の指示にしたがって曲の各音の相対的な音程関係をかえずに，そっくり別な高さ(異名同音を含む)に移す必要がある。音符を書く問題では書き間違い等に注意すること。

問題12

次の曲は転調を含む楽曲である。何調から何調へ転調しているか答えよ。

解答 Ges dur→as moll

解説 転調の問題はすんなりと読譜できない旋律が出題されることが多い。調号が順にどこまで付いているか，付いているべき音に付いていないのは，臨時的に付けない旋律が不自然でない場合もある(例えばこの楽譜の1小節め最後のG音)。

問題13

次の(1)～(3)の楽譜は曲の一部であるが，調名を日本語音名で答えよ。

(1)

(2)

(3)

解答 (1) ホ長調　(2) 変ロ長調　(3) ハ短調

解説 調号とは音階にもとより備わっている派生音を楽譜の混雑をさけるために，あらかじめ音部記号の隣に書く変化記号のことを指す。調号は主音を探して調名を判断することができる。

問題14

次の略譜を演奏したときの小節数はどれか。

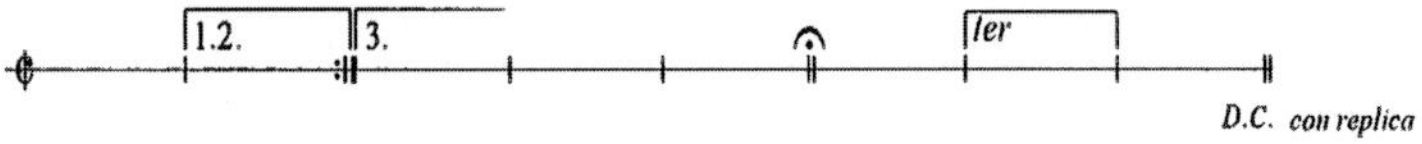

① 15　② 17　③ 19　④ 21

解答 ④

解説 terは3回繰り返す記号である。またcon replicaはD.C.などで，曲の初めに戻った場合にもリピートを指示する記号であるが，カッコ 1.2. も含んで繰り返す。

問題15

次の(1)～(5)の楽曲形式名等を書け。

(1) 主に2つの主要主題が提示される提示部(A)－展開部(B)－再現部(A')からなる3部構造で，それに終結部が付加されるもの。

(2) 主要主題(A)が，副主題をはさんで反復される形式で，A－B－A－C－A－B－Aのように構成されるもの。

(3) 3部形式A－B－AのA及びB部分が拡大されて，それ自体が2部あるいは3部形式をなすような構造をもつもの。

(4) 主題の旋律やリズム，速度などを様々に変化させたり，発展させたりするなどの手法によるもの。

(5) ポリフォニー(多声音楽)の完成されたものといわれ，主題と応答が規則的な模倣，自由な対位法的手法で展開された楽曲。

解答 (1) ソナタ形式　(2) ロンド形式　(3) 複合3部形式
(4) 変奏曲形式　(5) フーガ形式

解説 本問は楽曲形式名を答える出題だが，楽曲形式を説明させる問題であってもきちんと対応できるようにしたい。(3)は「複合」を必ず付けること。

問題16

次の楽譜について，あとの問に答えよ。

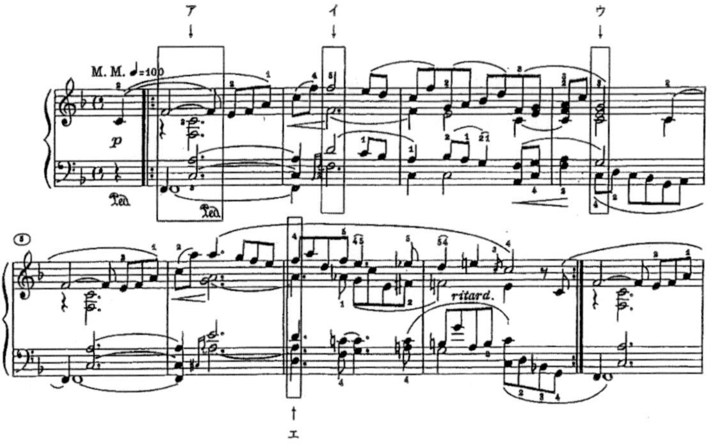

子供の情景　作品15－トロイメライ－から抜粋
(ロベルト・シューマン　作曲)

問1　調名を答えよ。また，ア～エはその調の何度の和音か，答えよ。なお，転回和音であれば，例えばV6などと答えよ。ただし，イは装飾音符も含むものとする。

問2　ア～エの和音をコードネームで答えよ。

問3　1段目のバスパートをE♭バリトンサックス用の楽譜に書き換えよ。

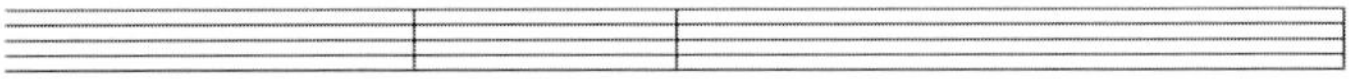

問4　1段目のソプラノパートの冒頭部分と3～5小節目のリズムの特徴を何というか，答えよ。

解答　問1　調名：Fdur　　ア　I　　イ　Ⅳ　　ウ　V　　エ　Ⅵ

問2　ア　F　　イ　B♭　　ウ　C　　エ　Dm

問3

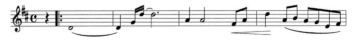

問4　冒頭：弱起　　3～5小節：ヘミオラ

解説　問1　1小節目の構成音から判断してＦ durである。ア～エのそれぞれの構成音を把握する。アはド・ミ・ソの音で構成されているので，Ｆ durにおけるⅠの和音になる。同様に考えて，イはファ・ラ・ドでⅣ，ウはソ・シ・レでⅤ，エはラ・ド・ミでⅥとなる。

問2　アはＦ－Ａ－ＣになっているのでコードはＦである。イは装飾音を入れて考えるとＢ♭－Ｄ－ＦなのでＢ♭，ウはＣ－Ｅ－ＧのＣ，エはＤ－Ｆ－ＡのDmである。　問3　Ｅ♭管は長6度上げて記譜をする。その際，バリトンサックスは高音部譜表を使う楽器なので，低音部譜表で記譜しないこと。また，長6度上げるとＤ durの調になるので♯を2つ付けるのを忘れないようにする。　問4　冒頭部分と3～5小節のソプラノパートの旋律を見てみると，4拍子の曲でありながら，旋律の♫♫の音型のかたまりが3拍子の曲の小節であるようなリズムになっている。このようなリズムの特徴をヘミオラという。なお，ヘミオラの語源はギリシャ語のヘミ(半分)，オリオス(全体)からきている。

問題17

次の旋律を短3度下に移調せよ。(調号を用いること。)

解答

解説　設問の楽譜は♭が2つとＦ♯よりト短調と判断し，その短3度下はホ短調となり，その調号は♯が1つになる。旋律の音を全て3度下にさげてから，臨時記号の音が短3度になるよう臨時記号を付ける。

問題18

次の旋律はフルート(in C)用に書かれた楽譜である。クラリネット(in B♭)で演奏できるように，調号を用いて書き換えよ。

解答

解説　楽譜はト長調の旋律で，クラリネットB♭の記譜音は実音より長2度高くなるので，イ長調となり♯3つを付け，各音も長2度上げて書き，臨時記号ももとの調からみて上がり下がりの関係で♯，♭，♮を付けなおす。

問題19

次の楽譜A・Bは，F.シューベルトの歌曲「魔王」をF.リストがピアノ独奏用に編曲した楽譜の一部(A117小節～125小節，B142小節～148小節)である。あとの各問いに答えなさい。

A

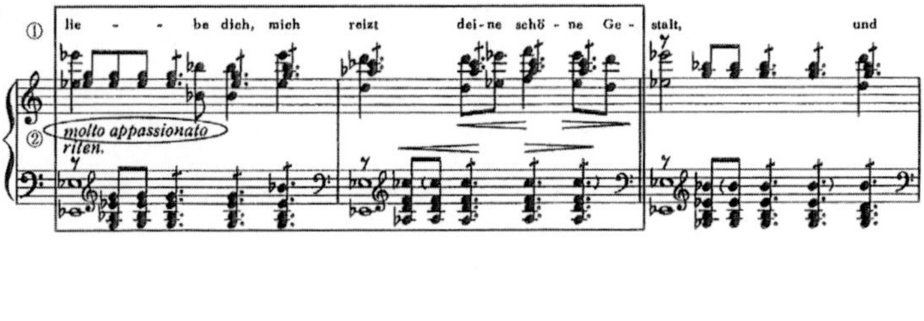

B　終末部分

(1)　楽譜A①と楽譜B⑥の調性をそれぞれ日本語で答えなさい。

(2)　②molto appassionato及び⑤precipitatoのそれぞれの意味を答えなさい。

(3)　楽譜A③，④の和音について，ニ短調を主調とする和音記号を答えなさい。

(4)　⑦Recit.の読み方及び意味を答えなさい。

(5)　楽譜Bの⑧の和音について，ト短調を主調とする和音記号を答えなさい。

(6)　この曲のB終末部分に見られるように主音から短2度上の長3和音に転調する和音名を答えなさい。

解答 (1) ① 変ホ長調 ⑥ 変イ長調 (2) ② 非常に(極めて)激しく(情熱的に) ⑤ 速く，性急に (3) ③ VII_7 (減7の和音)，$\not{\mathrm{V}}_9$，$\not{\mathrm{V}}_9^2$(属9和音根音省略形) ④ $\frac{\mathrm{V}}{\mathrm{VII}_7}$，$\frac{\mathrm{V}}{\not{\mathrm{V}}_9}$

(4) 読み方…レチタティーボ 意味…叙唱風に(語るように)

(5) $\frac{\mathrm{V}}{\mathrm{VII}_7}$，$\frac{\mathrm{V}}{\not{\mathrm{V}}_9}$ (6) ナポリ6度の和音

解説 (1) ① ♭がロ・ホ・イ音に付いており，短調の導音の半音上がりがないので変ホ長調と判断できる。 ⑥ 調号でロ・ホに♭が2つ付いており，臨時記号でイ・ニ音にも♭がついているので変イ長調と判断できる。 (2) ② moltoは英語のveryと同様に強調の意味を持つ。appassionatoはベートーヴェンのピアノソナタ熱情(appassionata)と同義。 ⑤ 急激にという意味をもつ。precipitandoも同じ。

(3) ③ 和音構成音は，嬰ハ・ホ・ト・変ロ音となり，ニ短調の第七和音。短調のVII_7なので，減七の和音も正解。またはV和音のイ・嬰ハ・ホ・ト・変ロの属九和音の根音のイ音を省略した形ともいえる。 ④ 和音構成音が，嬰ト・ロ・ニ・ヘ音となり，属調イ短調Vの導音上に作られた減七和音。または属調イ短調の属九和音の根音省略形となる。 (4) recitativoの略。歌の譜面だけでなく，オーケストラ譜でもよく使用される。有名なのは，ベートーヴェンの交響曲9番の4楽章，冒頭のチェロとコントラバスのユニゾン部分。 (5) 和音構成音は嬰ハ・ホ・ト・変ロ音となり，ト短調の属調ニ短調Vの導音上の減七和音。もしくは，属調ニ短調Vの属九和音，イ・嬰ハ・ホ・ト・変ロの根音イ音を省略した形となる。 (6) ナポリ楽派が好んで使用したため，また慣習的に第一転回形(6の和音)で用いられるのでナポリの6度と呼ばれている。

第 2 章

音楽史

音楽史

Point

音楽史の中でも西洋音楽史の問題は，教員採用試験の問題の中でも大きな割合を占めている。出題される時代も中世・ルネサンス期から現在まで，また問われる知識も作曲家の作品内容，文化的背景，音楽様式，楽器など広範囲にわたっている。したがって，楽譜と作品を一致させる，有名な演奏者についての知識を問う問題などでは，音楽史の専門書だけでは足りず，コンサートに出かける，自ら演奏するといったことも必要になるだろう。さらに中学校，高等学校の教科書で扱っている範囲も広く，それだけで一般の音楽史専門書に匹敵する量があるといっても過言ではない。受験生は，少なくとも教科書で取り上げられている作曲家，作品，音楽様式，音楽用語等を学習しておくことが必要であろう。

西洋音楽史

Check

音楽史関連の問題でも，最も多いのが作曲家と作品の知識を問うものである。作曲家の生没年と国，代表的な作品を取り上げる(ここで取り上げている代表曲以外も必ずチェックすること)。

(1)　中世・ルネサンス時代

作曲家	生没年	国	代表曲名	備考(参考用語)
ペロタン	12世紀末	フランス	オルガヌム大全	コンドゥクトゥス
ギヨーム・ド・マショー	1300?-1377	フランス	ノートルダムのミサ曲	アルス・ノーヴァ
ジョスカン・デ・プレ	1450または1455?-1521	フランス	ミサ・パンジェリングァ	—
オルランド・ディ・ラッソ	1532-1594	ベルギー	狩人のミサ曲	ムジカ・レセルバータ
パレストリーナ	1525?-1594	イタリア	教皇マルチェルスのミサ曲	パレストリーナ様式
ウィリアム・バード	1543?-1623	イギリス	3声のミサ曲	イギリスルネサンス期の大作曲家

(2)　バロック時代

作曲家	生没年	国	代表曲名	備考(参考用語)
クラウディオ・モンテヴェルディ	1567-1643	イタリア	アリアンナ，マドリガーレ集	ルネサンス期とバロック期にまたがる大作曲家
ヘンリー・パーセル	1659-1695	イギリス	ディドとエネアス	—

作曲家	生没年	国	代表曲名	備考(参考用語)
ハインリッヒ・シュッツ	1585-1672	ドイツ	十字架上の7つの言葉，マタイ受難曲	バロック様式初期の大家
アントニオ・ヴィヴァルディ	1678-1741	イタリア	四季，調和の霊感	ピエタ慈善院音楽院で教えた
J.S.バッハ	1685-1750	ドイツ	マタイ受難曲，教会カンタータ	音楽の父と呼ばれる
G.F.ヘンデル	1685-1759	ドイツ～イギリス	メサイヤ，水上の音楽	—
アルカンジェロ・コレッリ	1653-1713	イタリア	クリスマス協奏曲 トリオ・ソナタ	協奏曲の原型，トリオソナタの確立

(3)　古典派時代

作曲家	生没年	国	代表曲名	備考(参考用語)
フランツ・ヨーゼフ・ハイドン	1732-1809	オーストリア	天地創造，交響曲100番(軍隊)	—
ヴォルフガング・アマデウス・モーツァルト	1756-1791	オーストリア	オペラ「フィガロの結婚」，「魔笛」，交響曲，ピアノソナタ，協奏曲	—
ルートヴィヒ・ヴァン・ベートーヴェン	1770-1827	ドイツ	交響曲，ピアノソナタ，弦楽四重奏曲	—
アントニオ・サリエリ	1750-1825	イタリア～オーストリア	オペラ「アルミーダ」	モーツァルトのライバル
ジョン・フィールド	1782-1837	アイルランド	夜想曲第1番	夜想曲(ノクターン)の確立

(4) ロマン派時代

作曲家	生没年	国	代表曲名	備考(参考用語)
カール・マリア・フォン・ウェーバー	1786-1826	ドイツ	オペラ「魔弾の射手」	ドイツ・ロマン派の確立
フランツ・シューベルト	1797-1828	オーストリア	歌曲集「冬の旅」	歌曲の王
ロベルト・シューマン	1810-1856	ドイツ	交響曲，ピアノ協奏曲，アベッグ変奏曲	音楽評論の分野を確立
フェリックス・メンデルスゾーン	1809-1847	ドイツ	ヴァイオリン協奏曲第1番	J.S.バッハの復興
フレデリック・ショパン	1810-1849	ポーランド	ピアノ協奏曲第1番，ピアノソナタ，ピアノ練習曲集	ピアノの詩人
フランツ・リスト	1811-1886	ハンガリー～ドイツ	交響詩「前奏曲」ピアノ協奏曲第1番	交響詩の確立 ピアノの大家
ヨハネス・ブラームス	1833-1897	ドイツ	交響曲	—
リヒャルト・ワーグナー	1813-1883	ドイツ	楽劇「ニーベルングの指輪」	楽劇の創設者，音楽と総合芸術
ジュゼッペ・ヴェルディ	1813-1901	イタリア	歌劇「アイーダ」	イタリア歌劇王
ピョートル・チャイコフスキー	1840-1893	ロシア	バレエ音楽「白鳥の湖」，交響曲第6番「悲愴」	三大バレエ 西欧派(モスクワ楽派)
ジャコモ・プッチーニ	1858-1924	イタリア	歌劇「蝶々夫人」	ワーグナー派と論争
ジョルジュ・ビゼー	1838-1875	フランス	歌劇「カルメン」	—

作曲家	生没年	国	代表曲名	備考(参考用語)
ガブリエル・フォーレ	1845-1924	フランス	レクイエム	教会旋法の使用
アントン・ブルックナー	1824-1896	オーストリア	交響曲	長大な作品
ベドルジハ・スメタナ	1824-1884	チェコ	連作交響詩「わが祖国」	国民楽派
アントニン・ドヴォルザーク	1841-1904	チェコ	交響曲第9番「新世界」	国民楽派 アメリカでも活躍
エドワード・グリーグ	1843-1907	ノルウェー	「ペールギュント」	—
グスタフ・マーラー	1860-1911	オーストリア	交響曲第2番・第5番	声楽を取り入れた管弦楽曲

(5) 近・現代

作曲家	生没年	国	代表曲名	備考(参考用語)
クロード・ドビュッシー	1862-1918	フランス	オペラ「ペレアスとメリザンド」，交響詩「海」	印象主義音楽の確立
モーリス・ラヴェル	1875-1937	フランス	「ボレロ」，「スペイン狂詩曲」	新古典主義
アルノルト・シェーンベルク	1874-1951	オーストリア〜アメリカ	「月に憑かれたピエロ」，「ワルシャワの生き残り」	12音技法の確立 表現主義
アントン・ヴェーベルン	1883-1945	オーストリア	3つの宗教的民謡	12音技法の発展 表現主義
アルバン・ベルク	1885-1935	オーストリア	歌劇「ヴォツェック」	12音技法の発展 表現主義
マヌエル・デ・ファリャ	1876-1946	スペイン	「三角帽子」	スペイン民族主義

作曲家	生没年	国	代表曲名	備考(参考用語)
イサーク・アルベニス	1860-1909	スペイン	「イベリア」	スペイン民族主義
バルトーク・ベーラ	1881-1945	ハンガリー～アメリカ	歌劇「青ひげ公の城」，ヴィオラ協奏曲	民謡収集，さまざまな演奏技法
コダーイ・ゾルタン	1882-1967	ハンガリー	「ハーリー・ヤーノシュ」「ミサ・ブレヴィス」	コダーイ音楽教育システム
セルゲイ・プロコフィエフ	1891-1953	ロシア～アメリカ	「古典交響曲」「ピアノ協奏曲第1番」	日本に約3か月滞在
イゴール・ストラビンスキー	1882-1971	ロシア～アメリカ	「春の祭典」，「火の鳥」，「兵士の物語」	原始主義，新古典主義と変遷
カール・オルフ	1895-1982	ドイツ	「カルミナ・ブラーナ」	オルフ音楽教育メソッド
オリビエ・メシアン	1908-1992	フランス	「トゥランガリーラ交響曲」，「7つの俳諧」	鳥の音楽，第1回京都賞受賞
ジョン・ケージ	1912-1992	アメリカ	「4分33秒」	偶然性の音楽
スティーヴ・ライヒ	1936-	アメリカ	「砂漠の音楽」	ミニマリズム
クシシュトフ・ペンデレツキ	1933-2020	ポーランド	「広島の犠牲者に捧げる哀歌」	トーンクラスター，電子音楽
ピエール・ブーレーズ	1925-2016	フランス	「ル・マルトー・サン・メートル」	指揮者，評論家，京都賞受賞
レナード・バーンスタイン	1918-1990	アメリカ	「ウェストサイド物語」，「キャンディード」	指揮者として有名

音楽用語

Check

音楽用語は時代と関連している。Ⅰと同様，時代を5区分してそれぞれの時代を代表する音楽用語，および国民楽派を紹介する。

(1) 中世・ルネサンス時代

グレゴリオ聖歌，ネウマ譜，ミサ，マドリガル，レクイエム，グィド・ダレッツォ，定量記譜法，教会旋法

(2) バロック時代

オペラ，オペラ・ブッファ，オペラ・セリア，オラトリオ，コラール，序曲，通奏低音，アリア，レチタティーヴォ，カンタータ，受難曲，コンチェルトグロッソ，リトルネッロ，トリオソナタ，舞曲(アルマンド，サラバンド，クーラント，ジーグなど)

(3) 古典派時代

通作歌曲，ソナタ，交響曲，協奏曲，アルベルティバス，夜想曲，即興曲，疾風怒濤運動

(4) ロマン派時代

ライトモティーフ(示導動機)，国民楽派，交響詩，ヴェリズモ・オペラ

(5) 近・現代

12音音楽(ドデカフォニー)，印象主義，原始主義，新古典主義，全音音階，偶然性の音楽，ミュジックコンクレート，ラグタイム，ジャズ，ミニマルミュージック，トーンクラスター，図形譜，電子音楽

(6) 国民楽派

○ ロシア5人組

ムソルグスキー，バラキレフ，キュイ，リムスキー＝コルサコフ，ボロディン

○ フランス6人組

デュレー，プーランク，オーリック，タイユフェール(女性)，ミヨー，オネゲル

○ チェコ

ドヴォルザーク，スメタナ

○ スペイン

ファリャ，ロドリーゴ，アルベニス

○ 北欧

シベリウス(フィンランド)，グリーグ(ノルウェー)，ニールセン(デンマーク)

文化的背景との関わりを問う問題

Check

西洋音楽史の問題では，社会的な動きや時代の流れとの組合せで問うものがみられる。代表的なのが，ルネサンス期からバロック期における人間中心思想への変換と音楽のスタイルの関係，18世紀の啓蒙主義期における王制主体から市民社会へのパラダイム変換と音楽との関係，そして19世紀における民族主義の台頭と音楽の変化の関係等である。

▶16世紀末のルネサンス期からバロック期の社会と音楽
○ 神中心から人間中心へ
○ 古代ギリシアの思想と文化の復活
○ ポリフォニーからホモフォニーへ(合唱中心から独唱へ)
○ 宗教曲中心から世俗曲へシフト
○ オペラとオラトリオの発明

▶啓蒙主義(17世紀末～18世紀初頭)
○ 人間の知性(理性)の覚醒
○ シンプルさ，自然科学の重要性
○ 「音楽美」の形成と音楽美学の確立
○ 多感，ギャラント様式
○ 使用人としての音楽家から芸術家としての音楽家へ

▶民族主義
○ 自国の文化への目覚め
○ 中央権力からの独立と民族の一員としての誇り
○ 民謡，地元の音楽の導入
○ 様々な新しい音楽技法や演奏法の開発

日本音楽史

Check

最近では西洋音楽史だけでなく，日本音楽史も出題されるので注意したい。出題方法は西洋音楽史とほぼ変わらないが，ジャンルは西洋音楽史より幅が広いといえるので，参考書以外の学習も必要になるだろう。ここでは，主たる作曲家と代表曲などを紹介する。

○　主たる日本の作曲家

作曲家	生没年	代表曲名	備考(参考用語)
滝廉太郎	1879-1903	花，納涼	夭逝
岡野貞一	1878-1941	ふるさと，春が来た	尋常小学唱歌作曲委員
瀬戸口藤吉	1868-1941	軍艦行進曲	軍楽隊長
小山作之助	1864-1927	夏は来ぬ，敵は幾万	—
本居長世	1885-1945	七つの子	赤い鳥
山田耕筰	1886-1965	赤とんぼ，黒船	—
中田章	1886-1931	早春賦	中田喜直の父
中山晋平	1887-1952	波浮の港，シャボン玉	童謡と流行歌の作曲
信時潔	1887-1965	沙羅，海ゆかば	—
弘田龍太郎	1892-1952	浜千鳥，叱られて	—
草川信	1893-1948	ゆりかごの歌	—
成田為三	1893-1945	浜辺の歌，かなりや	—
橋本國彦	1904-1949	お菓子と娘，斑猫	—
平井康三郎	1910-2002	平城山，ゆりかご	音楽教科書編纂に従事
高田三郎	1913-2000	水のいのち，心の四季	合唱作品，キリスト教音楽
伊福部昭	1914-2006	映画音楽ゴジラ，日本狂詩曲	映画音楽を多数作曲
柴田南雄	1916-1996	追分節考，北越戯譜	—
中田喜直	1923-2000	夏の思い出，雪の降るまちを	—
團伊玖磨	1924-2001	夕鶴	三人の会メンバー
芥川也寸志	1925-1989	八つ墓村，交響三章	三人の会メンバー
黛敏郎	1929-1997	涅槃交響曲	三人の会メンバー
武満徹	1930-1996	ノヴェンヴァー・ステップス，弦楽のためのレクイエム	—

作曲家	生没年	代表曲名	備考(参考用語)
三善晃	1933-2013	オデコのコイツ，小鳥の旅	—
坂本龍一	1952-2023	戦場のメリークリスマス，ラストエンペラー	YMOメンバー
佐藤眞	1938-	大地讃頌	—
久石譲	1950-	となりのトトロ，千と千尋の神隠し	ジブリ映画音楽
松井孝夫	1961-	マイバラード，ここにいる幸せ	教育現場からの作品
信長貴富	1971-	新しい歌，せんねんまんねん	合唱曲作品多数

Attention!

西洋音楽史　1. 作曲家と作品の知識を問う問題

作曲家の名前と業績や作品名を一致させる問題は多く見られる。(1) 音楽史区分の各時代における様式，作曲家，特徴，作品などに関する知識を問う問題，(2) ある作品の旋律を提示し，作曲家を特定したり，同一作曲家の他の作品を楽譜より特定する問題，(3) 作品で用いられている特殊な楽器や奏法を特定する問題，(4) 組曲の構成曲を問う問題 (ペールギュントなど) などの類型がある。

演習問題①

問題 1

次のア～オを時代の古い順番に並べた時，3番目に来るものを選び，記号で答えよ。

ア　低音部に記された数字をもとに，鍵盤楽器奏者が和音を付けたり，装飾や上声部の模倣を行ったりした。

イ　器楽分野で器楽独自の原理による楽曲の構成方式が求められ，後にソナタ形式と呼ばれる形式が発達した。

ウ　宗教改革を起こしたルターが，歌詞がドイツ語で単純で歌いやすいコラールの普及に力を尽くした。

エ　十字軍の遠征以来，騎士階級の民族・階級意識が強くなり，恋愛歌などの世俗音楽が現れた。

オ　リラやキタラ，ハープ，アウロスなどの楽器が使われ，ピュタゴラスが音程と音律の理論を確立した。

解答　ウ

解説　最も古いのはオの古代ギリシャ。次がエのトルヴァドールやトルヴェール，ミンネゼンガーの中世(12～14世紀)。そして3番目がウのルター(1483～1546年)とコラールの普及となる。4・5番目はア・イのバロック音楽の時代である。

問題 2

次の西洋音楽史に関する文章の【　　】内に入る適切な語句または数字を記せ。ただし，【　キ　】と【　ク　】の順序は問わない。

《古代ギリシャの音楽》

紀元前5世紀には悲劇や喜劇が開花した。ギリシャ悲劇の三大詩人アイスキュロス，【　ア　】，エウリピデスの時代には【　イ　】と呼ばれる12～15人の合唱隊が歌い，伴奏はたいていダブル・リードの管楽器である【　ウ　】が使われていた。古代ギリシャでは音楽の理論的考察も推し進められた。ピュタゴラス音階(音律)と呼ばれる音階は，純正【　エ　】度の振動数比3：2をつぎつぎと積み重ねる方法で得られる音階をさし，大全音と呼ばれる全音の振動数比はすべて【　オ　】：8となり，ギリシャ語で【　カ　】と呼ばれる半音の振動数比は256：243となる。

《中世の音楽》

6世紀末ヨーロッパ各地のキリスト教会で歌われていた単旋律の聖歌が収集・整理され，ローマ・カトリック教会の礼拝用音楽に定められた。これは一般にグレゴリオ聖歌と呼ばれている。9世紀末ごろには，単旋律聖歌に対して【　キ　】度，5度，【　ク　】度といった完全協和音程で並進行する声部が加えられた【　ケ　】と呼ばれる最も初期の多声音楽がみられるようになった。中世後期には世俗的宮廷文化も開花した。十字軍遠征の時代には，いわゆる吟遊詩人である【　コ　】のトルバドゥール，トルヴェールやドイツの【　サ　】と呼ばれる12世紀から14世紀の貴族・騎士・家人身分を中心とした叙情詩の作者の音楽が登場し，あるいは聖母マリアを賛美し，あるいは貴婦人への愛を歌った。

《バロック時代》

この時代にはチェンバロやオルガンの改良，ヴァイオリン属の完成によって器楽が興隆し，独奏ソナタ，トリオ・ソナタ，組曲や日本語で【　シ　】と呼ばれるコンチェルト・グロッソ，独奏協奏曲が生まれた。一方，イタリアの作曲家らによって本格的なオペラが作られ，さらに受難曲や，ソナタ(「演奏される曲」)に対する「歌われる曲」を意味する声楽のジャンルのひとつである【　ス　】やオラトリオといった大規模な声楽曲も多く書かれるようになった。

《古典派の音楽》

古典派の音楽は形式美・様式美の音楽ともいわれ，これを代表するのがソナタ形式である。ソナタ形式の典型的な構造は大きく分けて，演奏される順番に提示部，【　セ　】部，【　ソ　】部の3部分からなり，多くの例では提示部の主調が長調の場合，第二主題は第一主題の【　タ　】調，また主調が短調の場合は第一主題の平行調である。

解答　ア　ソフォクレス　　イ　コロス　　ウ　アウロス　　エ　5

オ 9　カ リンマ　キ 4　ク 8　ケ オルガヌム
コ フランス　サ ミンネゼンガー(ミンネジンガー)
シ 合奏協奏曲　ス カンタータ　セ 展開　ソ 再現
タ 属

解説 ア　古代ギリシャでは音楽も学問の対象とされ，音楽理論などに優れた成果を残した。　イ　登場人物や解説者の役割などを行った。　ウ　二本管のダブルリードの木管楽器。　エ　ピタゴラス音律は完全5度の音程を積み上げることに基づく。　ケ　二声の合唱で第一声が旋律を歌い，第二声がその完全4または5度上を歌う形式。
サ　ミンネザングと呼ばれる12～14世紀のドイツ語圏における抒情詩と恋愛歌曲の作り手や演じ手を指す。　シ　バロック時代に成立した器楽様式。独奏とオーケストラの総奏に分かれ，それが交代しながら演奏する楽曲。　ス　動詞「歌う」のカンターレの分詞形。
セ・ソ　ソナタとはイタリア語の鳴りひびくという意味のソナーレが語源である。ソナタ形式は主題を提示→展開→再現する形式であるが，冒頭に序奏がつくこともある。　タ　提示部は二つの主題が提示される。第二主題は第一主題に対して調を変えるのみならず，その主題としての性格を対照させていることが多い。

問題 3

西洋の音楽史に関して，あとの(1)，(2)の問いに答えよ。

(1) バロック時代について，次の①，②の問いに答えよ。

① バロック時代の特徴として誤っているものを，次の1～5のうちから1つ選べ。

1　イタリアにおいて新種の劇音楽が生まれ，劇の内容をわかりやすく表現するために，和声的な伴奏の上で主旋律が奏でられるモノディー様式が開発された。

2　イタリアのクレモナで弦楽器の製作が最盛期を迎え，ヴァイオリン族の楽器が室内楽の中心としての役割を果たすようになった。

3　通模倣様式をはじめとする，きわめて精緻な作曲技法を駆使し，ミサ曲やモテット，シャンソンなど，多岐にわたる声楽曲が作曲された。

4　オルガンやチェンバロといった鍵盤楽器のための独奏曲が大きな発展を遂げ，変奏曲形式や組曲形式の作品が愛好された。

5　低音声部に和音を表すための数字を記し，鍵盤楽器奏者がその数字に基づいて即興的に演奏する，通奏低音という演奏形態が成立した。

②　次の文のうち，バロック時代の作曲家ではないものを，次の1～5のうちから1つ選べ。

1　A.ヴィヴァルディが，急―緩―急の3楽章構成やリトルネッロ形式を用いて，膨大な数の独奏協奏曲を作曲した。

2　フランスの作曲家，ジャン＝バティスト・リュリは，宮廷バレやコメディバレで成功し，フランス独自のスタイルをもつバロックオペラを確立した。

3　ヘンデルは，ドイツとイギリスで活躍した作曲家。聴衆の興味がオペラから離れると，今度はオラトリオの作品でも成功した。

4　フランドル楽派のジョスカン・デプレが，各声部の旋律がバランスを保って絡まり合う均整のとれた美しい音楽を作った。

5　イタリアの作曲家であるモンテヴェルディは，オペラ「アリアドネ」などを発表し，作曲家としての名声を高め，1613年には，サンマルコ大聖堂の楽長になった。

(2)　次の楽譜について，下の①～③の問いに答えよ。

①　この楽曲の作曲者について誤っているものを，次の1～5のうちから1つ選べ。

1　7歳で教会付属ラテン語学校に入学するが，数年中に両親が亡くなったため，年の離れた兄に引き取られ，クラヴィーア演奏の基礎を学んだ。

2　長い年月にわたり，エステルハージ侯爵家の楽長をつとめ，その後，ウィーンやロンドンを拠点にして，国際的に活躍した。

3　ケーテンの領主レオポルト侯に，宮廷楽長として約6年間仕えた。この間，「平均律クラヴィーア曲集」をはじめとする，世俗的な作品の名曲を次々と生み出した。

4　ライプツィヒにある聖トマス教会の音楽監督となり，亡くなるまでの約27年間，この地で活躍した。

5　ワイマールの宮廷に約9年間仕えた。はじめは，宮廷オルガニスト兼宮廷楽師だったが，後に楽隊長に任命された。

②　この楽曲の特徴として最も適当なものを，次の1～5のうちから1つ選べ。

1　宗教的あるいは世俗的な内容を歌った多楽章の器楽付き声楽曲。

2　イエス・キリストの受難の物語を題材にした声楽曲。

3　オペラ，オラトリオ，劇などの本編が始まる前に演奏される。

4　急速なパッセージと華やかな性格を特徴とする鍵盤楽器のための楽曲。

5　一つの主題が調を変えて，いろいろな声部に追いかけるように現れる，対位法の重要な形式の一つ。

③　この楽曲を演奏する楽器の説明として誤っているものを，次の1～5のうちから1つ選べ。

1　両手で弾く鍵盤のほかに，足で弾くための鍵盤もある。

2　大小さまざまなパイプに空気を送って音を出す鍵盤楽器である。

3　両手に持った木製のばちで打ち鳴らす。一つの音を連続して小刻みに打つトレモロ奏法が多用される。

4　キリスト教の教会で，礼拝に用いられる楽器として古くから発達した。

5　ストップと呼ばれる仕組みによって，音色を変化させることができる。

解答 (1) ① 3　② 4　(2) ① 2　② 5　③ 3

解説 (1) ① 3の通模倣様式はルネサンス時代の作曲技法である。② 4はルネサンス時代の作曲家である。 (2) 楽譜はバッハ作曲の「フーガト短調BWV578」である。 ① 2はハイドンのことを述べている。 ② 1はカンタータ，2は受難曲，3は序曲，4はトッカータである。 ③ 3はスネアドラムの奏法なので誤り。

問題 4

次の表は，組曲名とその中の楽曲名を示したものであるが，それぞれ1曲だけ違う組曲のものが含まれている。違うものだけを抜き出した組合せのうち正しいものを，あとの①～⑤から1つ選べ。

組曲名	楽曲名
「管弦楽組曲第２番」	(a)サラバンド (b)ブーレ (c)ファランドール (d)ポロネーズ
バレエ組曲「ガイーヌ」第１組曲	(a)王女たちのロンド (b)剣の舞 (c)子守歌 (d)バラの娘たちの踊り
「ペールギュント」第１組曲	(a)オーゼの死 (b)キエフの大門 (c)アニトラの踊り (d)朝の気分
バレエ組曲「くるみ割り人形」	(a)天王星 (b)トレパック (c)葦笛の踊り

	「管弦楽組曲第２番」	バレエ組曲「ガイーヌ」第１組曲	「ペールギュント」第１組曲	バレエ組曲「くるみ割り人形」
①	(d)	(a)	(c)	(b)
②	(b)	(d)	(a)	(c)
③	(a)	(b)	(d)	(b)
④	(c)	(a)	(b)	(a)
⑤	(d)	(c)	(c)	(a)

解答 ④

解説 示されている楽曲の作曲者はそれぞれ，「管弦楽組曲第2番」はバッハ，バレエ組曲「ガイーヌ」はハチャトゥリアン，「ペールギュント」はグリーグ，バレエ組曲「くるみ割り人形」はチャイコフスキーが作曲したものである。

問題 5

西洋の音楽史に関して，次の(1)～(3)の各問いに答えよ。

(1) 次の説明文に該当する作曲家を，あとのa～eの中から1つ選べ。

19世紀末から20世紀半ばにかけて活躍した後期ロマン派のドイツの作曲家であり，ワーグナーやリストの影響を受け，オペラ，交響詩，歌曲に多くの名作を残している。代表的な作品は，楽劇「ばらの騎士」，交響詩「英雄の生涯」などがある。

a　メンデルスゾーン　(Jakob Ludwig Felix Mendelssohn)
b　R.シュトラウス　(Richard Strauss)
c　シベリウス　(Jean Sibelius)
d　マーラー　(Gustav Mahler)
e　ラフマニノフ　(Sergey Vasilévich Rakhmaninov)

(2) バロック時代に属さない作曲家を，次のa～eの中から1つ選べ。

a　フォーレ　(Gabriel Urbain Fauré)
b　コレッリ　(Arcangelo Corelli)
c　リュリ　(Jean-Baptiste Lully)
d　パーセル　(Henry Purcell)
e　ヘンデル　(Georg Friedrich Händel)

(3) 20世紀の音楽について，次の説明文に該当する語句を次のa～eの中から1つ選べ。

長・短2度，微分音などで隣接した音群が，同時に鳴らされた響き，及びこれを用いた技法。調的な機能をもっていない点で，和音とは区別される。

a　ミュジック・コンクレート
b　ミニマル・ミュージック
c　十二音技法
d　トーン・クラスター
e　ライトモティーフ

解答　(1)　b　(2)　a　(3)　d

解説　(2)　フォーレは19世紀から20世紀にかけてフランスで活躍し，国葬で悼まれた作曲家。他はすべてバロックの人々で，リュリが最も古い作曲家である。　(3)　正答は〈トーン・クラスター〉で密集音塊が用いられる。ポーランドの作曲家・ペンデレツキの「広島の犠牲者に捧げる哀歌」が有名である。

問題 6

次の楽曲を，発表順に正しく並べたものを選べ。

(ア)　草野正宗　作詞作曲「楓」

(イ)　西條八十　作詞／服部良一　作曲「青い山脈」

(ウ)　三浦徳子　作詞／小田裕一郎　作曲「青い珊瑚礁」

(エ)　桑田佳祐　作詞作曲「東京VICTORY」

(1)　(ウ)→(イ)→(エ)→(ア)　　(2)　(イ)→(ウ)→(エ)→(ア)

(3)　(イ)→(ウ)→(ア)→(エ)　　(4)　(ウ)→(イ)→(ア)→(エ)

解答　(3)

解説　(ア)はスピッツのシングル曲で1998年に，(イ)は同タイトルの映画の主題歌として1949年に発表，(ウ)は松田聖子のシングル曲で1980年，(エ)はサザンオールスターズのシングル曲で2014年にリリースされた。

問題 7

次の(ア)～(エ)のオペラとアリアの組合せについて，正誤の正しいものを選べ。

(ア)　Cosi fan tutte (W.A.Mozart)　－　Vaga luna, che inargenti

(イ)　La Traviata (G.Verdi)　－　Brindisi

(ウ)　Rinaldo (G.F.Händel)　－　Ombra mai fù

(エ)　Gianni Schicchi (G. Puccini)　－　O mio babbino caro

(1)　(ア)　誤　(イ)　正　(ウ)　誤　(エ)　正

(2)　(ア)　誤　(イ)　誤　(ウ)　正　(エ)　正

(3)　(ア)　正　(イ)　正　(ウ)　誤　(エ)　誤

(4)　(ア)　正　(イ)　誤　(ウ)　正　(エ)　誤

解答 (1)

解説 (ア)の「Vaga luna, che inargenti」はベッリーニ作曲の「3つのアリエッタ」の第3曲「優雅な月よ」である。(イ)は正で，椿姫の「乾杯の歌」である。(ウ)の「Ombra mai fù」はヘンデル作曲のオペラ「セルセ」の第1幕のアリアである。「ヘンデルのラルゴ」としても知られる曲である。(エ)は正で，ジャンニ・スキッキのラウレッタのアリア「私のお父さん」である。

問題 8

作品とその作品の作曲者の組み合わせが正しいものを選べ。

(1) タクシーム － 黛敏郎
(2) オペラ「愛の妙薬」 － G.ドニゼッティ
(3) 食卓の音楽 － J.ハイドン
(4) 交響曲第3番「カディッシュ」 － G.ガーシュイン

解答 (2)

解説 (1)は西村朗，(3)はテレマン，(4)はバーンスタインの楽曲である。

問題 9

作曲家ジョン・ウイリアムズがテーマ音楽を作曲していない映画を選べ。

(1) ハリー・ポッターとアズカバンの囚人
(2) ファンタスティック・ビーストと黒い魔法使いの誕生
(3) シンドラーのリスト
(4) インディ・ジョーンズ／最後の聖戦

解答 (2)

解説 (2)はジェームズ・ニュートン・ハワードにより作曲された。

Attention!

西洋音楽史　2. 音楽様式，音楽形式の知識を問う問題

Check で触れた重要な用語が青森県の問題に見られる。また，ポピュラー音楽のジャンルについての理解を問う問題(山形)，12 音技法の発展したものの名称を答えさせる問題(埼玉)，オペラとオラトリオの起源と内容を問う問題(青森)，楽譜から民族様式(ポロネーズ)を答えさせる問題(神奈川)など細かい知識が問われている。

演習問題②

問題 1

次の①〜⑥の語句について，それぞれに関連する説明文をＡ群ア〜コから，時代をＢ群ａ〜ｆから１つずつ選び，その記号を書け。

① オラトリオの興隆　② ライトモティーフ
③ オルガヌム　④ コラールの誕生
⑤ 12音音楽　⑥ アルベルティ・バス

〈Ａ群〉

ア　文学作品や絵画などを題材とし，詩的感情や幻想的内容を表現したもの。多楽章ではなく，１曲１曲が独立していることが多い。

イ　中心音の存在や調性の支配を否定し，新しい表現を追求した作曲技法体系であり，すべての幹音と派生音を平等かつ均等に用いた音楽。

ウ　ワーグナーの楽劇において用いられたもので，曲の中で繰り返し使われ，人物や状況を表す。劇中での状態の変化にしたがってリズムや和声が変形され，楽曲を統一するものである。

エ　分散和音の１種。右手の旋律に対する左手の伴奏の形として，連続的に現れることが多い。

オ　ローマ・カトリック教会のラテン語典礼文をテキストとする単声聖歌。

カ　２声部以上の旋律の独立的な横の流れに重点を置いて作曲された音楽。

キ　多声音楽の１形態で，聖歌の旋律に１度，４度，５度，８度音程で並進行する対声部を付けるという手法。

ク　宗教的または道徳的な性格をもつ劇的な物語を，独唱，合唱，管弦楽のために作曲した作品。

ケ　幻想交響曲に初めて使用された，文学的な一定の概念に結びつけられたモティーフのことで，全曲を通して反復される。

コ　聖歌隊によって歌われる歌という意味を持ち，ルター派の礼拝で歌われる自国語による賛美歌。

〈B群〉

a　中世　　b　ルネサンス　　c　バロック　　d　古典派

e　ロマン派　　f　近・現代

解答 (A群，B群の順) ①　ク，c　②　ウ，e　③　キ，a　④　コ，b　⑤　イ，f　⑥　エ，d

解説 いずれの用語も西洋音楽史において，おさえておきたい用語である。説明文と時代の組合せを確認するだけでなく，流れとして確認しておいた方がよいだろう。用語の意味があいまいなものがあったら，自分の言葉で説明できるようにしておくこと。

問題 2

次の文章中の[　A　]～[　E　]に入れるのに最も適当な語句を，それぞれ①～④のうちから選べ。

中世ヨーロッパでは，キリスト教の普及とともにグレゴリオ聖歌が生まれた。この単旋律聖歌は基本的に[　A　]の教会旋法を用い，歌詞は[　B　]である。後にネウマと呼ばれる[　C　]で表わされるようになった。

ルネサンスの音楽は声楽の[　D　]を中心に発展した。16世紀後半ローマで活躍した教会音楽における代表的なイタリアの作曲家[　E　]も[　D　]書法を用いたカトリック教会のミサ曲やモテットを多数残した。

[　A　]の語群：①　5種　②　6種
③　8種　④　12種

[　B　]の語群：①　ドイツ語　②　ラテン語
③　英語　④　ロシア語

[　C　]の語群：①　作曲法　②　記譜法
③　演奏法　④　発声法

[　D　]の語群：①　ポリフォニー　②　モノフォニー
③　ホモフォニー　④　ヘテロフォニー

[　E　]の語群：①　シュッツ　②　J.S.バッハ
③　ダウランド　④　パレストリーナ

解答 A ③　B ②　C ②　D ①　E ④

解説 中世西欧の教会音楽に関する設問。グレゴリオ聖歌はドリア・フリギアなど正格旋法が4種，ヒポドリア・ヒポフリギアなど変格旋法が4種の計8種の旋法に体系化された。歌詞はすべてラテン語である。ネウマの記譜法は9～15世紀頃に用いられた。ルネサンスのローマ楽派の代表者パレストリーナは〈パレストリーナ様式〉と呼ばれる無伴奏合唱様式を確立し，「教皇マルチェルスのミサ」が知られる。

問題 3

15～16世紀の西洋音楽について以下を読んで答えなさい。

(1) ルネサンス期のオケヘム(1410頃または1420頃～1497年)や，ジョスカン・デプレ(1445頃～1521年)が活躍した楽派名を答えなさい。

(2) 器楽について以下を読んで答えなさい。

ルネサンス時代，ひろく一般的に用いられた楽器は，主として弦楽器，管楽器，鍵盤楽器であった。撥弦楽器の(　ア　)は，もっとも広範に用いられた独奏楽器であり，西洋梨の形をした胴と曲がった首を持っていた。ルネサンス時代のもっとも重要な管楽器はリコーダーとよばれる，木製の縦吹きフルートであった。ルネサンスの鍵盤楽器としてはまず，大きなオルガンがあちこちの教会で製造されるようになった。

1597年，(　イ　)が「ピアノとフォルテのソナタ」を出版した。この曲では，史上初めて使用楽器が指定されている。演奏に用いる楽器が現場の選択による演奏形態としてではなく，作者からのメッセージとして指定されている。これは「器楽の確立」と宣言するにふさわしい出来事であった。

① (　ア　)の楽器名を答えなさい。

② (　イ　)の人物名を答えなさい。

③ 「探求する」というイタリア語に語源をもち，16～17世紀の多くの器楽曲に対して用いられた名称で，フーガの前段階をなす模倣的器楽形式をイタリア語で何というか。

解答 (1) フランドル楽派　(2) ① リュート　② ジョバンニ・ガブリエリ　③ リチェルカーレ

解説 (1) フランドル楽派は，ルネサンス期後半からバロック時代にかけて活躍したフランドル出身の音楽家のことをいう。彼らはヨーロッパ各地で活動を展開し，盛期ルネサンスの音楽を主導していった。

(2) ① リュートはルネサンス期に全盛期をむかえた撥弦楽器である。世俗曲ではリュートや初期の鍵盤楽器であるヴァージナルを用い，声楽と器楽のバランスのとれたアンサンブルが行われていたとされている。　② ジョバンニ・ガブリエリはヴェネツィアで活躍した優れた音楽家の一人である。彼が作曲した「ピアノとフォルテのソナタ」は，ソナタという名称を用いた器楽曲の最初期の例であり，楽譜に強弱の指示を書き込んだものであったことも特徴の一つである。　③ リチェルカーレは模倣的な動きを特徴とし，モテットなどの通模倣技法を適用している。後にフーガに発展していった。リチェルカーレを大きく発展させたのはヴェネツィア楽派の音楽家たちである。

Attention!

西洋音楽史 3. 文化的背景との関わりを問う問題

Check でも述べたように，文化的背景として最も取り上げられる可能性が高いのは，ヨーロッパにおける国民主義である。フランス6人組，ロシア5人組，北欧，スペイン，チェコなどの国民楽派の作曲家と作品を関連付けて覚えておく必要がある。

また，頻出するのが，標題音楽と交響詩についての問題である。「標題音楽」という言葉はリストが論文の中で1855年に初めて使用した。交響詩を確立したのもリストである。「幻想交響曲」において固定楽想を用いて恋の物語を交響曲にあらわしたベルリオーズ，スメタナの連作交響詩「我が祖国」，リヒャルト・ストラウスのニーチェの哲学書による「ツァラトゥストラはこう語った」，ムソルグスキー(リムスキー＝コルサコフ編)の「展覧会の絵」など，標題やテキストとあわせて聴いておきたい。

演習問題③

問題 1

音楽史について，次の問いに答えよ。

19世紀前期・中期は，自由思想やロマン主義文学の影響のもと，音楽の世界にも「ロマン派」が花開いた時代であるが，19世紀も後期にさしかかると，ヨーロッパの中でも周辺地域の国々や民族的な少数派が，市民権の獲得や自由な表現様式による精神の解放を求め，国民主義的な音楽家が次々に輩出した。こうした傾向の先駆けとなった作曲家の1人にポーランド出身の(　①　)があげられる。彼は「24の前奏曲」作品8や4つの即興曲をはじめ，当時の中流家庭に普及しつつあった楽器(　②　)のための作品にとりわけ優れた才能を発揮し，古典派以来の形式の中に，A母国の民族舞踊のリズムや情感を巧みに詩的に表現して「(　②　)の詩人」と呼ばれたが，2010年はその生誕(　③　)年の年にあたり，いろいろな催し物が世界中で行われた。

国民主義的な傾向の作曲活動は，ロシアでは，バラキレフやリムスキー＝コルサコフ，ボロディンらが同人であったグループ(　④　)の活動が知られている。交響詩「禿山の一夜」や組曲「展覧会の絵」を作曲した(　⑤　)も，このグループに属していた。一方，スペインにおいてはヴァイオリンの名手で「ツィゴイネルワイゼン」を作曲した(　⑥　)や，フランス音楽の影響を強く受けながらも，Bスペイン独特のリズムや旋律を用いたバレエ音楽「恋は魔術師」や「三角帽子」などを作曲した(　⑦　)が出た。さらに，20世紀に入ると，Cスペインの国民的な楽器を独奏楽器にして民族的なリズムや響きを多用した「アランフェス協奏曲」を作曲した盲目の作曲家(　⑧　)が有名である。

1　(　①　)～(　⑧　)にあてはまる作曲家名や語句，数字を書け。

2　下線部Aのリズムの例を2つ書け。

3　下線部Bのリズムの例を1つ書け。

4　下線部Cの楽器は何か書け。

解答 1 ① ショパン ② ピアノ ③ 200 ④ 5人組
⑤ ムソルグスキー ⑥ サラサーテ ⑦ ファリャ
⑧ ロドリーゴ 2 マズルカ，ポロネーズ 3 ボレロ or ハバネラ 4 ギター

解説 1 ① ショパンはポーランド出身で，前期ロマン派を代表する作曲家である。 ② 産業革命の影響もあり，1790年から1860年頃にかけて，ピアノの生産技術は飛躍的に向上した。ショパンはピアノのための作品を数多く残し，「ピアノの詩人」と呼ばれている。
③ 2010年にショパン生誕200年をむかえた。 ④ 本文であげられている3人に，キュイ，ムソルグスキーを加えた5人の作曲家が，19世紀後半に民族主義的な芸術音楽を志向したロシア5人組と呼ばれる。 ⑥ スペインの作曲家サラサーテは，自身もヴァイオリン奏者であり，技巧的かつスペインの民謡風の旋律を用いた音楽をのこしている。 ⑦ ファリャは，新古典主義の影響を受けたスペインの作曲家である。 ⑧ ロドリーゴは，幼児期に失明したにも関わらず数々の作品を残したスペインの作曲家・ピアニストである。
2 マズルカ，ポロネーズは，共にポーランドを代表する民族舞踊のリズム，形式である。基本的には両方とも4分の3拍子。 3 ボレロはスペイン起源，ハバネラはキューバ起源で，共にスペインで流行した舞踊音楽である。ボレロは3拍子，ハバネラは2拍子。
4 ロドリーゴは，自身はピアニストでありながらギターに関心を持ち，クラシック・ギターを用いた楽曲を数多くのこしている。「アランフェス協奏曲」でもギターが独奏楽器として使用される。

問題 2

次の文は，オペラの誕生とその発展についての説明である。あとの1から3の問いに答えよ。

オペラは，16世紀末イタリアの[①]で誕生した。当時この都市を支配していたメディチ家は，さまざまな芸術家を支援していた。[②]と呼ばれる詩人や音楽家，文化人たちのグループは，ギリシャ悲劇を復興させるため試行錯誤を重ね，新しいスタイルの音楽劇を創出した。こ

れが今日のオペラの始まりといわれている。完全な楽譜が現存する最古のオペラは，リヌッチーニの台本によりペーリとカッチーニが作曲し，1600年に初演された「[　③　]」である。

その後，オペラの中心はヴェネツィアに移り，17世紀末には10を越える劇場が存在し栄えた。ヴェネツィア派最大の作曲家モンテヴェルディは劇的効果を音楽に表した。18世紀になるとオペラはナポリで盛んになり，アレッサンドロ・スカルラッティや$_A$<u>ペルゴレージ</u>のような優れた作曲家が現れた。

オペラは次いで各国に移り，フランスではリュリ，ラモーなどが現れ，フランスオペラの様式を確立し，イギリスでは[　④　]が「ディドとエネアス」を作曲した。ドイツでは，[　⑤　]が劇と音楽との統一という観点から大改革を行い，「アルチェステ」，「タウリスのイフィゲニア」などを作曲した。モーツァルトはイタリア・オペラの形式の中にドイツ音楽の精神をもって，「フィガロの結婚」など多くのオペラを作曲した。

19世紀のイタリアに目を向けると，ロッシーニ，ドニゼッティ，ベッリーニが現代に続くイタリア・オペラの様式を完成させ，[　⑥　]は「椿姫」や「アイーダ」など多くの作品を残した。$_B$<u>19世紀末になると，イタリア・オペラに起こった新しい運動</u>の影響をうけて，マスカーニが「カヴァレリア・ルスティカーナ」を，レオンカヴァッロが「道化師」を作曲した。

1　[　①　]から[　⑥　]にあてはまる最も適切な語句を答えよ。

2　Aの代表作，歌劇「奥様女中」のように，18世紀のイタリアで発展した喜劇的なオペラの総称を次の語群アからエのうちから，また，それに属するロッシーニの作品名を語群オからクのうちからそれぞれ1つずつ選び，記号で答えよ。

語群

ア　オペラ・ブッファ　　　イ　オペラ・セリア
ウ　ジングシュピール　　　エ　オペレッタ
オ　歌劇「ウィリアム・テル」　　カ　歌劇「オテロ」
キ　歌劇「タンクレーディ」
ク　歌劇「セヴィーリャの理髪師」

3　Bの名称を答えよ。

解答 1 ① フィレンツェ ② カメラータ ③ エウリディーチェ ④ パーセル ⑤ グルック ⑥ ヴェルディ 2 総称…ア 作品名…ク 3 ヴェリズモ

解説 1597年に誕生したといわれるオペラの歴史の出題であり，1の①フィレンツェや②カメラータ，③「エウリディーチェ」(現存する最古のオペラ，カッチーニとペーリ作曲)など記述解答できるよう学習しておきたい。また，オペラ・ブッファ(「奥様女中」,「フィガロの結婚」,「ドン・ジョバンニ」,「セヴィーリャの理髪師」など)や，ジングシュピール(歌芝居と言われドイツ語・せりふ入り，「魔笛」,「魔弾の射手」など)，オペレッタ(「メリー・ウィドウ」,「こうもり」,「天国と地獄」など)についても復習しておきたい。3のヴェリズモオペラは19世紀後半のイタリアオペラで，日常生活に根ざした台本による〈現実主義〉ともいう作品。代表作はマスカーニ作曲「カヴァレリア・ルスティカーナ」，およびレオンカヴァッロ作曲「道化師」で両作品とも一幕のオペラ。両作品が一緒に上演されることが多い。

問題 3

次の楽譜について，下の問いに答えよ。

(1) 次の文はこの曲の作曲者について書かれている。(ア)，(イ)にあてはまる適切なものをそれぞれ①～⑤から選び番号で答えよ。

作曲者は(ア)の音楽一家に生まれた。音楽大学卒業後，しばらく(イ)奏者を務めたのち，音楽教師として生計を立てながら作曲活動を続けた。(ア)音楽復興の立役者の一人として位置付けられている。

ア ① ロシア ② イギリス ③ ハンガリー
④ ドイツ ⑤ オーストリア

イ ① オルガン ② ピアノ ③ オーボエ
④ トロンボーン ⑤ チューバ

(2) 次の文はこの曲について書かれている。(ア)～(ウ)にあてはまる適切なものをそれぞれ①～⑤から選び，番号で答えよ。

管弦楽組曲「惑星」は，太陽系の惑星のうち(　ア　)つを題材にした作品で，この曲は第4曲に当たる。この曲の副題は(　イ　)である。曲は，急速で華やかな部分から始まり，それが静まるとゆったりとした(　ウ　)な部分が現れ，再び華やかな部分に戻っていくという構成になっている。

ア　①　4　②　5　③　6　④　7　⑤　8

イ　①　快楽をもたらす者　②　老いをもたらす者
　　③　戦争をもたらす者　④　平和をもたらす者
　　⑤　翼のある使者

ウ　①　アジア風　②　ロンド風　③　和風　④　都会風
　　⑤　民謡風

解答　(1)　ア　②　イ　④　(2)　ア　④　イ　①　ウ　⑤

解説　(1)「管弦楽組曲　惑星　作品32」より「木星」からの出題である。作曲者のホルスト(Gustav Holst 1874 − 1934)はイギリスの作曲家であり，トロンボーン奏者を務めたのち，音楽教師として作曲を続けた。「惑星」のほか，吹奏楽曲なども遺している。　(2)　地球をのぞく7つを題材にしている。「木星」では民謡風の第3主題がホルンによって示される。また本問で提示された楽譜は第4主題である。イの選択肢はいずれも副題として用いられており，それぞれ，②　第5曲「土星」，③　第1曲「火星」，④　第2曲「金星」，⑤　第3曲「水星」の副題である。

問題 4

次の楽譜について，あとの問いに答えよ。

A

B

C

D

(1) 次の文の(　ア　)～(　エ　)にあてはまる適切なものを①～⑤から選び，番号で答えよ。

この作品は，作曲者の親友であった建築家で画家の(　ア　)の遺作展覧会をきっかけにつくられた。絵にちなんだ10曲に加え，楽譜Aの「(　イ　)」と呼ばれる部分が，何度か形を変えて冒頭や曲間で演奏される。

作曲者は，(　ウ　)世紀のロシアを代表する作曲家の一人である。この作品はもともとピアノのために書かれたが，のちに多くの作曲家によって管弦楽に編曲された。ラヴェルによって編曲されたものでは，楽譜Bの旋律は(　エ　)で演奏される。

ア　①　ガルトマン　②　カンディンスキー
　　③　バラキレフ　④　キュイ
　　⑤　ガウディ

イ　①　ブイドロ　②　リモージュ
　　③　カタコンブ　④　はげ山の一夜
　　⑤　プロムナード

ウ　①　16　　②　17
　　③　18　　④　19
　　⑤　20

エ　①　クラリネット　　②　コールアングレ
　　③　サクソフォーン　　④　ヴィオラ
　　⑤　チェロ

(2)　楽譜Bの曲名を①～⑤から選び，番号で答えよ。

①　こびと　　②　鶏の足の上に建っている小屋
③　テュイルリー　　④　古城
⑤　ザムエル・ゴルデンベルクとシュムイル

(3)　楽譜Cと楽譜Dの曲をラヴェルによって編曲されたものを用いて鑑賞の授業をする。生徒に知覚・感受させる内容の例として，適切なものをそれぞれ次の①～⑤から選び，番号で答えよ。

①　チューバの重厚な主旋律が，農民の憂鬱な気持ちを表している。
②　金管楽器による壮大な響きが，どっしりとした門を表している。
③　木管楽器の旋律が単調な伴奏にのって現れ，感傷的な雰囲気を醸し出している。
④　打楽器のたたきつけるような鋭い動機で始まり，何物かが活動し始めたような感じを受ける。
⑤　弾むようなリズムと高い音から，小さな動物が動き回っている様子を感じさせる。

解答　(1)　ア　①　　イ　⑤　　ウ　④　　エ　③　　(2)　④
(3)　楽譜C　⑤　　楽譜D　②

解説　(1)　ロシアの作曲家ムソルグスキー(Modest Petrovich Mussorgskiy 1839－1881)によって作曲された，「組曲　展覧会の絵」からの出題である。特にラヴェルによる管弦楽編曲版が有名であるが，ムソルグスキーの代表的なピアノ音楽である。親友ガルトマンの遺作展がこの組曲を作曲するきっかけであり，絵にちなんだ10曲と，前奏および間奏にあたる「プロムナード」から構成されている。なお，楽譜Bは10曲のなかの「古城」の一部であり，ラヴェル編曲版ではアルトサックス(Alto Saxophone)で奏される。オーケストラ曲でサックスが用いられる曲は珍しく，この曲の特徴となるので覚えておきたい。　(2)　楽譜A～Dと結びつくのは「古城」のみであるが，いずれも「展覧会の絵」に含まれる曲名である。付言して，提示された楽譜の曲名はそれぞれ，楽譜A…冒頭の「プロムナード」，楽譜B…「古城」，楽譜C…「殻をつけたひなどりのバレエ」，楽譜D…「キエフの大門」である。　(3)　曲名が判明していれば解答は容易である。楽譜CではScherzino，高音および装飾音，楽譜Dではmaestoso，強弱記号，構成音の幅広さ，音符の長さがヒントになるであろう。

問題 5

次の「交響詩」について説明した文章の空欄にあてはまる言葉として正しい組合せを選べ。

19世紀半ばに生まれた管弦楽による(　ア　)の一種で，詩的，絵画的，観念的内容と結びつきをもとうとするものであり，この名称の最初の使用者は(　イ　)である。この呼称は，多くは1楽章形式の場合に用いられ，ベルリオーズの「(　ウ　)」のような多楽章形式の曲は交響詩と区別されることもあるが，両者は性格の点で近親性をもっている。19世紀の国民主義はその隆盛に好適な土壌となり，自国の風景や生活や伝説が好んで描かれたスメタナの「わが祖国」，ボロディンの「(　エ　)」，や(　オ　)の「フィンランディア」等が有名である。

	ア	イ	ウ	エ	オ
①	絶対音楽	ワーグナー	ファウストの劫罰	中央アジアの草原で	シベリウス
②	標題音楽	ワーグナー	ファウストの劫罰	ポロヴェツ人の踊り	グリーグ
③	標題音楽	リスト	幻想交響曲	中央アジアの草原で	シベリウス
④	絶対音楽	リスト	ファウストの劫罰	ポロヴェツ人の踊り	グリーグ
⑤	標題音楽	リスト	幻想交響曲	中央アジアの草原で	グリーグ

解答　③

解説　ア 「絶対音楽」は歌詞を持たず，物語や絵画，文学といった他の芸術と結び付けない音楽そのものを表現しようとする音楽のことで，「標題音楽」の対義語にあたる。　イ 「ワーグナー」は楽劇の創始者である。　ウ 「幻想交響曲」はベルリオーズの最初の交響曲で5楽章からなる。本来，交響詩は単一楽章で切れ目なく演奏されるのが基本である。「ファウストの劫罰」は4部からなる楽劇。　エ「ポロヴェツ人の踊り」はオペラ「イーゴリ公」のうちの1曲である。
オ 「フィンランディア」はシベリウス作曲の交響詩である。グリーグはノルウェーの作曲家である。

問題 6

次の文章を読み，(1)～(4)の問いに答えよ。

ブルタバ(モルダウ)(連作交響詩「我が祖国」から)はスメタナの作曲である。スメタナはチェコのボヘミア地方出身で，プラハでピアノと作曲を学んだ後，［ア］で指揮者として活躍。1861年にチェコの独立運動に参加するために祖国に戻る。当時のチェコはオーストリアの強い支配を受けていた。そのため，チュコの人々は母国語を話すことさえ禁じられていた。このような圧政下で，人々は「自分たちの言葉で話そう」「独立した国を作ろう」と強く願うようになっていった。スメタナはこうした願いを音楽に託し，「我が祖国」をはじめ，祖国への思いに満ちた作品を世に送り続けた。「我が祖国」はチェコの自然や伝説，歴史に基づく6曲の交響詩からなる。

連作交響詩「我が祖国」全曲構成	
第1曲	ビシェフラト(高い城)
第2曲	ブルタバ(モルダウ)
第3曲	［イ］
第4曲	ボヘミアの森と草原から
第5曲	ターボル
第6曲	ブラニーク

第2曲の「ブルタバ」では，祖国の姿がブルタバ川の流れに沿って描かれている。楽譜にはA～Gの標題が記されている。

A　ブルタバ2つの源流

B　森の妖精

C　農民の結婚式

ウ

D　月の光，水の精の踊り

E　エ

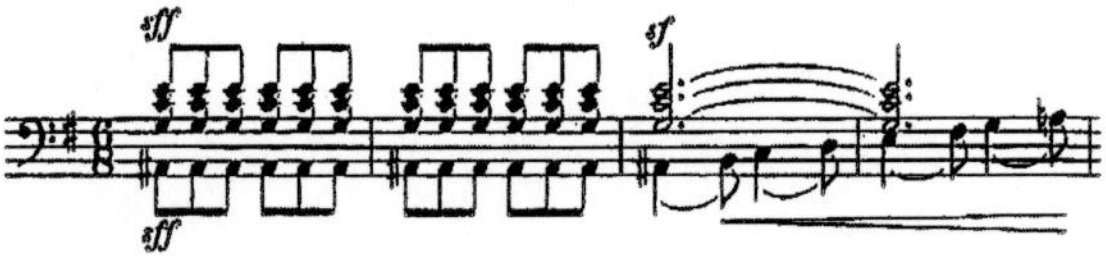

F　幅広く流れるブルタバ

G　ビシェフラトの動機

(実際は1オクターヴ上)

※出典　教育芸術社　「中学生の音楽　2・3下」

(1) ［　ア　］に入る国名を，次の①～⑤から1つ選べ。

①　ポーランド　　②　ドイツ　　③　フランス

④　オーストリア　　⑤　スウェーデン

(2) ［　イ　］に入る言葉を，次の①～⑤から1つ選べ。

①　グノームス　　②　タミーノ　　③　ジークフリート

④　シャールカ　　⑤　見知らぬ国と人

(3) ［ウ］に当てはまる旋律を，次の①～⑤の中から1つ選べ。

①

②

③
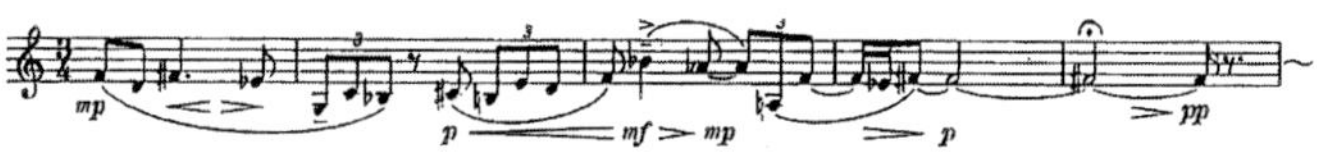

④

⑤

(4) Eの標題［　エ　］に当てはまるものを，次の①～⑤の中から1つ選べ。

①　大地の踊り　　②　追い詰められた獣たち　　③　古城

④　雷雨と嵐　　⑤　聖ヨハネの急流

解答 (1) ⑤　(2) ④　(3) ④　(4) ⑤

解説 (1) スメタナ(1824～1884)は，チェコスロヴァキアの国民主義的音楽の祖といわれ，作品において愛国精神を促進した。交響詩「わが祖国」は国民主義の傾向をもった代表作である。1856年にスウェーデンへ行き，指揮者として迎えられ，多くの作品を上演し，またその期間中に交響詩を3曲書いた。　(2) 第3曲は「シャールカ」である。チェコの乙女戦争で勇敢に闘った女性である。　(3) 森の狩猟が描かれたあとは，G dur，4分の2拍子で書かれた結婚の祝いにおける田舎の踊りの場面になる。そして次は夜の場面へとすすむ。
(4) 水の精の踊りを経て主題が回帰し，その後モルダウは急流にさしかかる。聖ヨハネの急流が正答である。そしてプラハへと進み，壮大で幅広い流れを表す主題が再び現れ，やがてビシェフラトがみえる。本問Gの譜例は，第1曲の主題が用いられている。

Attention!

総合問題

戦後から現代までの新しい時代に活躍した演奏家，作曲家についての問題が見られる。日頃から，現在活躍する音楽家の情報は取り入れておく必要がある。

指揮者では，カラヤン，プレビン，バーンスタイン，ブーレーズ，小澤征爾。ピアニストでは，リヒテル，ポリーニ，ブーニン，キーシン，アルゲリッチ，グールド。チェリストでは，ロストロポーヴィチ，カザルス，ヨーヨーマ。ヴァイオリニストでは，オイストラフ，ハイフェッツ，パールマン。フルートのパユ，ランパル。古楽の鈴木雅明などは知っておきたい。

また，ミュージカルや日本のポピュラー音楽についての出題もある。合唱やリコーダー，吹奏楽のアンサンブルで取り上げることもあるので，幅広く知っておきたい。

演習問題④

問題 1

次の問1～問5の各問いにあてはまる最も適当なものを，それぞれ①～④のうちから1つ選べ。

問1　次の中で，1901年ロシアに生まれたアメリカのヴァイオリニストで，Arthur Rubinstein，Gregor Piatigorskyらとトリオを組んだのはだれか。

①　Joseph Szigeti　②　David Oistrakh　③　Isaac Stern
④　Jascha Heifetz

問2　次の演奏家と楽器の組合せとして，適当ではないものはどれか。

①　Jean-Pierre Rampal－フルート
②　Lily Laskine－ファゴット
③　Karl Leister－クラリネット
④　Heinz Holliger－オーボエ

問3　次の中で，オランダのオルガニスト，チェンバロ奏者で，1979年にアムステルダム・バロック管弦楽団を結成したのはだれか。

①　Ton Koopman　②　Karl Richter　③　Helmut Walcha
④　Marie-Claire Alain

問4　次の中で，アメリカの指揮者で，ニューヨーク・フィルハーモニック音楽監督に就任，また，交響曲第1番「エレミヤ」やミュージカルなどを作曲したのはだれか。

①　André Previn　②　Leonard Bernstein
③　Pierre Boulez　④　Leopold Stokowski

問5　次の中で，鈴木雅明が1990年に創立した古楽器のアンサンブル・合唱団はどれか。

①　サイトウ・キネン・オーケストラ
②　日本音楽集団
③　バッハ・コレギウム・ジャパン
④　オーケストラ・アンサンブル金沢

解答 問1 ④　問2 ②　問3 ①　問4 ②　問5 ③

解説 問1 ④のヤッシャ・ハイフェッツ(1901～87年)はロシア生まれでアメリカのヴァイオリニスト。すでに伝説的な存在である。他の①～③も高名なヴァイオリニストである。　問2 ②のリリー・ラスキンはフランスのハープ奏者。ハープを独奏楽器として再生・発展させた人物である。　問3 ②のカール・リヒター(ドイツ，オルガン奏者・合唱指揮者)と間違えやすいので留意したい。　問4 ②のバーンスタインは交響曲を3曲残している。その第1番が「エレミヤ」である。　問5 昨今の我が国の演奏活動に関心をもつことが正答③につながる。

問題 2

次の作曲家の説明ア～エと作曲家名A～Eの組合せとして適切なものは，下の1～4のうちのどれか。

ア　北海道で各地方からの移住者たちの民謡等を聞きながら育ち，チェレプニンの指導を受けたほかは独学で，「日本狂詩曲」はチェレプニン賞に首席入賞した。

イ　基本的には組歌「四季」のようにヨーロッパの古典派または初期ロマン派的なスタイルだが，日本風な表現を意図してヨナ抜き短音階による曲も作曲している。

ウ　歌曲，童謡，合唱曲など新しい日本のうたの創造に力を注ぎ，「かわいいかくれんぼ」など多くの愛唱歌をうみ出している。

エ　「テクスチュアズ」は国際作曲家会議で年間最優秀作品に選ばれるなど，その個性と鋭敏な感覚によって高く評価されている。

〈語群〉

A　武満徹　　B　滝廉太郎　　C　伊福部昭　　D　中田喜直
E　山田耕筰

1　アーA　イーB　ウーE　エーC
2　アーC　イーB　ウーD　エーA
3　アーC　イーD　ウーE　エーB
4　アーD　イーE　ウーB　エーC

解答 2

解説 アの北海道出身で「日本狂詩曲」のチェレプニン賞などで伊福部昭や，イの組歌「四季」の春の歌が有名な同声2部合唱の「花」の滝廉太郎は知っておきたい。

問題 3

次の問1～問5の各問いに当てはまる最も適当なものを，それぞれ①～④のうちから1つ選べ。

問1　1926年にブルックナーの「交響曲第7番」を指揮してデビューし，後にバイエルン放送交響楽団の音楽監督やアムステルダム・コンセルトヘボウ管弦楽団の指揮者を務めたのはだれか。

①　Václav Neumann　②　Charles Münch
③　Otmar Suitner　④　Eugen Jochum

問2　チリ出身で，ベルリンのシュテルン音楽院に学び，リストの弟子であるマルティン・クラウゼに師事し，後にリスト賞を受賞したピアニストはだれか。

①　Daniel Barenboim　②　Dinu Lipatti
③　Claudio Arrau　④　Walter Gieseking

問3　1937年にイザイ国際コンクールで優勝し，オボーリンやクヌシェヴィツキーと三重奏団を組んだヴァイオリニストはだれか。

①　David Oistrakh　②　Arthur Grumiaux
③　Gidon Kremer　④　Joseph Szigeti

問4　「交響三章」「エローラ交響曲」などを作曲し，日本音楽著作権協会の理事長を務めた作曲家はだれか。

①　團伊玖磨　②　芥川也寸志　③　黛敏郎　④　武満徹

問5　演奏家と楽器の組合せとして，適当なものはどれか。

①　Dennis Brain　—　フルート
②　Aurèle Nicolet　—　クラリネット
③　Maurice André　—　トランペット
④　Leopold Wlach　—　ホルン

解答 問1 ④ 問2 ③ 問3 ① 問4 ② 問5 ③

解説 問1 Eugen Jochum(オイゲン・ヨッフム, 1902〜87年, 独)はドイツ音楽の, 特にブルックナーに定評があった。 問2 ③のClaudio Arrau(クラウディオ・アラウ, 1903〜91年, チリ)は, 1927年にジュネーヴ国際ピアノコンクールで優勝, リストやベートーヴェン弾きとして名高い。 問3 David Oistrakh(ダヴィッド・オイストラフ, 1908〜74年, 露), 世界的名声を得たヴァイオリニストである。 問4 芥川也寸志(1925〜89年), オペラ「ヒロシマのオルフェ」や映画音楽作品も多い。 問5 ①のDennis Brain(1921〜57年)はホルン奏者, ②のAurèle Nicolet(1926〜2016年)はフルート奏者, ④のLeopold Wlach(1902〜56年)はクラリネット奏者である。

問題 4

ワルシャワで5年に1回開催される「ショパン国際ピアノコンクール」で優勝したことがある人物を選べ。

(1) ユンディ・リ
(2) ウラディーミル・アシュケナージ
(3) スヴャトスラフ・リヒテル
(4) エフゲニー・キーシン

解答 (1)

解説 (1)は第14回の優勝者である。ショパン国際コンクール15年ぶりの第1位優勝者, 中国人初の優勝者ということで話題になった。(2)は1955年に出場したが2位だった。(3)は出場していない。(4)はコンクールにほとんど出場していない。

問題 5

次のＡ～Ｅが使用されたミュージカルを初演年が古い順に並べたとき，正しいものを①～⑤の中から１つ選べ。

(楽譜は曲の一部である。)

A

B

C

D

E

① D→A→C→E→B　② C→A→D→B→E
③ A→D→E→C→B　④ D→A→E→C→B
⑤ C→D→A→B→E

解答 ①

解説 D「ウエスト・サイド物語」より「Tonight」(1957年)→A「サウンド・オブ・ミュージック」より「私のお気に入り」(1959年)→C「見上げてごらん夜の星を」より「見上げてごらん夜の星を」(1960年)→E「キャッツ」より「Memory」(1980年)→Bオペラ座の怪人より「The Phantom of the Opera」(1986年)である。

問題 6

次の合唱曲について，各問いに答えなさい。

(楽譜は曲の一部である。)

1　この曲の題名を①～⑤の中から1つ選べ。

①　旅立ちの日に　　②　大切なもの

③　With You Smile　　④　Let's search for Tomorrow

⑤　マイバラード

2　この曲の作曲者を①～⑤の中から1つ選べ。

①　松井　孝夫　　②　水本　誠　　③　坂本　浩美

④　大澤　徹訓　　⑤　山崎　朋子

解答　1　②　　2　⑤

解説　1　出題の曲は中学校の合唱コンクールでよく取り上げられる「大切なもの」。「明日へ」「COSMOS」など中学生にとって取り組みやすい合唱曲については学習しておきたい。　2 「大切なもの」の作詞・作曲者は山崎朋子。

第 3 章

スコアによる総合問題

スコアによる総合問題

Point

ほとんどの自治体で出題されているのが，スコア(総譜)を提示し，音楽史，音楽理論，楽器の知識，および指導法などを総合的に問うものである。受験者には，スコアリーディングに加えて，曲の背景や作曲者に関する知識，あるいは実際の演奏や教室での生徒指導を想定した知識が求められている。問題の大部分はオーケストラスコアであるため，過去問等で慣れておく必要がある。また，出題傾向の高い楽曲を簡単にまとめているので，そちらも学習に役立ててもらいたい。

オーケストラスコアによる問題

1. 楽器群の配置

オーケストラスコアに記載される楽器は上から「木管楽器」「金管楽器」「打楽器」「追加楽器」「弦楽器」の順に配置される。「追加楽器」とは，大規模な作品や特殊な編成の時に記載され，協奏曲における独奏楽器，独唱，声楽，ピアノなどの楽器を示している。それぞれの楽器群による配置は次の通りである。

木管楽器	ピッコロ，フルート，オーボエ，クラリネット，ファゴット
金管楽器	ホルン，トランペット，トロンボーン，テューバ，(コルネット)
打楽器	ティンパニ，その他の打楽器
追加楽器	上記文参照
弦楽器	第1ヴァイオリン，第2ヴァイオリン，ヴィオラ，チェロ，コントラバス

2. 各楽器の調的特性

楽器は特定の調を基準に作られている。例えば，トランペットではスコア上のCの音は実音ではB♭となる。これは，楽器の構造や歴史に由来している。これらの楽器はスコアでは，それぞれの特性にしたがって，実音とは異なる調で書かれており，スコアリーディングの最も主要なポイントである。以下，それぞれの調的特性別に分類する。

〈ハ調〉…実音で書かれており，スコアと実音が同一

鍵盤楽器，弦楽器，フルート，オーボエ，ファゴット，ティンパニ。トロンボーン，テューバ，ユーフォニアムはB管だが，スコアは実音で記譜される。

〈変ロ調〉…楽譜上のC音は実音ではB♭となる

トランペット(B管)，クラリネット，ソプラノサキソフォン，テノールサキソフォン，バスサキソフォン

〈ヘ調〉…楽譜上のC音は実音ではFとなる

ホルン，イングリッシュホルン

〈イ調〉…楽譜上のC音は実音ではAとなる

クラリネット(A管)

〈変ホ調〉…楽譜上のC音は実音ではE♭となる

アルトサクソフォン，バリトンサクソフォン，アルトホルン

3. 曲の特定の方法

多くの問題は，冒頭部分，主旋律が登場する部分，その曲のクライマックスなど曲の特徴をつかむことができるような部分を選んで出題されているといってもよい。したがって，ある程度の曲の知識や演奏経験があれば曲を特定することは難しくないだろう。曲を特定するために最初にチェックすべき項目は以下の通りである。

① **編成の規模**…1管編成などの小編成は，バロック時代や初期古典派の作品が，大規模な編成の曲は，後期古典派からロマン派の作品が多い。

② **追加楽器の有無**…最下部にある弦楽器群の上にくる追加楽器があるかどうかをみる。声楽の場合は，歌詞がつけられている。協奏曲の場合は，楽器名が記されている。ピアノ協奏曲は大譜表で書かれている。

③ **曲のジャンルの特定**…以上をふまえ，管弦楽曲(交響曲を含む)，協奏曲，オーケストラ伴奏付き声楽曲を特定する。オーケストラ伴奏付きの声楽曲の場合，オペラ，オラトリオ，コンサートアリア，交響曲の一部(例えばマーラーの曲)などの種類があるので，歌詞に注目すること。なお，オペラの場合は配役名が記されているので特定が容易である。

④ **主旋律の特定**…曲の特定のため，主旋律の確認が重要である。

・主旋律はフルート，クラリネット，ヴァイオリンなどの高音を担当する楽器が主として担当している。

・主旋律はほかのパートと比べて比較的長い音価(2分音符，4分音符やタイなど)が多用される傾向がある。細かい音符で，リズムを刻んでいるパートは主旋律でない場合が多い。

・主旋律は，さまざまな楽器において繰り返される。

4. 出題される可能性のある楽曲

スコアから出題される問題は，中学校や高等学校の音楽の教科書に掲載されている曲から選ばれているものも多い。したがって，過去の出題の傾向を見て，対策をしておくことも効果的である。次表は，近年出題された曲のリストである。これを参考にスコアと音源を確認しておこう。

曲　名	作曲者
魔王	シューベルト
ボレロ	ラヴェル
ヴァオイオリン協奏曲集　「和声と創意の試み」第1集「四季」より　春	ヴィヴァルディ
展覧会の絵	ムソルグスキー
組曲「惑星」より　木星	ホルスト
連作交響詩「我が祖国」より　ブルタバ	スメタナ
バレエ音楽　白鳥の湖	チャイコフスキー
バレエ音楽　くるみ割り人形	チャイコフスキー
アランフェス協奏曲	ロドリーゴ
牧神の午後への前奏曲	ドビュッシー
オペラ　アイーダ	ヴェルディ
オペラ　カヴァレリア・ルスティカーナ	マスカーニ
ウィリアム・テル　序曲	ロッシーニ
交響曲第5番　運命	ベートーヴェン
交響曲第6番　田園	ベートーヴェン
交響曲第9番　合唱付き	ベートーヴェン
交響曲第6番　悲愴	チャイコフスキー
交響曲第9番　新世界	ドヴォルザーク

弦楽四重奏第77番　皇帝	ハイドン
ブランデンブルク協奏曲	バッハ
アルルの女	ビゼー
交響組曲「シェヘラザート」	リムスキー・コルサコフ
オラトリオ　メサイア	ヘンデル
フーガ　ト短調	バッハ
カルミナ・ブラーナ	オルフ
カントリーロード	ジョン・デンバー

この他に，教科書には掲載されていないが，出題傾向の高い楽曲を紹介する。

曲　　名	作 曲 者
交響曲第7番	ベートーヴェン
交響曲第5番	ショスタコーヴィチ
交響曲第8番	ドヴォルザーク
幻想交響曲	ベルリオーズ
死の舞踏	サン・サーンス　リスト ベルリオーズ
レクイエム	モーツァルト
ピアノ協奏曲第1番	チャイコフスキー
ピアノ協奏曲	グリーグ
ピアノ協奏曲第21番	モーツァルト
ピアノ協奏曲第2番	ラフマニノフ
オペラ　椿姫	ヴェルディ
オペラ　蝶々夫人	プッチーニ
オペラ　カルメン	ビゼー
オペラ　フィガロの結婚	モーツァルト
交響詩　フィンランディア	シベリウス

Attention!

オーケストラスコアによる問題

総譜の最初に記載されている楽器名を覚えること。ドイツ語，フランス語，イタリア語で書かれている場合もあり，英語や日本語と対照させる必要がある(例：English Horn-Cor Anglais, Timpani-Pauken)。さらに，楽器の調性をチェックし，記譜上ではどうなるのかも見ておくこと。旋律をスコアから読み取り，曲名や作曲者名を特定する問題はよく出題されるので，日頃から多くの楽曲に親しみ，聴いておくことが望ましい。「クラシック名曲シリーズ」のようなまとまった曲集を持っておくとよいだろう。

スコアから曲の成立背景や社会的な影響についてのみ問うものもあるが，そのような場合においても，曲名や作曲者名を特定したほうが解答しやすい。

小編成総譜，大譜表（ピアノ譜）による問題

小編成の総譜や大譜表では，楽器編成や楽器特性よりも，より理論的な問題が多く見られる。調がどのように変化しているか，和音の種類と機能に関する問題，演奏法(装飾音，省略音など)，非和声音の種類などが出題されている。

さらに，古典派の代表的な作曲家３人(ハイドン，モーツァルト，ベートーヴェン)に関する作風，関連する作品群などの知識，国民楽派に関する知識(例：ロシア５人組など)も問われている。本テキストの「音楽史の章」と関連させ，楽曲とその音楽史的な知識は身につけておくこと。

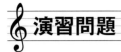

演習問題

問題 1

次の楽譜は，ある交響曲の一部である。あとの各問いに答えよ。

(1) この交響曲の作曲者名を書け。

(2) この交響曲の第4楽章に用いられた詩の作者名を書け。

(3) 楽譜中の〔ア〕,〔イ〕の実音を，ドイツ音名で書け。なお,〔イ〕は下の音について答えよ。

(4) この楽譜を演奏する際に使用する金管楽器の名前を，すべて書け。

(5) 次の①〜④のうち，この作品に関する説明として，正しいものを1つ選べ。

① ピアノと合唱とオーケストラのための作品である。

② ワーグナーが「舞踏の神化」と言った作品である。

③ 第4楽章では，それ以前の楽章の音型が再現される作品である。

④ ナポレオンに捧げるために作曲された作品である。

解答 (1) ベートーヴェン (2) シラー (3)〔ア〕Fis 〔イ〕A (4) ホルン(Horn, Corno), トランペット(Trumpet, Clarino), トロンボーン (5) ③

解説 (1) ベートーヴェンの交響曲第9(合唱付き)第4楽章のスコアである。
(2) ドイツの詩人・作家のシラーによる「歓喜に寄す」である。
(3)〔ア〕はクラリネットA管のパート譜であり，A管は実音の短3度上に記譜されている。したがって〔ア〕のA音は短3度下のFis音が実音である。〔イ〕はホルンD管のパートで，D管というのは今日の移調楽器ではほとんど無いものでめずらしい。D管は，B♭管の長2度上に記譜するのとは逆で，長2度下に記譜する。したがって〔イ〕の低音パートのG音の実音は長2度上のA音となる。注意すべきは，設問に〔イ〕は下の音について答えよ，とあって矢印などが示されていないこと。冷静にスコアを見ると，スコアの最上段のフルート・パートの上から2段目と同じ(オクターヴ下)旋律であることがわかる。
(4) ホルンD管とB♭管及びトランペットD管である。 (5) 第4楽章は合唱主題とチェロとバスが提示する以前に，第1〜3楽章の開始主題が断片的に現れる。

問題 2

次のオーケストラのスコアについて，あとの各問いに答えよ。

1　楽譜Aのパートの楽器は，「Cor A」と表記される。楽器名を①～⑤の中から1つ選べ。

①　ホルン　②　イングリッシュ・ホルン
③　クラリネット　④　オーボエ　⑤　ファゴット

2　楽譜Bのパートの移調楽器はドイツ音名で何管か，①～⑤の中から1つ選べ。

①　C管　②　F管　③　Es管　④　D管　⑤　B管

3　楽譜Cのパートにある演奏標語「*con sord.*」の意味を，①～⑤の中から1つ選べ。

①　弱音器をつけて　②　陽気に　③　軽快に
④　弱音器をはずして　⑤　明確に

4　楽譜Dのリズムはどの舞曲のリズムを使用しているか，①～⑤の中から1つ選べ。

①　ポロネーズ　②　マズルカ　③　ボレロ　④　アルマンド
⑤　ギャロップ

5　楽譜E，F，Gのパートにあてはまる楽器(英語名)の組み合わせとして正しいものを，①～⑤の中から1つ選べ。

①	E	viola	F	violoncello	G	double bass
②	E	violoncello	F	viola	G	double bass
③	E	violin	F	viola	G	double bass
④	E	double bass	F	viola	G	violoncello
⑤	E	violoncello	F	double bass	G	viola

6　この曲の作曲家と同じ国の作曲家の作品を，①～⑤の中から1つ選べ。

①　弦楽四重奏曲12番「アメリカ」　②　交響詩「ローマの松」
③　バレエ音楽「白鳥の湖」　④　オペラ「カルメン」
⑤　ワルツ「美しく青きドナウ」作品314

7　この曲の調の属調の平行調と同じ調を①～⑤の中から1つ選べ。

①　F durの属調の平行調　②　g mollの平行調の下属調
③　c mollの属調の平行調　④　fis mollの平行調の属調
⑤　C durの平行調の属調

解答 1 ② 2 ⑤ 3 ① 4 ③ 5 ① 6 ④ 7 ⑤

解説 総譜はラヴェル作曲「ボレロ」の後半の一部分であり，小太鼓が打つ2小節のリズムでよく知られている名曲である。 1 「Cor A」はフランス語の「Cor anglais」(コーラングレ)の略であるとわかればすぐ正答できる。だが，Corとはホルン(仏)であり，A管のホルンと誤ってしまいがちなので要注意。イングリッシュ・ホルンは，English Horn(英・独語)，corno inglese(伊語)などと書く。また，ホルンはHorn(英・独)やcor(仏)，corno(伊)などと書く。 2 楽譜Bはクラリネット B(独，英ではB♭)管であり，B管は実音の長2度上に記譜する。この曲はC durであるがD durに移調した記譜になっている。 3 con sordinoの略である。 5 Eのパートはヴィオラでアルト記号を用いる。フランス語でヴィオラのことをaltoという。
6 ④のビゼーはパリ生まれ，「カルメン」初演はパリ・コミック座である。 7 この曲はC dur，属調(G dur)の平行調はe moll，⑤の答もe mollである。

問題 3

次の各問いに答えよ。

問1 次の楽譜はある歌唱教材の一部である。曲名，作詞者名，作曲者名を答えよ。

(1)

(2)

(3)

問2　次の楽譜を正しい記譜法を用いて書き換えよ。

解答　問1　(1)　曲名…花の街　作詞者…江間 章子　作曲者…團 伊玖磨

(2)　曲名…荒城の月　作詞者…土井 晩翠　作曲者…滝 廉太郎

(3)　曲名…椰子の実　作詩者…島崎 藤村　作曲者…大中 寅二

問2

解説　問1　(1)と(2)は現行の学習指導要領で共通教材として示されている7曲のうちの2曲である。(3)の「椰子の実」は昭和52年の第4次学習指導要領改訂の際に歌唱共通教材曲になり，全国的に愛唱された。これらの名曲はいつの時代にも〈弾き歌い〉を通して歌いたいもの。

問2　4分の3拍子で書いてある楽譜を，2拍子系の8分の6拍子に書き換えよという設問。8分の6は8分の3＋8分の3の2拍子系である。1小節の中の音価は同じだが，3拍子では大きく異なる。拍子について生徒に指導するためにもおさえておきたい。

問題 4

次の楽譜は弦楽四重奏曲「皇帝」の第2楽章の冒頭部分である。各問いに答えよ。

1　次の(　①　)～(　⑮　)に適する語句や数を書け。なお，同じ番号には同じ語句が入る。

この曲を作曲したハイドンは(　①　)派の時代を代表する作曲家であり，一般に「交響曲の(　②　)」とも呼ばれ，生涯で100曲以上の交響曲を作曲している。

交響曲とは，(　③　)形式を含むいくつか(4つの場合が多い)の(　④　)で構成され，(　⑤　)で演奏される。(　③　)形式とは提示部，(　⑥　)，(　⑦　)の3つの部分でできており，コーダがつくこともある。

また，(　①　)派を代表するその他の作曲家としては，交響曲第3番変ホ長調「英雄」，交響曲第6番ヘ長調「(　⑧　)」など全部で(　⑨　)曲の交響曲や，ピアノ・ソナタ第8番ハ短調「(　⑩　)」などを作曲した(　⑪　)，神童と呼ばれオーストリアの(　⑫　)で生まれ，交響曲第35番ニ長調「ハフナー」K.385をはじめ全部で(　⑬　)

曲の交響曲，ピアノ・ソナタ第11番イ長調「トルコ行進曲付き」K.331や歌劇「フィガロの結婚」K.492，最後の年に作曲した歌劇「(　⑭　)」K.620などを作曲した(　⑮　)がいる。

2　A～Eの音程をそれぞれ答えよ。ただし，複音程は単音程にすること。

3　Fの記号の読み方と，Gの記号の意味をそれぞれ答えよ。

4　Jの音を増6度高くした音を導音とする旋律(的)短音階上行形を主音からオクターヴ上まで，全音符でアルト譜表上に臨時記号を用いて書け。

5　Kの音を短3度高くした音を主音とする長音階を主音からオクターヴ上まで，全音符で高音部譜表上に調号を用いて書け。

6　Lの音を下属音とする短調を属調に移調した音階を主音からオクターヴ上まで，全音符でバス譜表上に調号を用いて書け。ただし，短調の場合は和声(的)短音階とする。

7　Mの4つの音が属する全ての調名をドイツ語で答えよ。ただし，短調の場合は和声(的)短音階とする。

8　この曲をサクソフォーン四重奏で演奏するために，Hの部分のヴィオラパートをテナー・サクソフォーン用に音部記号と調号を用いて書きかえよ。

解答　1　①　古典　②　父　③　ソナタ　④　楽章　⑤　管弦楽(オーケストラ)　⑥　展開部　⑦　再現部　⑧　田園　⑨　9　⑩　悲愴　⑪　ベートーヴェン　⑫　ザルツブルク　⑬　41　⑭　魔笛　⑮　モーツァルト　2　A　短3度　B　完全5度　C　完全1度　D　短3度　E　長3度

3　F　ターン　G　特に強く

4
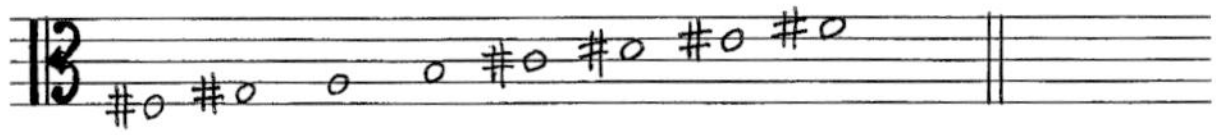

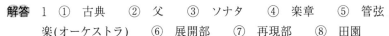

5
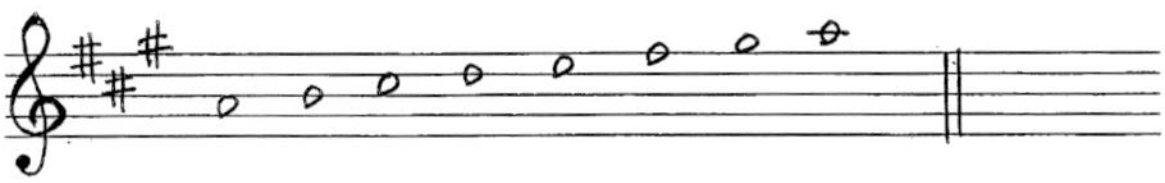

6

7　D dur，A dur，d moll

8

解説　1　古典派を代表するハイドン，モーツァルト，ベートーヴェンの作品や交響曲，ソナタ形式など，西洋音楽について学んだ人ならほぼ正答できる設問である。誤りになる恐れがあるのは，⑩のピアノソナタ第8番「悲愴」を「月光」(第14番)や「熱情」(第23番)などと答えてしまう場合であろう。　2　Cの音程が完全8度，Dが短10度であるが複音程は単音程にするため，それぞれ完全1度，短3度となる。　4　Jの音とはG音で，増6度高くした音はEis音，それを導音とする短音階(旋律)をアルト譜表上に記入する。　5　Kの音とはFis音，短3度高くするとA音(A dur)である。　6　Lの音とはCis音，それを下属音とする短音階とはdis mollである。　7　Mの4つの音とはa・e・cis・d。4つの音から，durについては♯を2つ，あるいは3つもつ調，D dur，A durがあげられる。それらの平行調は導音があてはまらないので，正答に入らない。またcisを導音と考えd mollも正答である。　8　Hのヴィオラパートはアルト記号なので要注意。テナーサクソフォーンはB♭管であり，記譜は実音の長9度上(長2度＋オクターヴ)である。ヴィオラパートのG durをA durにし，オクターヴ高く記譜するのが正答である。

問題 5

次の楽譜について，あとの各問いに答えよ。

(1) この曲の作曲者名を書け。

(2) ①にあてはまる速度標語を次から選び，記号で書け。

ア Andante　イ Allegro　ウ Grave　エ Presto

(3) ②の楽器名を書け。

(4) ③の「a2」の読み方と意味を説明せよ。

(5) 1～2小節目の④の旋律を，ヴィオラで演奏できるよう楽譜に書け。

(6) 6～7小節目の⑤の旋律を，オーボエとホルンで，それぞれ演奏できるよう，楽譜に書け。

(7) この楽譜では省略してあるが，この7小節間では，2つの打楽器が使用される。その2つの打楽器名を書け。

(8) この曲の半ばほどで現れる美しい旋律は，後に歌詞が付けられ親しまれた。その旋律を書け。

(9) 次の文中の(　a　)～(　e　)の中にあてはまる語句を書け。

この曲は，(　a　)からの独立運動の中で生まれた名曲で，当時(　a　)から演奏を禁じられたこともあった。半ばほどで現れる美しい旋律には，後に歌詞が付けられ，(　b　)として国民的な愛唱曲となった。

また，この作曲者は，この国の国民的叙事詩(　c　)に題材を求めた作品を発表し好評を得た。代表的な作品に「四つの伝説」の中の名曲「トゥオネラの(　d　)」，最後の主要作，交響詩「(　e　)」などがある。

解答 (1) ジャン・シベリウス　(2) イ　(3) トランペット

(4) 読み方……ア・ドゥエ　意味……同じ楽器の第1奏者と第2奏者が同じメロディを吹く。

(5)

(6)

(7) ティンパニ，シンバル

(8)

(9) a　ロシア　b　フィンランディア賛歌　c　カレワラ
d　白鳥　e　タピオラ

解説 (1) シベリウスは19世紀の終わりから20世紀にかけて活躍したフィ

ンランドの作曲家である。 (2) 譜例の部分は2つの序奏が終わり，3部形式(A-B-A)の最初のAに入ったところである。A部は快活な曲調の主部であるので，Allegroがふさわしい。 (3) トランペットはイタリア語でTronbaと表記され，その複数形がTronbeである。
(4) イタリア語である。「a」は「……で(方法・手段)」の意である。
(5) ヴィオラは通常アルト記号で記譜されることに注意。 (6) オーボエはC管なので実音で記譜するが，ホルンは移調楽器であることに注意。ホルンは実音よりも完全5度上に記譜しなければならない。クラリネットも移調楽器であるので，まずは実音に直して考えるのがよいだろう。 (7) この楽曲ではティンパニが緊張感を盛り上げるなどして，効果的に使われている。 (8) この旋律は「フィンランディア賛歌」とも呼ばれ，フィンランドの第2の国歌といわれるまでに親しまれている。 (9) シベリウスは国民楽派の作曲家であり，自国に深い愛着を抱いていた。カレワラと呼ばれる叙事詩は，19世紀にエリアス・リョンロートがフィンランド各地を回って蒐集し編纂したものである。シベリウスもこの叙事詩に関心を寄せ，それに題材を取った作品を多く書いている。

問題 6

次の各問いに答えよ。

(1) ア～オはある楽曲の旋律の一部である。作曲者をあとの1～10から1つずつ選び，番号で答えよ。

ア

イ

ウ

エ

オ

語群

1. ヴェルディ　2. シューベルト　3. シューマン
4. ドビュッシー　5. ハイドン　6. ベートーヴェン
7. ベルリオーズ　8. ブラームス　9. メンデルスゾーン
10. モーツァルト

(2) 次の文は何について説明したものか答えよ。

ア　1600年頃，ルネサンス期の多声音楽の反動としてイタリアのフィレンツェで生まれた，通奏低音を伴う単旋律の歌曲。

イ　管弦楽により物語や情景を表現する標題音楽の一種で，リストにより創始された。多くの場合，単一楽章からなる。

解答 (1) ア 3　イ 1　ウ 4　エ 9　オ 6　(2) ア モノディ　イ 交響詩

解説 (2) アのモノディとは，16世紀終わりにフィレンツェ・ローマを中心に生まれた新しい独唱スタイルの音楽であり，独唱，または重唱の歌手と伴奏の楽器で演奏され，多くは弾き語りであった。イの交響詩とは，管弦楽によって演奏される単一の楽章からなる標題音楽のうち，作曲家によって交響詩と名付けられたものを言う。また，ロマン派を特徴づける管弦楽曲でもある。

問題 7

次の楽譜を見て，後の問に答えよ。

問1　[A]［　　　］の記号の意味を答えよ。

問2　①～③で示した2音間の音程を答えよ。

問3　[B]［　　　］，[C]［　　　］の部分は何調に移行しているか答えよ。また，その調の下属和音をコードネームでそれぞれ答えよ。

問4　この曲の音楽形式を答えよ。また，その音楽形式において[C]の部分は何と呼ばれるか答えよ。

問5　[D]の旋律を，調号を用いず長3度高く移調せよ。

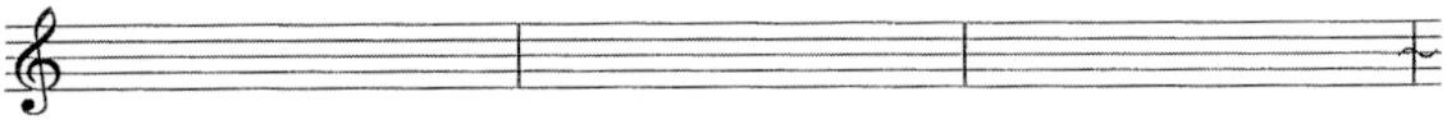

問6　[C]の旋律の最初の4小節を完全4度低く移調し，クラリネットinB♭で演奏させたい。楽器に適した調号を記した上で，パート譜に書き換えよ。

[C]の旋律の一部

解答　問1　速く，快活に速く　　問2　①　完全4度　　②　短3度　③　減5度　　問3　[B]　調…ト長調　　コードネーム…C　[C]　調…ハ短調　　コードネーム…Fm　　問4　音楽形式…ソナタ形式　　[C]…展開部

問5

問6

解説　問1　Allegroのイタリア語本来の意味は「陽気に，快活に」だが，一般的に音楽用語では「速く」とされる。　問2　①　指示された音程はCとGのため，完全4度。　②　指示された音程はDとHのため，短3度。　③　指示された音程はCとFisのため，減5度。

問3 B F音に♯がついているところ，またソナタ形式では属調に転調するというところからG durと判断したい。G durの下属和音はC。 C Eに♭，Hに♮がついているところ，またソナタ形式では展開部で同主調に移調することが多いことから，c mollと判断したい。c mollの下属和音はFm。 問4 提示された曲はクレメンティのソナチネOp.36のNo.1である。ソナタ形式は提示部，展開部，再現部，コーダで構成される。 問5 指示部分はC durである。長3度高くするとE durになるため，F，C，G，Dに♯をつける必要がある。 問6 指示部分を完全4度低くした状態はg moll。クラリネットin B♭で演奏するためには長2度上のa mollの音構成で記譜する必要がある。注意するべきは，原譜がC durで書かれているため，あくまでも最初の調号はC durを完全4度低くしたG durを長2度上げた，A durの♯3つを記す。

第４章

日本の伝統音楽

日本の伝統音楽

Point

日本の伝統音楽に関する問題はほぼすべての採用試験において出題され，ジャンルも内容も多岐にわたる。問題としては，楽譜と奏法を結び付けさせるもの，さまざまな楽器を比較させて答えさせるものなど，複雑かつ高度になっている。頻出である日本伝統音楽のジャンルは雅楽，能・狂言，文楽，歌舞伎，箏，尺八，三味線，和太鼓，郷土芸能，民謡である。本章では各項目で頻出事項に関する重要語を中心に掲載する。

なお，日本の伝統楽器に関してはリスニング形式で出題されることも少なくない。これらの対策としては，学習指導要領や教科書に掲載されている楽器について，くまなくおさえておくことが基本になる。

雅楽

Check

雅楽は宮中や社寺などに伝承されている音楽の総称で，語源は「雅正の楽」といわれる。我が国が雅楽に力を入れたのは飛鳥時代で，701(大宝元)年に制定された大宝律令には日本雅楽の原点ともいわれる雅楽寮が規定された。752(天平勝宝4)年には，東大寺の大仏開眼祭で大規模な法要が行われ，当時の楽器などが正倉院に保存されている。雅楽の伝承は雅楽寮から楽所へと移ったが，戦国時代には楽人が四散した。しかし，豊臣秀吉により復興，明治時代以降は宮内庁に受け継がれ，現在に到る。

雅楽に関する出題では楽器の編成，歴史的背景，龍笛譜や篳篥譜から演奏法を答えさせるなど，さまざまな形式がある。

1. 雅楽の種類と楽器の編成

雅楽は日本古来の音楽に基づく，国風歌舞(くにぶりのうたまい)の他，狭義の雅楽であり，唐楽，高麗楽で構成される器楽曲，催馬楽，朗詠で構成される歌曲に大別される(上記の3つに「管絃」を入れる場合もある)。それぞれの楽器の編成は下記の通り。

種　類		管楽器	弦楽器	打楽器
国風歌舞	神楽歌	神楽笛・篳篥	和琴	笏拍子
	久米歌	龍笛・篳篥	和琴	
	倭　歌	龍笛・篳篥	－	
	東　遊	高麗笛・篳篥	和琴	
器楽曲	唐　楽	龍笛・篳篥・笙	琵琶・箏(管絃曲の場合)	太鼓・鞨鼓・鉦鼓
	高麗楽	高麗笛・篳篥	－	太鼓・鉦鼓・三の鼓
歌曲	催馬楽	龍笛・篳篥・笙	琵琶・箏	笏拍子
	朗　詠	龍笛・篳篥・笙	－	－

2. 重要語句

○ 分類関連

舞楽(ぶがく)	外来の楽舞を源流として，平安時代に確立した楽舞のこと。楽舞の原点は中国，朝鮮半島にとどまらず広範にわたっている。平安初期には中国などから伝わった楽舞を左舞，朝鮮半島などから伝わった楽舞を右舞と分類した。
唐楽(とうがく)	唐(中国)から伝わった楽舞をもとにして，平安時代に我が国で整えられた音楽のこと。雅楽の中核をなしており，調子は6調子ある。楽器編成の特徴として，舞楽では特殊な場合を除き，弦楽器が入らない。
高麗楽(こまがく)	朝鮮半島の国々(百済，新羅，高句麗)と渤海の楽舞をもとにして，平安時代に我が国で整えられた音楽のこと(高句麗楽のみを指す場合もある)。調子は3調子で，拍子は揚拍子，唐拍子などがある。
催馬楽(さいばら)	各地の民謡を大陸伝来の音楽様式に沿って編曲した宮廷歌謡のこと。歌方の主唱者は笏拍子で歌をリードし，龍笛，琵琶，笙などで演奏される。
朗詠(ろうえい)	漢詩などから七言二句の対句を抜き出し，旋律を付した歌謡のことで，催馬楽と同様，平安時代の貴族に愛されていた。拍子に決まりはなく，伴奏には龍笛，篳篥，笙が使われる。
管絃(かんげん)	平安時代の貴族が嗜んだ器楽合奏のこと。現在では龍笛，篳篥，笙，琵琶，箏，鞨鼓，太鼓，鉦鼓で構成され，鞨鼓が全体のリード役になる。曲目は唐楽が一般的だが，高麗楽の譜面も存在する。

○　楽器関連

横笛 **(おうてき)**	横笛には神楽笛，高麗笛，龍笛がある。龍笛は7孔，その他は6孔であり，音律は神楽笛が龍笛より長2度下，高麗笛は龍笛より長2度上である。
篳篥 **(ひちりき)**	頭部に葦製のリードをつけた縦笛。古くは大小2種類あったが，現在では小型のみ使用されている。
笙 **(しょう)**	竹管を円状に差し込んでつくられる吹奏楽器。呼気，吸気のどちらでも音を鳴らすことができ，和音も奏でることができる。
箏 **(こと・そう)**	唐楽・催馬楽で使用される13弦の箏。他の箏と区別するため，楽箏と称することもある。
琵琶 **(びわ)**	唐楽や催馬楽で使用される4弦の楽器。水平に構え，撥で演奏する。楽琵琶と称することもある。
鞨鼓 **(かっこ)**	唐楽で用いられ，主に音楽を統率する楽長が担当する。両側の面を桴で叩くことで音を鳴らす。
三の鼓 **(さんのつづみ)**	高麗楽で使用される打楽器で，鞨鼓と同様，音楽を統率する役割がある。右手のみに桴を持ち，片面だけで演奏する。
太鼓 **(たいこ)**	雅楽用の太鼓には釣太鼓(楽太鼓)，荷太鼓，大太鼓(火焔太鼓)がある。大太鼓では奏者は立って演奏するが，釣太鼓の場合は座して演奏する。
鉦鼓 **(しょうこ)**	皿形の鉦をつり下げ，桴で打ち鳴らす。皿状のへこんだほうを打つ。種類としては釣鉦鼓，荷鉦鼓，大鉦鼓がある。

○　楽曲関連

越天楽今様 **(えてんらくいまよう)**	雅楽の器楽曲である越天楽に今様風の歌詞をつけたもの。越天楽謡物ともいう。福岡県民謡である「黒田節」も越天楽今様が元となっている。この曲は小学校第6学年の共通教材になっている。
残楽三返 **(のこりがくさんべん)**	同じ曲を3回繰り返すこと。1回目は全員で演奏，2回目は各楽器の主管(第一奏者)のみ演奏，3回目では，箏と篳篥のみの演奏といわれる。

○　リズム関連

只拍子 **(ただびょうし)**	長短が不均等な拍子が，交互に現れる拍子型のこと。代表曲には「抜頭」(ばとう)，「還城楽」(げんじょうらく)等がある。
早只拍子 **(はやただびょうし)**	只拍子の一種で2拍＋4拍の複合拍子である。
延只拍子 **(のべただびょうし)**	只拍子の一種で4拍＋8拍の複合拍子である。
夜多羅拍子 **(やたらびょうし)**	八多良拍子ともいう。只拍子の一種で早拍子の長いほうが1拍縮んだ形，つまり2拍＋3拍となる。

○　舞楽関連

太平楽 **(たいへいらく)**	唐楽に属する太食調(たいしきちょう)の舞楽曲。甲冑姿で鉾(ほこ)，続いて太刀を手にして舞う四人舞である。太平を祝うもので，即位礼の祝賀には必ず演ずる。
納曽利 **(なそり)**	高麗楽の右方二人舞で曲，作舞，由来は不明。雌雄の竜が楽しそうに遊ぶ姿を舞にしたものと言われている。平安時代では，主に相撲，競馬，賭弓の節会で右方の勝者を祝って奏した。

能・狂言

Check

奈良時代に伝来した散楽が猿楽へと変化し，それが能と狂言の源流になったといわれる。そして，室町時代に観阿弥と世阿弥によって能の基礎が築かれた。江戸時代には能・狂言は式楽となり，芸術性がさらに高められた。明治時代には能・狂言は一時衰退するが，日本の伝統芸能として支持され，2008年には世界無形遺産に指定されている。

能・狂言は雅楽ほどではないが，日本の伝統芸能として教科書などで取り上げられており，出題頻度も高い。問題内容はさまざまだが，概要をおさえた上で，種類や演目，奏演者などを学習すること。特に，観阿弥と世阿弥は頻出人物であり，著作等は必ず覚えておくこと。

1. 能の種類と演奏構成

○　能の種類

五番立	能のプログラム編成のこと。通常，初番目物から五番目物の5つ(祝言物は除く)と，合間に演じられる狂言で構成される。
初番目物	脇能，脇能物ともいわれる。神が舞を舞い，国土安穏，五穀豊穣を祝福するといった内容である。「老松」「白楽天」「高砂」「弓八幡」など。
二番目物	修羅能，修羅物ともいわれる。主に執心に苦しむ武将の霊が主人公となる演目で「平家物語」などの軍記物を典拠としている。「清経」「敦盛」など。
三番目物	鬘能，鬘物ともいわれる。優美な女性や貴公子の霊などが優雅な舞を舞う作品が多数を占める。「井筒」「松風」「芭蕉」「羽衣」など。
四番目物	雑能物，雑物ともいわれる。他に収まらないものを演じるため，内容も多岐にわたる。「隅田川」「通小町」「安宅」「景清」など。
五番目物	切(尾)能，切(尾)能物といわれる。速いテンポの曲が多く，すべてに太鼓が加わる。きびきびとした華麗な舞が特徴。「鞍馬天狗」「紅葉狩」など。

祝言物	五番目物のあとに演じる祝福の能で，脇能の後半部分を演じる。五番目物がめでたい能の場合は行われない。
付祝言	催しをめでたい雰囲気で終わらせるため，最後に初番目物の一部を謡うこと。「高砂」では「千秋楽は民を撫で…」と謡われる。
現在能	現実に生きる人を描く作品で時系列に進行し，その状況におかれた心情描写が主体となる。展開は対話が中心となる。
夢幻能	世阿弥が確立した現在能に対する能のこと。神，鬼，亡霊など現実世界を超えた存在が主人公となる。

○　**能・狂言の流派と構成**

- シテ方
  - 観世流
  - 宝生流
  - 金春流
  - 金剛流
  - 喜多流
- ワキ方
  - 高安流
  - 福王流
  - 宝生流
- 狂言方
  - 大蔵流
  - 和泉流
- 笛方
  - 一噌流
  - 森田流
  - 藤田流
- 小鼓方
  - 幸流
  - 幸清流
  - 大倉流
  - 観世流
- 大鼓方
  - 葛野流
  - 高安流
  - 石井流
  - 大倉流
  - 観世流
- 太鼓方
  - 観世流
  - 金春流

シテ方	シテ	シテ方が行う主役のことで，原則は1人で演じる。
	シテツレ	シテより軽い役のことで，シテ方が担当する。
	地謡	謡本に地，地謡とある場合は，地謡が斉唱する。
ワキ方	ワキ	能における脇役・相手役のことでワキ方が担当。面はつけない。
	ワキツレ	ワキより軽い役のことで，ワキ方が担当。面はつけない。
狂言方	アイ	能の演目の中で行う間狂言は，シテが中入りした際に前場と後場をつなぐなど，物語の進行をする。
囃子方	笛	能管ともいう。歌口と7つの指孔があり，演奏者は1人である。
	小鼓	調緒を操作しながら強弱に叩くことで5種類ほどの音を出す。
	大鼓	強弱に叩くことで3種類の音を出す。演奏者は必ず1人である。
	太鼓	撥で打って音を出す。神仏などが演技する場合に用いられる。

○　**能・狂言の歌唱法**

強吟	強い息扱いで，ヴィブラートを激しくつけることで，勇壮・祝意を表すもの。
弱吟	柔らかい息扱いを用い，優美，哀傷などの気分を表すもの。
大ノリ	四四調の8字を8拍に収める。1拍に1字を入れるのが原則。
中ノリ	八八調の16字を8拍に収める。1拍に2字を入れるのが原則。
平ノリ	七五調の12字を8拍に収める。2拍に3字を入れるのが原則。

○　能の舞台

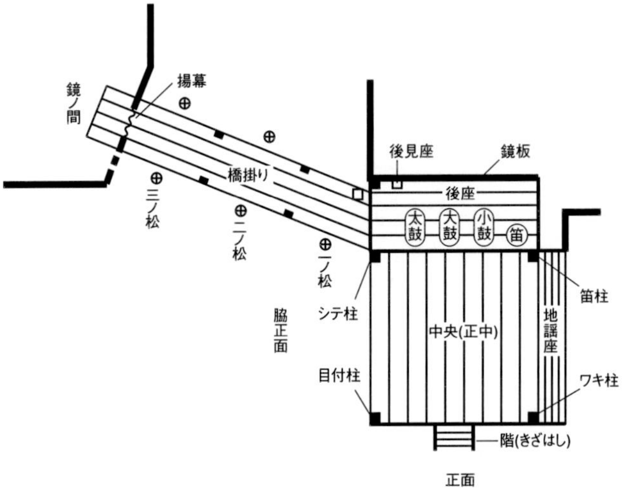

○　能に関するキーワード

観阿弥 **(1333～84年)**	田楽や曲舞などを取り入れて猿楽能を完成させた人物。観世座の祖である。
世阿弥 **(1363?～1443?年)**	父親である観阿弥とともに猿楽能を大成させ，能に関する芸術論書である「風姿花伝」を執筆する。「風姿花伝」では幽玄(優雅で柔和な美しさ)，離見の見(自分を客観視することで，自分の姿や立ち振る舞いを反省する)，秘すれば花(芸事は秘事にすることで大きな効用をうむものが存在する)などを説いている。

文楽

Check

文楽は太夫，三味線，人形の三業が一体となった古典芸能を指す。もともとは平家物語を琵琶の伴奏で謡う平曲(平家，平家琵琶)に三味線が加わったものを当時の人気演目のヒロインの名にちなんで浄瑠璃と呼ぶようになり，それに人形が加わって，人形浄瑠璃と呼ぶようになった。人形浄瑠璃は1684(貞享元)年に竹本義太夫が大坂で竹本座を設立，近松門左衛門の作品を中心に上演され，さらに1703(元禄16)年に豊竹若太夫が豊竹座を設立したことで隆盛を迎えた。その後衰退したが，1872(明治5)年に三代目植村文楽軒が人形浄瑠璃文楽座を開設，人形浄瑠璃を復興させた。「人形浄瑠璃＝文楽」は文楽座から来ており，竹本義太夫による「義太夫節」の後継代表として知られる。文楽は2009年にユネスコ無形文化遺産に登録されているが，地方の伝統芸能である人形劇に「文楽」の名をつけているものもある。

1. 文楽の種類と構成

○ 文楽の種類

文楽は「時代物」「世話物」「景事(けいごと)物」の3つに大別される。

時代物	鎌倉・室町時代の事件・人物を扱った人形浄瑠璃のこと。江戸時代当時の事件を扱ったものもあるが，江戸時代では武士階級の事件を扱うと上演中止になることから鎌倉・室町時代の人物に置き換えて，上演されていた。通常は5段構成だが，これは能の五番立から由来しているといわれている。代表作として「国性爺合戦」(近松門左衛門)，「菅原伝授手習鑑」(竹田出雲など)等。
世話物	江戸時代以降の町民の生活，恋愛模様，殺傷事件などを上演したもの。時代物よりも写実的であり，役柄等の名前も実名を使用することもあった。代表作として，「曽根崎心中」(近松門左衛門)，「冥途の飛脚」(近松門左衛門)などがある。
景事物	単に「景事」と呼ぶこともある。さらに，道行物とあわせて「道行・景事物」として扱われることもある。音楽性が豊かで，時代物，世話物等と異なり，人形も優美に踊る仕草を見せる。

○　文楽の構成

三業	人形遣い	人形を操る演者のこと。もともとは1人であったが，18世紀には3人演者が主流となった。なお，3人遣いでは主遣い，左遣い，足遣いで構成される。
	太夫	主に，男性の語り手のことを指す。役割としては戯曲に書かれた登場人物のせりふや心情などを観客に伝える役割がある。
	三味線	演奏によってその場面の情景や登場人物の心情などを表し，観客に伝える役割がある。
黒衣		浄瑠璃においても観客に目立たないように諸処の役割を担っている。

○　文楽の舞台

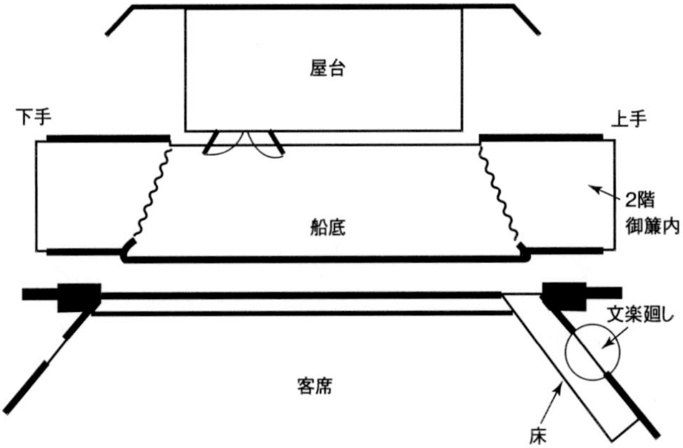

通常正面で上演されるが，右手に床と文楽廻しがあることに注意したい。なお，文楽では人形を高く掲げて行うので，ステージ全体を低くすることで，観客に見やすくするといった工夫がされている。

○　文楽に関する主要人物

竹本義太夫 (1651～1714年)	謡いや舞などを改良して，新たに義太夫節を完成させた人物。1684年には大坂の道頓堀に竹本座を創設。近松門左衛門と組んで，「出世景清」「曽根崎心中」などを発表した。
近松門左衛門 (1653～1724年)	京都住在の脚本家。坂田藤十郎のために，歌舞伎脚本を書くこともあった。文楽では竹本義太夫のために，時代物・世話物を執筆していた。代表作に「国性爺合戦」「心中天網島」などがある。
二代目竹田出雲 (1691～1756年)	文楽作家で，もともと近松門左衛門に師事していた。代表作に「義経千本桜」「仮名手本忠臣蔵」などがある。

歌舞伎

Check

歌舞伎の歴史をさかのぼると，1603(慶長8)年ごろ，出雲の阿国が京都で変わった男装で踊りを踊ったことにさかのぼる。他に現存する資料がないことから，歌舞伎踊りはここから始まるといわれている。なお，「歌舞伎」の語源は「傾く」から派生した言葉であるという説が一般的である。その後，歌舞伎は若衆歌舞伎，野郎歌舞伎と発展し，初代市川團十郎が「荒事」を，初代坂田藤十郎が「和事」を完成させ，さらに歌舞伎の十八番が制定された。近代においては新歌舞伎が隆盛し，現在に到る。

音楽的に見ると阿国時代では踊歌と能の四拍子が用いられたとされており，その後，唄や三味線などが取り入れられ，いわゆる歌舞伎音楽が完成した。歌舞伎音楽は歌舞伎囃子と歌舞伎浄瑠璃で構成され，囃子，浄瑠璃にはそれぞれ節が存在する。演目によっては多様な楽器が用いられることもあり，文楽や能と比較して，表現の幅は広いと言えるだろう。

1. 歌舞伎の種類と構成

○　歌舞伎の分類

現在行われている歌舞伎の作品は約400といわれており，分類では文楽と同様,「時代物」「世話物」の他に, 歌舞伎独自の分類もある。その代表例を紹介する。

義太夫狂言	丸本物, 院本物ともいわれる。義太夫節による人形浄瑠璃の作品を歌舞伎に移入したもの。基本は原作に忠実だが, 歌舞伎独自の演出を加えることもある。主な作品は「義経千本桜」「仮名手本忠臣蔵」など。
松羽目物	能や狂言の題材を取り入れてつくられた作品のこと。能の鏡板を真似て松を描いた羽目板を使用することから, この名が付いた。主な作品は「勧進帳」「身替座禅」など。

○　**歌舞伎の音楽構成**

出囃子	観客に姿を見せて演奏すること。主に舞踊音楽を担当する。基本的には能でいう四拍子が演奏すること。四拍子以外の楽器は舞踊音楽であっても, 出囃子ではなく, 陰囃子として演奏する。
陰囃子	下座音楽, 黒御簾音楽ともいう。舞台下手にある黒御簾の陰に隠れて演奏していたことが由来とされている。幕明, 幕切, 登場人物の仕草などを受け持っている。
合方	陰囃子での唄を伴わない三味線曲, または唄を伴う曲であっても三味線による曲を指す場合もある。演者のセリフに合方を入れる場合があるが, これは演者の声の高さを均一にする役目がある。
竹本	歌舞伎における義太夫節, または歌舞伎専門の義太夫節演奏者のことを指す。義太夫狂言では地合を中心に演奏し, 劇音楽を担当する。
長唄	「江戸長唄」ともいう。唄と細棹の三味線が使用され, 賑やかなものになると囃子も入れて演奏される。曲の長さはまちまちで1～50分と幅広い。
常磐津(節)	豊後節系浄瑠璃(語り物)の1つ。歌舞伎の伴奏としての重厚さと, 舞踊の伴奏としての軽妙さをあわせ持つ特徴がある。
清元(節)	豊後節系浄瑠璃(語り物)の1つ。文化年間(1804～18年)に創始, その後, 歌舞伎音楽として確立した。歌舞伎音楽以外にも, 観賞用音楽の作品を持つ。上記の常磐津(節), 清元(節), そして富本(節)の3つを豊後三流と呼ぶ。

○ 楽器

鳴物	三味線以外の楽器を指す。出囃子では笛，太鼓，大鼓，小鼓であり，陰囃子では楽太鼓，鐘，木魚，チャッパ，拍子木などが使われる。
拍子木	2本1組で両手に1本ずつ持ち，打ち合わせることで音を出す。通常は「柝」と呼ばれる。幕明，幕切の際も使われ，特に「キザミ」は観客の気分を高揚させる効果がある。

○ 歌舞伎の舞台

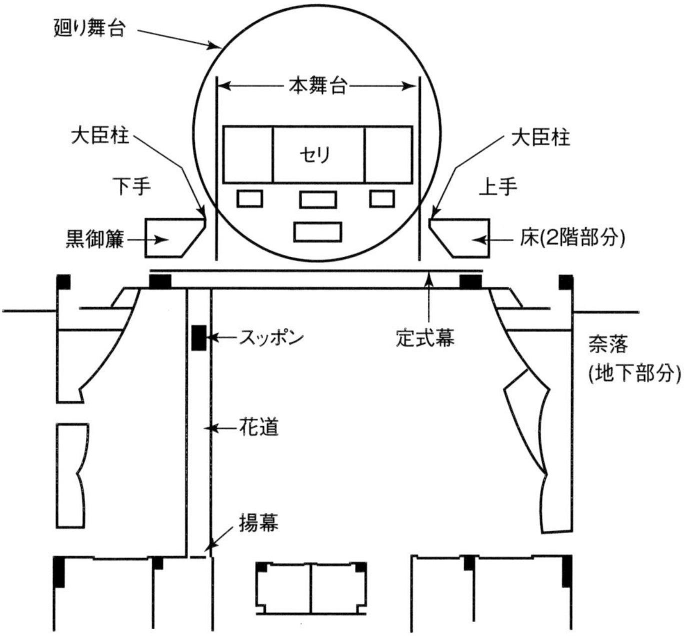

廻り舞台	舞台中央の床を大きく切り取り，その部分を回転させる舞台機構のこと。
セリ	上下に動かせる床部分のこと。
花道	本舞台から直角にのび，客席を通って，揚幕まで続く道のこと。
スッポン	花道にある小さなセリのこと。

揚幕	舞台から見て花道の突き当たりにある幕のこと。
黒御簾	舞台下手の黒い板で囲まれた小さな部屋のこと。
奈落	本舞台や花道などの床下部分のこと。
定式幕	歌舞伎を上演する劇場に常設されている引幕のこと。

○　隈取り

もともとは，市川團十郎が紅と墨を用いて始めたといわれる歌舞伎独特の化粧法。役柄を強調する目的があり，化粧法には，むきみ隈，一本隈，二本隈，筋隈など，大きく分けても50種類ほどある。

○　歌舞伎十八番

1832(天保3)年に7代目市川團十郎が，初代から4代目までの團十郎が初めて演じ，しかも得意にしていた18作品を定めたもの。代々の團十郎は荒事を得意としたため，歌舞伎十八番は荒事が主体である。明治時代以降，さまざまな俳優が家の芸を決めたが，市川團十郎家の歌舞伎十八番は，その最初である。

「助六」，「矢の根」，「関羽」，「不動」，「象引」，「毛抜」，「外郎売(ういろううり)」，「暫」，「七つ面」，「解脱」，「嫐(うわなり)」，「蛇柳」，「鳴神」，「鎌髭」，「景清」，「不破」，「押戻」，「勧進帳」

○　人物

市川團十郎	歌舞伎役者の中でも最も権威のある名称といわれている。代々荒事を得意としており，7代目は歌舞伎十八番を定めた。
鶴屋南北(4世)(1755～1829年)	歌舞伎作者で，江戸の劇壇の重鎮であった。怪談物を得意としており，代表作に「東海道四谷怪談」がある。
河竹黙阿弥(1816～93年)	歌舞伎作者。生世話物，白浪物などに優れ，代表作に「白波五人男」，「三人吉三廓初買」などがある。

箏

Check

「箏」と「琴」の違いについて，双方とも「こと」と読むこと，「箏」が常用漢字ではなく，一般的に「琴」があてられるケースも見受けられることが混乱を生じている原因の1つである。使い分けについては諸説あるが，音楽事典等では，「琴」は細長い胴に弦を張り，音を鳴らす楽器の総称と説明している。

箏が我が国に伝来したのは奈良時代であり，以降，雅楽などにおいて主要楽器の1つとして扱われてきた。弦は13本あり，右手の親指，人差し指，中指に爪をはめて弦をはじいて弾く。箏に関しては，各部分の名称や基本的な奏法などが頻出なので，その点を中心に学習するとよい。

1. 箏の道具と名称

○　箏本体

箏の各部の名称は竜に見立てて名付けられているのが特徴の1つである。弦は奏者から見て遠い弦から一，二，……，九，十，斗，為，巾と数える。

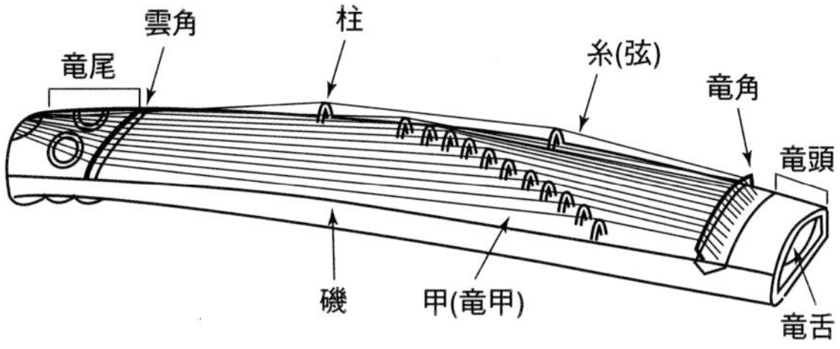

○　爪

基本的には角爪と丸爪があり，角爪が生田流，丸爪が山田流である。

2. 調弦

俗箏の調弦は平調子を主体として，いくつか考案されている。流派によって名称が異なるものもあるが，代表的な調弦はおさえておきたい。

平調子	八橋検校が考案した基本的な調弦である。6弦で1オクターヴを構成，その中に2つの半音を含む。
本雲井調子	八橋検校が考案。平調子から三，八，巾を半音低め，四，九を1音高める。
古今調子	平調子から四，九を1音高め，二を七と同音とする。
乃木調子	平調子から四，六，九，斗を半音高めたもの。

3. 演奏法

演奏の手法としては重音的手法，噪音的手法，旋律的手法などがあげられる。演奏法については具体的な説明から奏法名を解答する形式の問題が多い。

○　右手を使う奏法

合わせ爪	親指と中指で2弦を同時に鳴らすことで重音を生じること。
掻き爪	隣り合う2弦を中指で同時に弾くこと。
割り爪	隣り合う2弦を人差し指と中指で順に弾くこと。
すくい爪	親指の爪の裏で弦をすくうこと。
すり爪	中指と人差し指で五，六弦を挟み，左右へ大きく擦ること。
輪連	人差し指と中指を揃えて伸ばし，爪の横で一，二または五，六あたりを半円を描くように擦ること。
散し爪	輪連を中音域で行うこと。または，人差し指と中指の爪裏で高音域の弦を擦ること。
裏連	巾の弦について中指の爪表を下に打ちつけた後，人差し指と中指の爪の裏で決められた弦の数本前まで弾き，親指で最後の数本を弾くこと。
引き連	中指で一，二を弾き，音を立てずに滑らせ，為，巾を弾くこと。
流し爪	親指で巾，為を弾き，音を立てずに滑らせ，二，一を弾くこと。

○　左手を使う奏法

押し手	左手で柱の左の弦を押し，右手で弾くこと。
押合せ	特定の弦を左手で押すことで隣の弦と同じ音高まで高め，右手親指で2弦を同時に弾くこと。
揺り色	右手で弾いた後，すぐ左手で柱の左の弦を押したり離したりすること。
突き色	右手で弾いた後，すぐ左手で柱の左を強く押し，直ちに離すこと。
引き色	右手で弾いた後，左手で柱の左の弦をつまみ，右に引っ張ること。
消し爪	弦を弾いた後，弦をおさえること，または左手を柱の右の弦に下にあてた上で，右手で弾くこと。

4. 楽譜

○　タブラチュア譜

箏譜でもっともよく使われている形式は，タブラチュア譜である。五線ではなく，箏の弦名を文字数字などで書き表している。

※タブラチュア譜の例

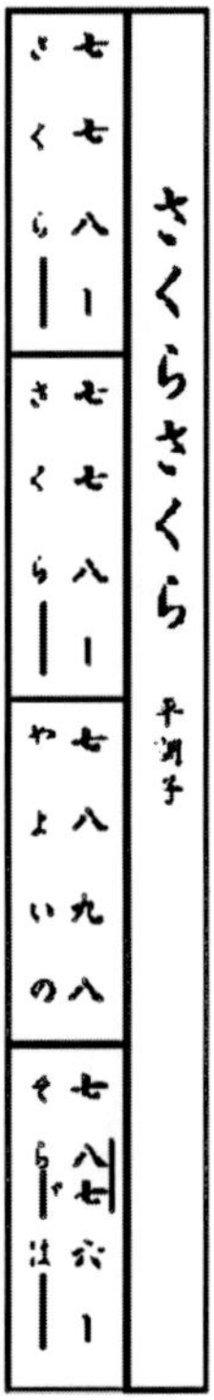

○　唱歌

唱歌とは楽器の旋律を口ずさむ一種のソルミゼーションである。楽器の練習・暗唱・伝承のために用いられる。口唱歌ともいう。

5. 著名な楽曲・作曲者と演奏者

○　楽曲

組歌	箏組歌ともいう。箏曲における最古の曲種である。現在では40曲ほどあるといわれる。代表曲は，「梅が枝」(作曲：八橋検校)など。
段物	調べ物ともいう。段構成を持つ器楽曲である。代表曲は，「六段の調」(作曲：八橋検校)など。
その他	幕末新箏曲や明治新曲，地歌系箏曲などがあげられる。特に「千鳥の曲」(作曲：吉沢検校)，「春の海」(作曲：宮城道雄)が有名である。

○　演奏者

宮城道雄 (1894～1956年)	代表的な箏曲者であり，特に1929年に発表した「春の海」は，ヴァイオリニストであるルネ・シュメーと競演し，世界的な評価を得た。代表作に「水の変態」などがある。
沢井忠夫 (1937～97年)	箏に新しい世界を広げ，現代邦楽の第一人者の地位を築いた人物。またジャズ，クラシックなどを箏で表現する試みを通じて，箏音楽の領域拡大に多大な貢献を果たした。代表作に「情景三章」「讃歌」などがある。
中能島欣一 (1904～84年)	山田流箏曲中能島家の4代目であり，古典箏曲の変革に努めた。代表作に「三つの断章」「さらし幻想曲」がある。

尺八

Check

尺八は中国から日本に伝来した楽器の1つであるが，その始まりは6～7世紀，奈良時代など諸説ある。いずれにしても最初に伝来した尺八は雅楽尺八(古代尺八，正倉院尺八)といわれるもので，正倉院に保存されている。その後，一節切(ひとよぎり)，普化尺八，多孔尺八などが出て，今日に到る。尺八で特筆すべきことは，仏教の一派である禅宗普化宗派では座禅の代わりに尺八を吹き，経をあげたことにある。そのため，尺八は宗教的な道具(法器)とみなされていた。虚無僧が，尺八を弾いているのも以上の理由からである。普化宗廃止(明治4年)以降は，尺八が楽器として用いられるようになり，現在では日本音楽の中で重要な位置にあるといっても過言ではないだろう。

1. 尺八の種類と奏法

○ 尺八の種類

雅楽尺八	中国唐代に呂才が開発。その後，日本に伝来した。9世紀頃までは雅楽に編成されていたが，その後外れて，12世紀には姿を消した。現存しているものは正倉院に8管，法隆寺(東京国立博物館所蔵)に1管といわれる。長さは1尺8寸。指孔は表5孔，裏1孔。
一節切 (ひとよぎり)	16～17世紀にかけて使われた尺八。始まりは中国の蘆安による伝来，または雅楽尺八の発展形という説がある。長さは1尺1寸1分。指孔は表4孔，裏1孔。
普化尺八 (ふけしゃくはち)	江戸時代に普化宗の虚無僧が使用した尺八。始まりは鎌倉時代に禅宗の留学僧であった覚心が古伝三曲(虚鈴，虚空，霧海篪)の習得とともに持ち帰った等，諸説ある。通常，長さは1尺8寸。指孔は表4孔，裏1孔。普化尺八では漆や砥粉を原料とする地を塗ったものを地塗り尺八，塗らないものを地無し尺八と呼んだ。現代では地塗り尺八が主流であるが，虚無僧は地無し尺八を利用していた。
多孔尺八	普化尺八をベースに指孔の数を増やすことで，半音階などを吹きやすくした尺八のこと。七孔尺八，九孔尺八などがあった。

○ 尺八の構造

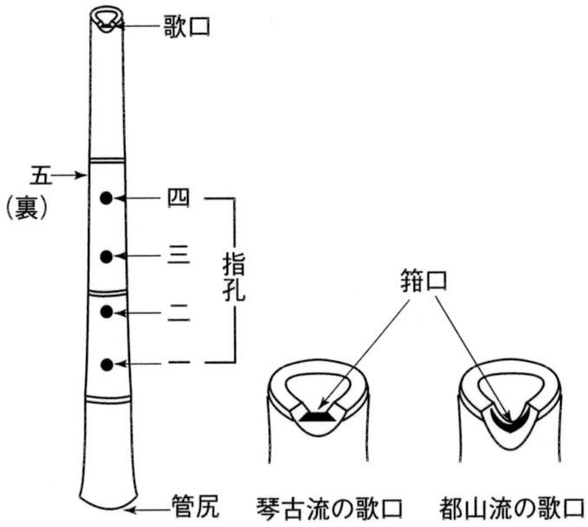

○ 尺八の奏法

メリ	歌口にあてた顎を頭ごと手前に引いて，音を低めること。楽譜には譜字の横に「メ」と書く。
カリ	メリと反対。歌口にあてた顎を突き出して，音を高めること。楽譜には譜字の横に「カ」と書く。
ユリ	首を動かすことで，音に変化をつける。縦，横，斜め，廻し，顎などの種類がある。
ムラ息	息を強く吹き込んで，擦過音を強調した奏法。
コロコロ	コロ音，ホロホロとも呼ばれる。1，2孔を交互に押すことで，震音(トレモロ)を出す奏法。
押し	同じ音を連続させる時，閉じた特定の孔を瞬時開け，閉じる奏法。音に刻みをつける効果がある。

○ 流派

琴古流	初世黒沢琴古が収集・編曲したものをベースとして，3世黒沢琴古が制定した36曲を本曲とする尺八の2大流派の1つである。
都山流	明治29年に初世中尾都山が創設した尺八2大流派の1つ。初世が作曲した28曲をはじめ，本曲は80曲程度が存在する。
明暗流	京都明暗寺を拠点とし，普化尺八の伝統を守り続けている。本曲は古伝三曲を中心としている。

2. 楽曲・楽譜など

○ 楽曲

本曲	その楽器のみによる楽器本来の楽曲のこと。各流派には本曲が存在し，例として都山流の「石清水」，琴古流の「鹿の遠音」などがある。
外曲	地歌，箏曲や長唄など他楽器との合奏のため，尺八用に編曲されたもの。代表作として「六段の調」(八橋検校)，「残月」(峰崎勾当)などがある。

○　楽譜

琴古流，都山流ともに，幹音にロツレチ…をあてたロツレ譜を採用している。ただし，続く譜字について，琴古流では「リヒ」，都山流では「ハヒ」となる。

○　代表的な演奏者

山本邦山 (1937～2014年)	1958年にパリ・ユネスコ本部主催世界民族音楽祭に日本代表として参加。二本の尺八による「双宴」などの作曲も手がける。2002年に都山流尺八の重要無形文化財保持者(人間国宝)に指定された。
山口五郎 (1933～1999年)	琴古流の尺八奏者で，邦楽使節として，西ドイツ・フランス・イギリス・オーストリア・スイス等各国に派遣される等尺八の普及につとめる。1992年には人間国宝に指定された。
ジョン・海山・ネプチューン (1951年～)	アメリカ・カリフォルニア州出身。1972年に来日。都山流師範となり，79年にプロデビューした。西洋と日本の音楽の影響を基調に，世界の多様な音楽文化に着想を得た作品を発表し続けている。

三味線

Check

三味線は，中国の三弦(サンシェン)が琉球に渡り，それが琉球音楽に欠かせない三線(サンシン)となり，三線が室町時代に大坂堺港に伝来，琵琶法師が手にしたのが始まりといわれている。その後，三線は棹の太さや長さ，胴の形などに改良が加えられ，琵琶の奏法と同様の撥弾きで行われるようになった。江戸時代には庶民に普及し，箏，尺八とともに三曲に使用されている。

1. 三味線の構造と調弦法

○ 三味線の構造と名称

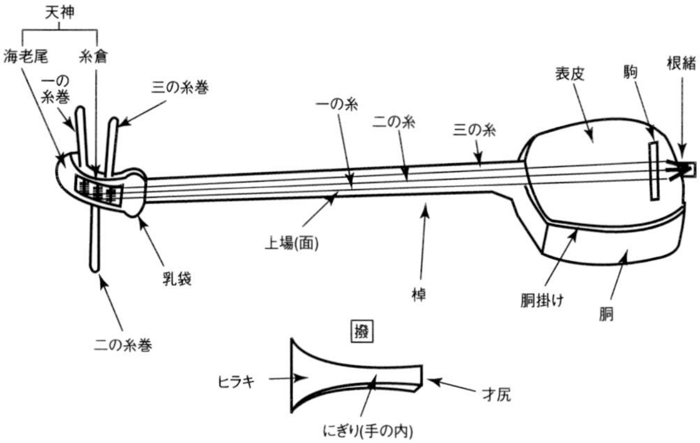

種類としては太棹，中棹，細棹があり，棹が太いほど音に重量感が増す。

※使用例

太棹	義太夫節，説教節，浪曲など
中棹	一中節，常磐津節，清元節など
細棹	荻江節，河東節，長唄など

○ 調弦

本調子	最も基本的な調法。一の糸と二の糸を完全4度，二の糸と三の糸を完全5度，三の糸は一の糸のオクターヴ上とする。
二上り	一の糸と二の糸を完全5度，二の糸と三の糸を完全4度とする。二の糸を本調子より長2度上げているのが語源である。
三下り	一の糸と二の糸を完全4度，二の糸と三の糸を完全4度とする。三の糸を本調子より長2度下げているのが語源である。

2. 楽譜と奏法

○ 楽譜

主な楽譜としては文化譜と小十郎譜(研精会譜)があり，それぞれの特徴をまとめると以下の通りとなる。

小十郎譜	音の高低を記した譜面でドレミファソラシドを1～7で対応させている。調子を変えてもそのままの譜面で演奏できるといった長所があるが，数字と勘所を覚えるのに時間がかかるといった短所も存在する。
文化譜	いわゆるポジション譜と呼ばれるもので，勘所の位置を定義している。小十郎譜よりも慣れるのに時間がかからないといった長所がある一方，調子を変えて演奏する場合には譜面を書きかえる必要があるといった短所も存在する。

○ 奏法

スクイ	撥を下から糸に当ててすくい上げる奏法。同じ音が2回続く場合によく使われる。
ハジキ	左手の人差し指，または薬指で糸を弾く奏法。
勘所	三味線の指板上のポジションのこと。
打ち	左手指で勘所を打って音を出す奏法。通常は薬指を使うことが多い。
スリ	発音後，勘所を押さえた指をずらすことで，余韻の音を変化させる奏法。

和太鼓

Check

和太鼓は主に木でできた胴に皮を張り，それを振動させて音を出すもので，撥(ばち)で叩くものを太鼓，手で叩くものを鼓と呼ぶ。

和太鼓の歴史は古く，日本最古の太鼓は縄文時代の遺跡から発掘されており，情報伝達手段として利用されていたといわれる。その後も太鼓は楽器として使用され続け，中世では，隆盛，豊穣を祈り，厄災を取り除くために太鼓を叩く習慣があった。さらに戦国時代には，大名達が統率をとるため, 太鼓を利用した陣太鼓が興っている。その後, 夏祭りやお盆などでは, それぞれの地域が独自の節を守り，伝来してきた。現在，国際的に知られた太鼓の曲が存在するが，楽曲として成立したのは，第二次世界大戦後という説もある。

1. 太鼓の種類と打ち方

○ 太鼓の種類

締太鼓	皮を胴に留める際，紐を用いる太鼓の総称。
鋲打太鼓	皮を胴に留める際，鋲を用いる太鼓の総称。
長胴太鼓	日本における最もポピュラーな太鼓で，歌舞伎太鼓，祭囃子，盆踊り等で使用されている。大きさもさまざまで，胴はケヤキなどの堅い木をくりぬいてつくられる。
桶胴太鼓	板をあつめて桶状にしたものを胴にして作成した太鼓のこと。長胴太鼓と比較して，本体の重さや音の重さが軽いという特徴がある。

締太鼓

長胴太鼓

桶胴太鼓

○ 打ち方

地打ち	基礎となる一定のリズム(伴奏)を打ち続けることで，他の演奏者は地打ちに合わせて演奏する。

民謡

Check

民謡は民衆の伝承歌謡のことで，一般的には作者不詳，もともとは文字や楽譜もなく口伝えなどで伝承されている。具体的にはわらべ歌やお座敷歌，労働歌，子守歌などがあげられる。一方，郷土芸能とはその地域の祭や年中行事の中で，豊作祈願や悪霊退散などを祈って行われる舞や演奏などを指す。具体例としては神楽や田楽などがあげられる。

問題としては題名と都道府県名を関連付ける問題が多いが，日本地図で解答する場合もあるので，該当する地域は必ず地図で確認しておこう。

○　代表的な民謡

ソーラン節(北海道)	ニシン漁の際，沖で唄われた労作唄。激しい労働中に唄われたので，力強く，かつ威勢よく唄われるのが特徴である。
江差追分(北海道)	信濃地方の馬子唄(馬方節・信濃追分)が，越後を経由して蝦夷に伝わり，江差追分が生まれたといわれる。
津軽じょんから節(青森県)	落城した城主の霊を慰めるため，家臣達が唄ったものが起源といわれる。じょんからとは「上河原」という地名を指す。
秋田おばこ(秋田県)	もともとは山形県の「おばこ節」であり，岩手県に往復する人によって伝承され，秋田県でも唄われるようになったといわれる。
南部牛追唄(岩手県)	牛追いが7～8頭の牛を追い，米俵等を運んだ時に唄っていた。岩手は馬と同様，牧牛も盛んな土地であった。
花笠音頭(山形県)	もともとは「櫓胴搗き唄」で，その後，酒盛唄として発展した。8月には山形市を中心に各地で踊られる。
会津磐梯山(福島県)	明治時代に新潟県から来た油を絞る時に唄った唄に，盆踊りの手を入れた。盆踊りの手が入ったのは昭和時代であり，比較的新しい。

佐渡おけさ (新潟県)	九州の「ハイヤ節」が北上したもので，1924年ごろから「佐渡おけさ」という名前が定着した。相川町の「相川おけさ」が佐渡おけさの正調。
木曽節 (長野県)	御嶽山登山口で登山客のために開催された盆踊り大会で，全国的に有名になった。もともとは御嶽山信仰から始まったものである。
こきりこ節 (富山県)	富山県五箇山地方に伝わる，日本で最も古い民謡といわれている。こきりことは，7寸5分の竹を打つことで音を発する楽器のことである。
ちゃっきり節 (静岡県)	昭和時代に静岡鉄道が宣伝用に作った唄。「ちゃっきり」とは鉄バサミの擬音である。
八木節 (群馬県)	起源には諸説あるが栃木，群馬，埼玉の県境地方で唄われたものが有力。「八木」は八木宿が由来といわれる。
銚子大漁節 (千葉県)	江戸時代に鰯の大漁を祝して，歌詞をつけて唄ったのがその起源。大漁の祭は川口明神で行われた。
伊勢音頭 (三重県)	江戸時代に流行したお伊勢参りによって「荷物にならない伊勢土産」として広がった。慶事の唄として用いられる。
デカンショ節 (兵庫県)	篠山節ともいわれる。「デカンショ」とは篠山地方の言葉で「でござんしょ」，「出稼ぎしよ」をもじったもの等，諸説ある。
吉野木挽歌 (奈良県)	吉野川上流は吉野杉の産地として知られ，その杉の木を挽く時に唄われた。日本における最古の木挽き歌といわれる。
串本節 (和歌山県)	各地を回る人々が串本港に寄った際に，伝承した唄が合わさって独自の節が完成したといわれる。大正時代にレコードで全国普及した。
貝殻節 (鳥取県)	ホタテ貝を採取する際に唄われた作業唄。ホタテ漁は作業が非常に大変であったことから，哀愁が感じられる。
安来節 (島根県)	出雲節が源流であり，出雲節はさんこ節から派生したものといわれる。民俗舞踊であるどじょうすくいとともに行われる。

金毘羅船船 (香川県)	幕末から明治にかけて流行した，金刀比羅宮へのお参りの際に唄われたもの。金刀比羅宮は海上の守護神として祀られている。
よさこい節 (高知県)	起源は諸説あるが，江戸時代，高知城を築いた際，その工事場で唄われた"木遣り節"が変化したというのが有力。
黒田節 (福岡県)	雅楽の越天楽(平調)を基に，黒田藩士が歌詞をつけて唄ったもの。無伴奏の手拍子で斉唱する。
長崎ぶらぶら節 (長崎県)	主に宴席などで唄われるため，正確な歌詞は存在せず，時，土地などで変化するという特徴を持った民謡である。
五木の子守歌 (熊本県)	子守をする少女が，不幸な境遇などを歌詞に織り込んで子供に唄って聴かせ，自らを慰めるために唄ったといわれる。
谷茶前 (沖縄県)	沖縄県恩納村の海岸での漁を題材とした沖縄民謡。250年ほど前に万座毛に立ち寄った琉球王を歓待するための曲と伝えられている。

○　民謡の様式

八木節様式	明確な拍節を有し，音域が狭く，単純な旋律で単純な動機を繰り返すこと等が特徴。地搗歌・網引き歌等の労作歌や盆踊歌など，集団で歌われることも多い。
追分様式	拍子が存在しない自由リズム，装飾的歌唱法であるメリスマ的な歌い方が用いられ，広い音域を有すること等に特徴がある。歌手に高度な技巧が必要とされる。

Attention!

雅楽

雅楽の楽器の編成，「唐楽」「高麗楽」などの雅楽の基本的知識や歴史的背景等を問う問題が見られる一方，龍笛譜や篳篥譜などの楽譜から演奏法を答えさせる問題もある。雅楽の楽譜について，楽器ごとに一通り目を通し，どのように演奏するかについて，最低限の知識を持っておく必要がある。

能・狂言

基礎的な能楽の知識は，必ずおさえておかなければならない。能楽を完成させた観阿弥，世阿弥の業績や思想，流派，使用される楽器4種類とそれぞれの特徴，初番目物から五番目物の意味および代表的な演目，能舞台の構造等はすぐに答えられるようにすること。

演習問題①

問題 1

次は，雅楽について書かれたものである。(　ア　)～(　オ　)にあてはまる語句を，下の1～5の中からそれぞれ1つずつ選べ。

雅楽といえば，本来5世紀から9世紀にかけて中国や朝鮮半島など，アジア各地から伝わった舞とその伴奏音楽を指しますが，日本古来から伝わっている儀式用の歌と舞や，平安時代に新しくつくられた歌も，雅楽の中に含めることがあります。いずれも10世紀ごろ，現在のような様式に整えられ，寺院や宮中で演奏されてきました。

雅楽の中で，大陸から伝来した舞とその伴奏音楽を舞楽といいます。舞楽は伴奏音楽などの違いによって(　ア　)に分けられます。舞楽の曲が舞を伴わずに合奏だけで演奏される場合，(　イ　)といいます。現在，(　イ　)で演奏されるのは(　ウ　)の曲だけです。

(　イ　)の楽器編成として和音を主な役割とする吹物は(　エ　)です。

雅楽の演目の一つである「越天楽」は黄鐘調と盤渉調の他に，一般的によく知られる(　オ　)のものがあります。

ア	1　上舞と下舞	2　左楽と右楽	3　上楽と下楽
	4　左舞と右舞	5　一人舞と三人舞	
イ	1　管楽	2　踊楽	3　奏楽
	4　打絃	5　管絃	
ウ	1　東遊	2　唐楽	3　高麗楽
	4　催馬楽	5　朗詠	
エ	1　篳篥	2　龍笛	3　笙
	4　琵琶	5　鞨鼓	
オ	1　双調	2　雲井調	3　壱越調
	4　太食調	5　平調	

解答　ア 4　イ 5　ウ 2　エ 3　オ 5

解説　雅楽に使われる楽器として笙(しょう)，篳篥(ひちりき)や代表的な演目として「越天楽」についての出題が多い。越天楽については実際の映像で雰囲気だけでも確認しておきたい。

問題 2

雅楽について次の文を読み，(1)～(3)に答えよ。

雅楽は，日本古来の音楽と朝鮮半島や中国から伝来した音楽とが融合，10世紀頃平安時代中期に完成し，今日もなお当時の形をほぼ保ったまま日本の宮中および神社，寺院等で演奏されている。雅楽の演奏形態は，管絃，（ ① ），歌謡の3つの演奏形態がある。

管絃は（ ② ），笙，（ ③ ）からなる管楽器と，箏，（ ④ ）の2種類の弦楽器，鉦鼓，（ ⑤ ），太鼓の3種類の打楽器の編成で演奏される。（ ① ）は日本古来の舞である「国風の歌舞」，中国から伝来した左方の舞(左舞)，朝鮮半島から伝来した右方の舞(右舞)がある。歌謡は雅楽器伴奏を付けた声楽曲で，馬を引く時の民謡である（ ⑥ ）と，漢詩に曲を付けて歌われた（ ⑦ ）に分類される。

(1) （ ① ）～（ ⑦ ）にあてはまる語句を次のア～セから選び，その記号を書け。

語群

ア	長唄	イ	鞨鼓	ウ	神楽	エ	催馬楽	オ	三味線
カ	乱声	キ	竜笛	ク	囃子	ケ	篳篥	コ	琵琶
サ	舞楽	シ	平曲	ス	締太鼓	セ	朗詠		

(2) 下線部について「左方の舞」，「右方の舞」の伴奏音楽を，それぞれ漢字で書け。

(3) 民謡「黒田節」の元になった雅楽曲を何というか，漢字で書け。

解答 (1) ① サ　② キ　③ ケ　④ コ　⑤ イ　⑥ エ　⑦ セ　(2) 左方の舞……唐楽　右方の舞……高麗楽

(3) 越天楽

解説 (2) 中国つまり唐を経由して伝来した伴奏音楽なので唐楽と呼び，朝鮮半島つまり高麗を経由して伝来した伴奏音楽なので高麗楽と呼ぶ。

(3) 「越天楽」は，「えてんらく」と読む。雅楽の曲のなかで最も有名な曲であり，歌詞をつけたものが「越天楽今様」で，後に「黒田節」になった。「黒田節」は結婚式などで用いられることが多い曲であり，一度は耳にしたことがあるはずである。

問題 3

次の楽譜を用いる楽器の奏法として適切なものは，あとの1～4のうちのどれか。

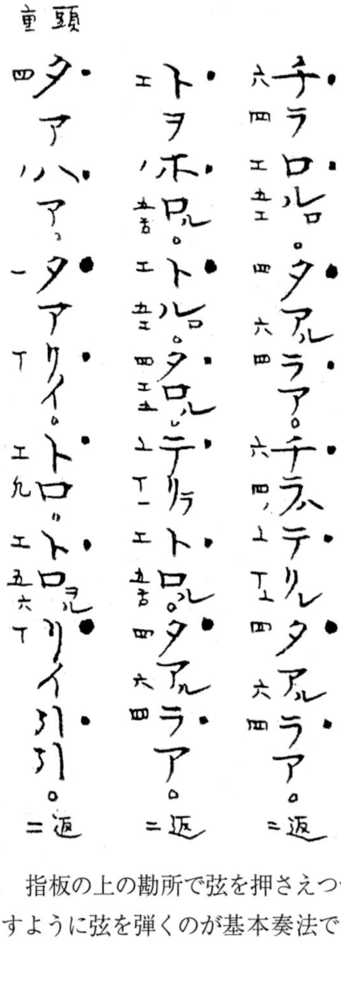

1　指板の上の勘所で弦を押さえつつ，右手に握った撥を上から打ちおろすように弦を弾くのが基本奏法で，下から上へすくい上げるように弾く

のを「スクイ撥」という。

2　カリ音を正律とするが，メリカリの吹き分けだけではなく，あいだの音を生かした塩梅という技法を用いることで，音域は狭いが多様な表現ができる。

3　管の上端の一部を外側に斜めに削り，その鋭い角に息を吹きつけて音を出し，唇のゆるみ，しまり，あごの突き出し，引き具合などが微妙に音律と音色に作用する。

4　左手で柱を押さえて調音するが，種目によって柱の押さえ方が，柱の上を押さえるものと，柱と柱とのあいだの弦を押し込むものとの二通りがある。

解答　2

解説　出題の縦書き楽譜は篳篥(ひちりき)用のもので，曲は平調(ひょうじょう)「越天楽(えてんらく)」である。篳篥の装飾的奏法の特色として，「塩梅(えんばい)」という指使いを変えずに長(短)2度の幅の音を吹き方の加減で出せる表現がある。雅楽の主要旋律楽器でダブルリードの縦笛(表7孔，裏2孔)で，哀調を帯びた強い音色が出せる。

問題 4

能について，次の1・2に答えよ。

1　次の(1)～(5)を何というか，下の(ア)～(ク)の中からそれぞれ選び，その記号を書け。

(1)　各曲の主役

(2)　各曲の主役の相手役

(3)　舞台上に座り，謡を斉唱する合唱隊

(4)　旋律が規定されていない謡

(5)　七五調の12文字を8拍に収めるリズム法

語群

(ア)　強吟	(イ)　シテ	(ウ)　地謡	(エ)　フシ
(オ)　平ノリ	(カ)　ワキ	(キ)　コトバ	(ク)　大ノリ

2　次の文は，囃子について述べたものである。文中の(　1　)～(　3　)にあてはまる語を書け。

囃子とは，能の器楽を指し，(　1　)，(　2　)，(　3　)，太鼓の4種類の楽器による合奏のことである。なお，太鼓は用いない場合もある。

解答　1　(1)　(イ)　(2)　(カ)　(3)　(ウ)　(4)　(キ)　(5)　(オ)
2　(1)　笛(能管)　(2)　小鼓(こつづみ)　3　大鼓(おおつづみ)

解説　1　能は①シテ方，②ワキ方，③狂言方，④囃子方で構成され，①～③は舞台での演技・舞・謡を受け持つ「立方」，④は謡のみ担当する「地謡(じうたい)，囃子」である。能の音楽は，声楽の「謡(うたい)」と楽器演奏の「囃子(はやし)」から成り立つ。　(1)　主役は「シテ」，従者は「ツレ，子方」と呼ぶ。　(2)　シテの相手役は「ワキ」，その従者の「ワキヅレ」であり，共に面を付けない。(3)　地頭(じがしら)の統率でふつう8人程度で斉唱するのが「地謡(じうたい)」である。(4)　謡はせりふの部分を「コトバ」といい，旋律的な部分を「フシ」という。フシにはヨワ吟とツヨ吟の音階・発声がある。　(5)　フシのリズムには，有拍の「拍子合(ひょうしあい)」と無拍の「拍子不合(ひょうしあわず)」があり，前者(拍子合)は「平ノリ・中(ちゅう)ノリ・大ノリ」の3種に分かれ，基本型の「平ノリ」が最も多用される。
2　能に使用する4つの楽器で「四拍子(しびょうし)」と総称する。

問題 5

能の面は，少しあお向けると喜びの表情が，少し下を向けると悲しみの表情が現れるように作られている。「少しあお向ける」ことをカタカナ3文字で何というか，答えよ。

解答　テラス

解説　能面の表情に関する設問で，テラスは照らす(光を当てる)につながり，クモラスは表情を暗くすることにつながる。能の所作(動作，ふるまい)の出題であり，相当難問といえよう。

問題 6

能に関する次の各問いに答えよ。

1　次の図アは，能舞台を上から見た様子を表したものである。能では「地謡」と「囃子」が演奏する場所が決められている。「地謡」と「囃子」の正しい演奏場所を，図アのA～Dからそれぞれ1つ選び，記号で答えよ。

図ア

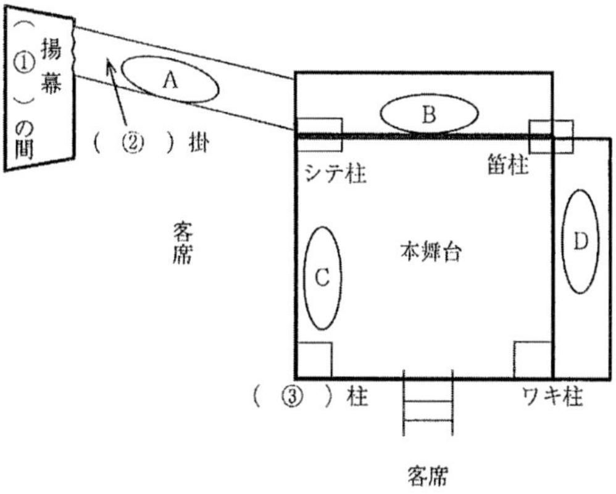

2　図アの(　①　)～(　③　)に当てはまる語句をそれぞれ書け。

3　次の文は能の特徴や，鑑賞の学習における工夫点等について説明したものである。次の(　①　)～(　⑥　)に当てはまる語句や数字をそれぞれ書け。なお，同じ番号には同じ語句や数字が入るものとする。

> 能は，音楽，舞踊，演劇などで構成される日本の伝統的な芸術の一つである。能の音楽は，(　①　)と呼ばれる声楽と囃子と呼ばれる器楽の部分からできている。
>
> 地謡は通常8人で編成され，斉唱で(　①　)を担当する。(　①　)には，登場人物のセリフのように一定の抑揚を付けて表現する(　②　)の部分と，旋律を付けて表現する(　③　)の部分がある。
>
> 「羽衣」では，(　①　)のリズムのうち，拍節的なリズムの部分は(　④　)拍を単位としている。(　①　)の部分の模範演奏を聴いて真似をすることで，声の音色や(　③　)回しの特徴を感じ取らせたい。

囃子は，笛(能管)，小鼓，大鼓，太鼓の四種の楽器で演奏され，これらを(⑤)と呼ぶ。(①)も囃子も音と音のあいだの(⑥)が大切にされている。
(⑥)は，平成29年告示の中学校学習指導要領の〔共通事項〕に示された我が国の伝統音楽の演奏に際して用いられるリズムに関する用語である。

解答 1 地謡…D 囃子…B 2 ① 鏡 ② 橋 ③ 目付
3 ① 謡 ② コトバ ③ フシ ④ 8 ⑤ 四拍子
⑥ 間

解説 1 地謡座は能舞台，向かって右側の間口3尺の板敷の部分である。囃子座は本舞台の奥である。 2 ① 揚幕の内側に大きな三面鏡のある部屋。ここでシテ方は面をつける。 ② 揚幕から本舞台へとつながる長い廊下部分。欄干のある橋のように掛け渡されている。この世とあの世をつなぐ橋という意味合いもある。 ③ 「めつけばしら」と読む。面を付けた能楽師は視野が狭くなるので，この柱を目印に自分の位置を確認する。 3 ① 謡にはシテやワキなど立ち方による一人称の謡と，風景描写や心情描写を歌う地謡の部分がある。②③ 謡は「コトバ」と「フシ」に分類され，「コトバ」はセリフにあたるもので，はっきりとした旋律はないが独特な節回しがある。「フシ」ははっきりとした旋律がある謡で，「弱吟」「強吟」に分類される。 ④ 謡のリズムは七五調の12文字を一文として，8拍子に当てはめて謡う。「平ノリ」は，標準的なリズムで，「平ノリ」より早いリズムを「中ノリ」，遅いリズムを「大ノリ」という。 ⑤ これら4種の楽器，またはその演奏者を呼ぶ。 ⑥ 中学校学習指導要領 第5章 第3 指導計画の作成と内容の取扱い 2 (10)では，「各学年の〔共通事項〕の(1)のイに示す「用語や記号など」については，小学校学習指導要領 第2章 第6節 音楽の第3の2の(9)に示すものに加え，生徒の学習状況を考慮して，次に示すものを音楽における働きと関わらせて理解し，活用できるよう取り扱うこと。」として，間，序破急など，27の用語があげられている。

Attention!

文楽

文楽に関する問題は今後増えていくことが予想される。以下の基本事項をおさえておくこと。「三業」(太夫，人形遣い，三味線)，太棹，舞台の構造，人形の操作，時代物・世話物の演目，近松門左衛門，竹本義太夫など。

歌舞伎

歌舞伎の歴史，江戸時代の展開，歌舞伎の特徴(舞台，役者，音楽，小道具，大道具など)，歌舞伎舞台(花道，セリ，廻り舞台，スッポンなど)，役者の衣装と化粧(隈取り，女形など)，代表的な演目名とあらすじなどについてひと通りの知識が必要である。特に「勧進帳」は中学校の教科書にも取り上げられており，詳細に知っておく必要がある。あらすじに加えて，主人公の弁慶のせりふやふりつけ，特に最後の「飛び六方」もおさえておきたい。

なお，「長唄」に関する出題も見られる。長唄はもともと歌舞伎の伴奏として使用された音楽のジャンルであるが，のちに独立して現在に至っている。唄，踊り，囃子からなり，さまざまな要素を吸収してひとつの音楽ジャンルとなっている。三味線は細棹を用いる。

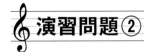

演習問題②

問題 1

我が国の伝統芸能のうち文楽について，次の写真を見て，(1)～(6)の各問いに答えよ。

A　　　　　　　　　　　　　B

(1)　語りを担当するAの人物の役割を何と呼ぶか，答えよ。

(2)　Bの人物が演奏している楽器は何か，答えよ。

(3)　Bの人物が演奏のために右手に持っている用具は何か，答えよ。

(4)　Bの楽器の奏法である次のア，イについて簡潔に説明せよ。

ア　すくい　　イ　はじき

(5)　次の文の(　ア　)～(　ウ　)に入る適切な語句を答えよ。

文楽は，日本の伝統的な(　ア　)劇である。この文楽において，AとBによって演奏される音楽は，創始者の名前に由来した(　イ　)節と呼ばれ，大坂の道頓堀で始まった。「曽根崎心中」を著した(　ウ　)の脚本と(　イ　)節は，当時の人々に大変人気が高かった。

(6)　この文楽が発展したのはどの時代か，次のア～オから選び，記号で答えよ。

ア　奈良時代　　イ　平安時代　　ウ　鎌倉時代　　エ　室町時代
オ　江戸時代

解答　(1)　太夫　　(2)　三味線　　(3)　撥　　(4)　ア　撥先で糸を下から上にすくい上げて音を出す　　イ　左手の指で糸をはじく奏法

(5) ア 人形 イ 義太夫 ウ 近松門左衛門 (6) オ

解説 義太夫節の写真であり，(1)太夫(たゆう)で語り手，(2)は太棹三味線を，(3)右手の撥ではじく。 (4) アのすくい，イのはじきの奏法名は三味線だけでなく，箏でも使われるので実技とあわせて学習しておきたい。 (5) アは(人形)浄瑠璃(劇)も正答であろう。始祖の竹本義太夫(1684年に竹本座創立)と近松門左衛門の結び付きなど，義太夫節の発展について知っておきたい。

問題 2

次の文の( )内にあてはまる言葉を選べ。

文楽は，(ア)と三味線と人形の三者が一体になって，人間の喜怒哀楽を描き出し物語を進行させる。これを(イ)と言う。(ウ)の三味線を用いる(エ)節は，大坂の道頓堀で竹本(エ)が始めた音楽で，人気作家の(オ)が脚本を書いた「曽根崎心中」が大当たりした。

アの選択肢

1. 検校　2. 太夫　3. 立方　4. 立役

イの選択肢

1. 三業一体　2. 三位一体　3. 三合一体　4. 三者一体

ウの選択肢

1. 細棹　2. 中棹　3. 太棹

エの選択肢

1. 常磐津　2. 清元　3. 新内　4. 河東
5. 義太夫

オの選択肢

1. 滝沢馬琴　2. 近松門左衛門
3. 十返舎一九　4. 井原西鶴

解答 ア 2 イ 1 ウ 3 エ 5 オ 2

解説 文楽は男性によって演じられる。太夫，三味線，人形遣いの「三業(さんぎょう)」で成り立つ演芸である。アの太夫とは浄瑠璃語りのことで，1人で物語を語るのが基本で，情景描写から始まり多くの登場人物を語り分ける。浄瑠璃には多くの種別があるが，文楽では義太夫節が用いられる。

問題 3

文楽「新版歌祭文」“野崎村の段”についての問いに答えなさい。

(1)　「歌祭文」について，その読みをひらがなで答えなさい。

(2)　野崎村は現在どこの都道府県にあるか。答えなさい。

(3)　文楽「新版歌祭文」“野崎村の段”の登場人物についての関係図中(　ア　)～(　ウ　)の人名を答えなさい。(　ア　)は〈久作の養子〉の恋人である。また，(　ウ　)は久作が(　イ　)の結婚相手と考えている。

[主な登場人物の関係]

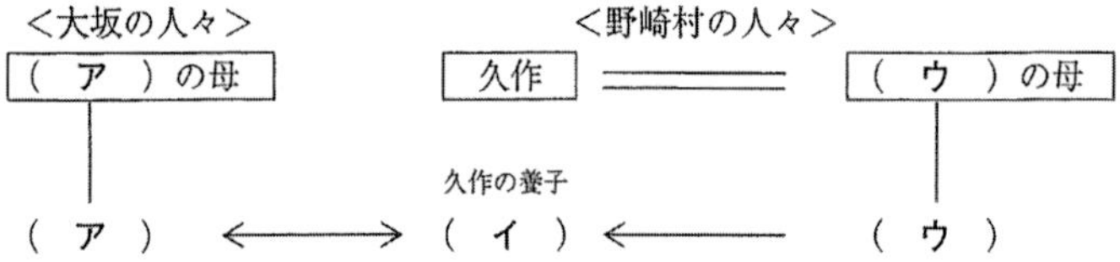

(4)　次の(A)，(B)の「せりふ」はどの登場人物のものか。人物名で答えなさい。

〈「せりふ」は演奏者によって少しずつ違いがあり，これはその一例である〉

> (A)「サアサアサアマアマア嫁の座へ直ったり，トウ直ったり。時に一家一門着のままの祝言に，改まった綿帽子うっとしかろう取ってやろ」
>
> (B)「アアコレ申し，とと様もお二人さんも，何にも言うて下さんすな最前から何事も，残らず聞いて居りました，思い切ったと言わしゃんすは，義理にせまった表向，底の心はお二人ながら，死ぬる覚悟サア死ぬる覚悟で居やしゃんす。かか様の大病，どうぞ命が取止めたさ，≃　見て下さんせ」

(5)　(4)の(B)の人物は，誰のためにどんなことをしたか。(B)のせりふ中≃の部分を明らかにして答えなさい。

(6)　文楽という呼称は，上演していた劇場にちなんで一般的に呼ばれているものである。正式には何というか答えなさい。

(7)　義太夫節を始めた人物の人物名を答えなさい。またどのような音楽か，説明しなさい。

(8)　義太夫節は何〈人を指す呼び方〉と何〈楽器名〉で，舞台上，上手のどの場所で演奏するか答えなさい。

(9)　(8)で答えた〈人〉は，おなかから力強く息を出して発声するために，下腹と懐にある小道具を身に付ける。小道具の名称をそれぞれ答えなさい。

(10)　文楽の舞台で，人形と観客の視線がほぼ水平になるように，人形遣いが人形を遣う場として少し低くなっている場所のことを何というか答えなさい。

(11)　文楽の有名な台本作家で「曽根崎心中」などで有名な作家名を答えなさい。

(12)　文楽で使われる「三人遣い」とは何のことか。説明しなさい。

(13)　文楽は三業一体の総合芸術といわれるが，「三業」とは何を指すか答えなさい。

(14)　文楽で使われる「通し」と「見取り」の違いについて説明しなさい。

解答　(1)　うたざいもん　(2)　大阪府　(3)　ア　お染　イ　久松　ウ　お光　(4)　(A)　久作　(B)　お光　(5)　お染，久松の気持ちを知ったお光は，二人のために(お染，久松のために)髪を切って尼になる。(結婚をあきらめる。)　(6)　人形浄瑠璃　(7)　誰…竹本義太夫　どんな音楽か…物語を語って聞かせることを主体とした「語り物」という音楽　(8)　人…太夫　楽器…三味線　場所…床　(9)　下腹…腹帯　懐…オトシ　(10)　船底　(11)　近松門左衛門　(12)　文楽では，通常，一体の人形を「主遣い」「左遣い」「足遣い」の三人で動かすので，「三人遣い」ということ。　(13)　太夫，三味線，人形遣い　(14)　通しはその作品の最初から最後までを上演すること。見取りはいくつかの作品の名場面を抜き出して上演すること。

解説 文楽「新版歌祭文」は「お染久松」とも称される，文楽と歌舞伎で有名な物語である。初演は安永9(1780)年竹本座，作者は近松半二(1725～1783)，世話物・上下2巻で，構成は，上の巻「座摩社の段」「野崎村の段」，下の巻「長町の段」「油屋の段」「蔵場の段」となっている。久松と許嫁のお光のもとへ，久松に会うためにお染が現れた。お染が久松との子を身ごもっていることが判明し，思いあまった二人は心中を決意するが，それを知ったお光は久松への思いをあきらめて尼となり，二人が心中せずに済むように身を引く。文楽は人形浄瑠璃のことであり，近松門左衛門の「曽根崎心中」などが有名。浄瑠璃は義太夫節による太夫の語り，太棹三味線での演奏，船底の人形遣いが三人で操って動かす人形からなり，太夫については，舞台で床本と呼ばれる本を用い腹帯やオトシといった小道具を活用しつつ腹式呼吸によって独特の発声で語る。なお上演方法については，文楽を含め特に歌舞伎の演目においても，通しではなく見取りによることが多い。

問題 4

三味線音楽について，次の(1)～(4)の問いに答えなさい。

(1) 人形浄瑠璃に関する記述として適当でないものを，次の①～⑦のうちから三つ選べ。

① 浄瑠璃は15世紀半ばに起こった音楽である。17世紀には，寺社祭礼などで演じられていた人形芝居と浄瑠璃が結び付いて人形浄瑠璃が成立した。

② 竹本義太夫によって始められた浄瑠璃は義太夫節と呼ばれている。竹本義太夫は，1684年に大坂(現・大阪)の道頓堀に竹本座を開き，「曽根崎心中」などを上演し人気を得た。

③ 義太夫節は，詞(ことば)，地合(じあい)，色(いろ)などの音楽的構造をもつほか，情(じょう)と呼ばれる人物の心理や感情表現，細棹三味線の使用などが大きな特徴である。

④ 19世紀初めに，興行師の初代植村文楽軒が芝居小屋を開いた。その名前である文楽座から，人形浄瑠璃は文楽と呼ばれるようになっ

た。

⑤　舞台には，手摺りと呼ばれる人形にとって地面の位置に当たる仕切り板と，船底と呼ばれる舞台平面より一段低くなっている場所がある。人形遣いは船底で観客に姿を見せずに人形を操作する。

⑥　太夫と三味線弾きは，舞台上手に大きく張り出た床と呼ばれる舞台で演奏する。文楽廻しという回転式の装置に乗って登場し，語り終えると裏側から次の太夫，三味線弾きが現れる。

⑦　笛，太鼓，小鼓や鳴物は，地謡座と呼ばれる囃子用の小部屋で演奏する。

(2)　義太夫節「曽根崎心中」の作者として最も適当なものを，次の①～⑤のうちから1つ選べ。

①　黒沢琴古　　②　竹田出雲　　③　近松門左衛門

④　三好松洛　　⑤　観世信光

(3)　義太夫節「曽根崎心中」の作者による他の作品として最も適当なものを，次の①～⑤のうちから1つ選べ。

①　義経千本桜　　②　新版歌祭文　　③　本朝廿四孝

④　国性爺合戦　　⑤　三十三間堂棟由来

(4)　三味線音楽の種類として適当なものを，次の①～⑤のうちから2つ選べ。

①　語り物（かたりもの）　②　本行物（ほんぎょうもの）　③　歌い物（うたいもの）　④　手事物（てごともの）

⑤　変化物（へんげもの）

解答　(1)　③，⑤，⑦　　(2)　③　　(3)　④　　(4)　①，③

解説　(1)　人形浄瑠璃についての問題である。中学校では2社の教科書が使われているが，どちらの教科書にも文楽(人形浄瑠璃)に関するページがあり，口絵も含めて内容が充実しているので学習の参考にするとよい。③は「細棹三味線」が間違いで，義太夫節では「太棹三味線」が使われる。⑤は「人形遣いは船底で観客に姿を見せずに人形を操作する。」という部分が間違い，「人形遣いは観客に姿を見せながら人形を操作する。」が正しい。⑦は義太夫では鳴物は使用しない。また，義太夫節を語る太夫と三味線奏者は「床」という場所で演奏する。 (2) ①は尺八奏者，②は浄瑠璃作者及び座元，④は浄瑠璃作者，⑤は能楽師である。 (3) ①の「義経千本桜」は二世竹田出雲・三好松洛・並木千柳の合作，②の「新版歌祭文」，③の「本朝廿四孝」は近松半二，⑤の「三十三間堂棟由来」は若竹笛躬・中邑阿契の合作である。 (4) ②は歌舞伎において能や狂言から原作を移入したもの。④は地歌などで器楽の部分である手事を備えた楽曲形式をいう。⑤は歌舞伎舞踊で一人の踊り手が早替りで続けて踊るもの。

問題 5

次の文章は，歌舞伎について説明したものである。各問いに答えよ。

> 「歌舞伎」は17世紀初頭，(1)が京都で興行した踊りが起源とされている。当初は女性のみや少年のみで演じていたが風紀上禁止され，やがて男性のみで演じるようになった。これを転機に，踊り中心から演劇中心の筋書き，女方(女形)の誕生，伴奏音楽の重視など，総合芸術としての歌舞伎の原形が整っていく。演目によって(②)という化粧が施されたり，(③)などの演技で独特の表情が作られたりする。
>
> また，歌舞伎は三味線音楽とともに大きく発展した。(④)の「長唄」の他，(⑤)の「義太夫節」，「常磐津節」，「清元節」など，多様な三味線音楽が用いられる。効果音や背景音楽などは黒御簾と呼ばれる小部屋の中で演奏される。
>
> 「長唄」で用いられる三味線は(⑥)で，囃子は，(⑦)，(⑧)などの管楽器と，(⑨)，(⑩)，(⑪)の打楽器を使用することが多い。「長唄」では，三味線を中心とした器楽のみで演奏されるまとまった間奏部分があり，ここでは三味線のさまざまな手を楽しむことができる。このような部分を(⑫)という。

1 文章中の(①)～(⑫)に当てはまる語句を次の(ア)～(ト)からそれぞれ1つ選び，記号で答えよ。

(ア) 鞨鼓	(イ) すっぽん	(ウ) 合方
(エ) 語り物	(オ) 鉦鼓	(カ) 見得

(キ) 生田検校　(ク) せり　(ケ) 出雲の阿国
(コ) 歌い物　(サ) 細棹　(シ) 笙
(ス) 太棹　(セ) 篠笛　(ソ) 能管
(タ) 小鼓　(チ) 隈取　(ツ) 篳篥
(テ) 太鼓　(ト) 大鼓

2　下線部の「黒御簾」,「囃子」の読み方をひらがなで答えよ。

解答　1　① (ケ)　② (チ)　③ (カ)　④ (コ)　⑤ (エ)　⑥ (サ)　⑦ (セ)　⑧ (ソ)　⑨ (タ)　⑩ (ト)　⑪ (テ)　⑫ (ウ)　2　黒御簾…くろみす　囃子…はやし

解説　1　①　室町時代の末期から庶民の間で流行した，きらびやかな衣装をつけて踊る享楽的な舞踊を，出雲の阿国率いる若い女優による一団が興行し，爆発的な人気を得たことから始まった。　②　歌舞伎独特の化粧法で，芝居小屋などにおいて遠くの観客が役者の表情を見やすくするために使われる。「隈」は道や川の曲がり角のところ，またそうした片隅，物陰になる部分を指す。そこから色や影の濃い部分，光と陰の境界の部分も意味するようになり，さらに彩色で陰影や濃淡をつけることも意味するようになった。　③　演技者の感情が高揚した時，動きを一瞬止めて，目立った姿勢や表情をすること。「見得」は本来「見え」，つまり見える様，外観の意味を表す。　④⑤　歌舞伎舞踊の主な三味線音楽は，歌い物の「長唄」と語り物の「義太夫節」「常磐津節」「清元」に分けられる。　⑥　三味線の種類には「太棹」「中棹」「細棹」がある。「細棹」は全体的に小ぶりで棹が最も細く，高音がきれいで透明な音色である。「中棹」は，民謡，地歌，常磐津，清元節など，「太棹」は浪曲，義太夫などで使用される。　⑦～⑪　鳴り物と呼ばれる。管楽器は，能管・篠笛，打楽器は小鼓・大鼓・太鼓が用いられることが多い。
⑫　三味線だけの部分のうち，曲の最初に演奏されるのを「前弾」，曲の途中に短く演奏されるのを「合いの手」，曲の途中に長く演奏されるものを「合方」と呼ぶ。　2「黒御簾」は舞台下手にある簾のかかっている黒い部屋のこと。黒御簾で奏される音楽は，「黒御簾音

楽」「下座(げざ)音楽」とも言われる。「囃子」の語源は「映やす，栄やす」からきていて，「映えるようにする」とか「引き立てる」といった意味合いの言葉。

問題 6

歌舞伎について，次の(1)～(6)に答えなさい。

(1)　空欄1，2に当てはまる語句の正しい組合せを選べ。

歌舞伎は，歌(音楽)・舞(舞踊)・伎(演技)からなる，[　1　]時代に生まれた演劇です。時々の流行や他の芸能の要素などを巧みに取り入れながら，[　2　]として発展しました。

ア　1－奈良　　2－総合芸術

イ　1－奈良　　2－民俗芸能

ウ　1－江戸　　2－民俗芸能

エ　1－江戸　　2－総合芸術

(2)　空欄に当てはまる語句を選べ。

歌舞伎では，さまざまな音楽が用いられます。「勧進帳」では，[　　]が用いられ，唄，三味線(しゃみせん)，囃子(はやし)(小鼓(こづつみ)，大鼓(おおづつみ)，笛)などによって演奏されます。

ア　端唄(はうた)　　イ　長唄(ながうた)　　ウ　地謡(じうたい)　　エ　俗謡(ぞくよう)

(3)　空欄1，2に当てはまる語句の正しい組合せを選べ。

1	語り(太夫)が一人でさまざまな登場人物を語り分け，三味線奏者(一人)が力強い響きの太棹三味線で語りを支えます。
2	太夫三人と中棹三味線二人で演奏するものが基本的な形です。自然な発声を重んじ，語りも三味線も重厚さと軽妙さを兼ね備えています。

ア　1－義太夫節(ぎだゆうぶし)　　2－清元節(きよもとぶし)

イ　1－義太夫節　　2－常磐津節(ときわずぶし)

ウ　1－河東節(かとう)　　2－清元節

エ　1－河東節　　2－常磐津節

(4)「勧進帳」の説明について，空欄1，2に当てはまる語句の正しい組合わせを選べ。

兄と不仲になった[　1　]は，[　2　]と四天王の五人の家来とともに，東大寺勧進の一行に変装します。そして，京都から平泉の藤原氏を頼り，北陸街道を落ちて行きます。歌舞伎「勧進帳」は，一行が加賀の国，安宅の関所にさしかかった時の[　2　]と，関守との緊張感に満ちた場面を描いたものです。

ア　1－頼朝　　2－弁慶

イ　1－頼朝　　2－富樫

ウ　1－義経　　2－弁慶

エ　1－義経　　2－富樫

(5)「せり」の意味として，正しいものを選べ。

ア　役者が一瞬制止して，絵姿のようになって，観客に強い印象を与えること。

イ　舞台下手の黒く囲われた中で必要な音楽や自然を描写する音を演奏すること。

ウ　舞台に切り穴を設けて，舞台下から人物を登場させる仕掛けのこと。

エ　役者の登場や退場の場面などで使われる舞台から客席を貫く通路のこと。

(6)　紅や墨などで一定の型に顔面を彩る特殊な化粧法として，正しいものを選べ。

ア　瞼譜（れんぷ）　イ　隈取（くまどり）　ウ　笹色（ささいろ）　エ　引眉（ひきまゆ）

解答 (1) エ　(2) イ　(3) イ　(4) ウ　(5) ウ　(6) イ

解説 (1) 歌舞伎は阿国のかぶき踊りを起源とする，江戸時代に誕生した総合芸術である。 (2) 歌舞伎の演目の一つ「勧進帳」では，細棹三味線を用いる長唄が登場する。 (3) 清元節は技巧的で高い音が特徴な浄瑠璃である。河東節は独特の掛け声が特徴である。
(4) 「勧進帳」は，兄の頼朝から逃げる義経が弁慶らとともに山伏に変装して，富樫が守る安宅の関所を通過しようとする場面が描かれている。 (5) アは見得である。イは，このような音楽を黒御簾(下座)音楽，あるいは陰囃子とよぶ。エは花道である。 (6) 隈取は歌舞伎における特徴的な化粧法であり，役によって用いる色が異なる。

問題 7

歌舞伎「勧進帳」について，次の(1)～(5)に答えなさい。

(1) 次の記述は，歌舞伎「勧進帳」の歌詞の一部分である。歌詞中の下線部の意味を書け。

> 旅の衣は篠懸（すずかけ）の露けき袖やしおるらん

(2) 歌舞伎「勧進帳」の内容について説明した次の文について，(①)～(⑤)に最も適する語句を書け。

> 兄の源頼朝と不仲になった義経は，五人の家来とともに東大寺勧進の一行に変装し，京から奥州平泉の藤原秀衡のもとへ向かう。(①)の関所にさしかかったときの，義経の家来(②)と関守の(③)との緊張感に満ちた場面を描いたものである。(①)の関所は現在の(④)県(⑤)市にあたる。

(3) 次の楽譜は，歌舞伎「勧進帳」の一場面である。あとの①，②に答えなさい。

① この楽曲を演奏するための三味線の調弦について，一の糸をロ音にした場合の二の糸，三の糸の音を，五線譜に書け。また，この調弦の調子を何というか，書け。

② 楽譜中の「ス」の記号は三味線の奏法を表している。その奏法名を書け。また，どのような奏法か，書け。

(4) 次の文は，歌舞伎の音楽について説明したものである。(①)～(⑥)にあてはまる語句を下のア～ツから1つずつ選び，その記号を書け。

> 歌舞伎の三味線音楽は勧進帳で用いられる長唄の他に義太夫節，常磐津節，清元節などの(①)がある。義太夫節では(②)三味線が語りを支える。常磐津節，清元節では(③)三味線を用い，主として舞踏の場面に用いられる。長唄で使用する(④)三味線は明るい音色を持つ。
>
> 歌舞伎における長唄の演奏では，舞台に出て観客に姿を見せて演奏する(⑤)と，舞台下手で効果音なども演奏する(⑥)がある。

ア	太棹	イ	ワキ方	ウ	催馬楽	エ	浄瑠璃
オ	見得	カ	黒御簾音楽	キ	シテ方	ク	管弦
ケ	舞楽	コ	中棹	サ	細棹	シ	朗詠
ス	大薩摩	セ	文楽	ソ	地謡	タ	津軽
チ	出囃子	ツ	所作事				

(5) 授業で歌舞伎「勧進帳」の音楽的特徴やよさを感じ取るために，オペラ「アイーダ」と比較，鑑賞することにした。生徒に感じ取ってほしいオペラと歌舞伎の共通点，相違点と，比較することによって感じ取ることができる歌舞伎の音楽的特徴やよさを書け。

解答 (1) 山伏が着る衣 (2) ① 安宅 ② 弁慶 ③ 富樫 ④ 石川 ⑤ 小松

(3) ① 調弦…

調子…本調子　② 奏法名…スクイ(すくいばち)　奏法…ばち先で糸を下から上にすくい上げる奏法　(4) ① エ　② ア　③ コ　④ サ　⑤ チ　⑥ カ　(5) 共通点…どちらも器楽が伴奏する歌による音楽劇である。　相違点…「アイーダ」ではオーケストラの伴奏で，アリアを登場人物の歌手が歌う。「勧進帳」ではセリフの掛け合いもあるが，唄う場面では「唄方」が担当する。　歌舞伎の音楽的特徴やよさ…歌舞伎(長唄)の歌声は唄い尻や産字などの節回しが特徴的であり，三味線，囃子と息を合わせて演奏する。

解説 (1) 冒頭で山伏の姿に扮装し，兄に追われる悲しさをうたう場面である。　(2) 勧進帳は，弁慶は義経を救いたい一心で，白紙の紙を勧進帳として読み上げたり，主君である義経を打ち付けたりする。その忠誠心に心動かされ富樫は，義経であると知りつつ関所を通すという話である。　(3) ① 本調子は一の糸と二の糸が完全4度，二の糸と三の糸が完全5度の音程関係になる。　② 解答参照。

(4) 太棹は棹が最も太く，力強く弾くことができる。細棹は最も細く，軽いものであり，太棹のように力強く弾くことはできない。軽やかな曲調の曲を演奏するのに適している。中棹は太さ，重さ，厚さなど，太棹と細棹の中間にあたる。　(5) 共通点としては，他に初演された時期があげられる。「勧進帳」は1840年，「アイーダ」は1871年と比較的近い時期に初演されている。相違点としては，他に表現の特徴があげられる。「アイーダ」はオペラの中でも絢爛豪華な舞台装置が使われることが多い一方，「勧進帳」はあくまで日本のわび，さびのような感覚の範疇のなかで表現される。

Attention!

楽器（箏，三味線，尺八，和太鼓）

箏については，楽器の構造はもとより，さまざまな演奏技術の名称が問われており，これらを覚えておかなければならない。箏は，その構造上初心者から上級者までそれぞれのレベルに応じて楽しむことができる点において，他の日本伝統音楽より抜き出ていると言えるだろう。よって，中学校においても最も頻繁にとりあげられていると言える。2つの流派とそれぞれの特徴，調弦法，演奏技法は必ず出題されると考えること。また，楽譜を提示し，そこから楽曲名を答えさせたり，五線譜に置き換えさせたりする問題も多くみられ，箏を実際に演奏しないとわからない問題がある。

三味線では，3つの基本的調弦法，スクイ，ハジキなどの基本的な奏法，楽器の各部分の名称，文化譜という記譜法から実際の音を導きだすこと，我が国の文化としての特徴などについて問われている。

尺八では，「メリ」「カリ」「コロコロ」などの基本的な奏法に加え，都山流と琴古流の楽譜の違い，本曲と外曲との比較，運指と実際の音の対照などをおさえておくこと。

太鼓については，「鋲打太鼓」「締太鼓」「長胴太鼓」の区別に加え，上打ち，地打ちなどの奏法などを知っておくことが必要である。

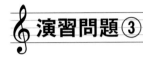

演習問題③

問題 1

箏について，次の[問1]～[問3]に答えよ。

[問1]　次の表中の(　①　)～(　④　)にあてはまる語句をそれぞれ書け。

表

姿勢の図		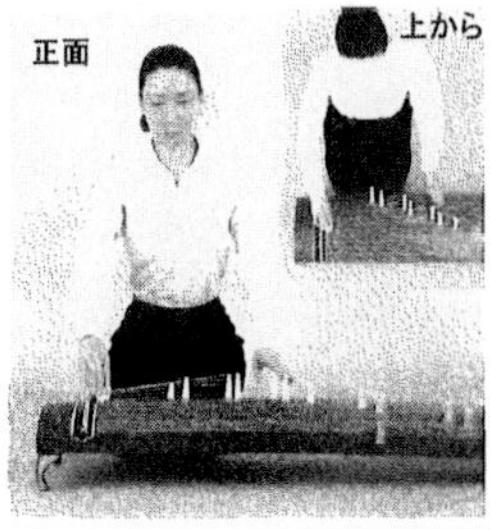
流派の名称	(　①　)	(　②　)
使用する爪の種類	(　③　)	(　④　)

[問2]　次の文は，箏の基本的な奏法についての指導内容である。文中の(　①　)～(　③　)にあてはまる語句を，あとの(ア)～(オ)からそれぞれ1つずつ選び，その記号を書け。

指導内容

> 右手の(　①　)は，糸の向こう側から手前に向かって爪を押し付けるようにして弾き，次の糸に当てて止めます。また，右手の(　②　)は，糸の手前から向こう側に向かって爪を押し付けるようにして弾き，次の糸に当てて止めます。いずれも，(　③　)から2～3cm離れたところを弾きます。

(ア)　親指　　(イ)　中指　　(ウ)　薬指　　(エ)　柱　　(オ)　竜角

[問3]　次の楽譜は，箏曲「六段の調」(八橋検校作曲)の冒頭部分を五線譜に表したものである。この楽譜を，一の糸を「ホ音」とする平調子に調弦された箏で演奏する場合，楽譜の①～③ではどのような奏法が

用いられるか，下の(ア)～(オ)からそれぞれ1つずつ選び，その記号を書け。

(ア) 後押し　(イ) スクイ爪　(ウ) 輪連　(エ) 掻き爪
(オ) 引き色

解答 [問1] ① 生田流　② 山田流　③ 角爪　④ 丸爪
[問2] ① (イ)　② (ア)　③ (オ)　[問3] ① (オ)
② (エ)　③ (ア)

解説 [問1] 山田流では丸爪を使用し，箏に対して正面に座る。生田流では角爪を使用し，箏に対して斜め左向きに座る。2大流派の違いの特徴なので覚えておく。 [問2] 琴爪は，親指，人差し指，中指の3本につける((ウ)の薬指は使わない)。親指のみ，手前から向こう側へ弾く。竜角とは，弦が触れてのっている台の部分。

[問3] (ア)の後押しは，弾いた直後にその弦を左手で押さえ，弦の張力を強める奏法で，語尾が上がるような感じの余韻が出る。柱の左の左側を人差し指と中指で垂直に下へ押す。音を全音上げる「強押し」と音を半音上げる「弱押し」がある。(イ)のスクイ爪は，親指の爪の裏側で手前に向かって弾く奏法である。多くの場合，向こうに向かって弾いた後に続けて用いられる。(ウ)の輪連は，人差し指と中指の爪の右わきで，2本(1本の場合も)の弦をさっとこする奏法である。(エ)の掻き爪は，隣りあう2本の弦を中指の爪で「シャン」と弾く奏法である。(オ)の引き色は，弾いた直後，左手で弦を柱のほうへ引っぱり，弦の張力を弱めて音を低く変化させる奏法である。箏の楽譜では「ヒ」と表わされる。

問題 2

箏曲「六段の調べ」についての問いに答えなさい。

(1) A～Fは縦譜，G～Kは五線譜で「六段の調べ」を記譜している。G～Kと同じ内容を表している縦譜をA～Fから選び答えなさい。(これは，一を「ホ音」にした場合である。)

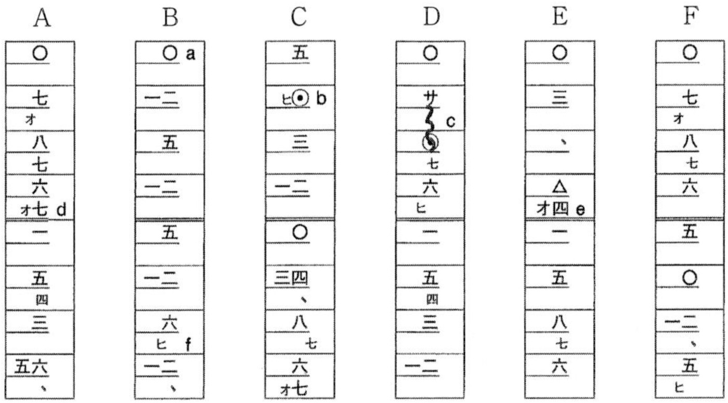

(2)　aの○について適する音符名，休符名または演奏記号名のいずれかで答えなさい。

(3)　bの⊙について適する音符名，休符名または演奏記号名のいずれかで答えなさい。

(4)　cの⌇の奏法名を答えなさい。

(5)　dの「オ」の奏法名を答えなさい。また，どのような演奏法であるか説明しなさい。

(6)　eの「オ」の奏法名を答えなさい。また，この奏法を行うとどのように音が変化するか。説明しなさい。

(7)　(6)で答えた奏法を「ヲ」と示すことがある。「オ」との違いを説明しなさい。

(8)　fの「ヒ」の奏法名を答えなさい。

(9)　A～Fの楽譜中，〈合せ爪〉は何回出てくるか，回数を答えなさい。

(10)　「六段の調べ」を演奏するのに行う調弦法を答えなさい。

(11)　「六段の調べ」の作曲者として伝えられている人名を答えなさい。

(12)　「六段の調べ」は初段を除いて拍数が統一されている。何拍に統一されているか答えなさい。(表間，裏間としては数えないこととする。)

(13)　「六段の調べ」の速度はどのように変化するか説明しなさい。また，この変化のことを漢字3文字で何というか答えなさい。

解答　(1)　G…C　H…A　I…B　J…E　K…F　(2)　四分休符　(3)　二分音符(前の音を一拍のばす記号，タイ等)　(4)　裏連(グリッサンド等)　(5)　奏法名…後押し(押し手)　演奏法…左手で柱の左側の糸を押して音高を上げる奏法。　(6)　奏法名…押し手(強押し)　音の変化…元の音を全音上げる。　(7)　同じ「押し手」という奏法であるが，「ヲ」は弱押しで音高を半音上げる。　(8)　引き色　(9)　0回　(10)　平調子　(11)　八橋検校　(12)　104拍　(13)　変化…序でゆっくり始まり，次第に速くなり，穏やかになって終わる　漢字…序破急

解説　(1)　箏において，平調子に調弦する際の一をホ音にする場合，一から巾まで順にホ・イ・ロ・ハ・ホ・ヘ・イ・ロ・ハ・ホ・ヘ・イ・

ロである。一は五と同音，二は一の完全5度下であり，三以降は順にヨナ抜き音階で，音高が上がっていく。休符や奏法の表記，和音を構成する箇所をあわせて考えると，対応する楽譜がわかる。

(2) なお，△は八分休符。 (3) 結果的に二分音符相当の長さになる。前の音を続けてのばす記号。 (4) 高音部でトレモロを奏し，低音へ向かって下降する奏法。 (5) 小さく「オ」と記されているならば，その弦を弾いた直後に押し，余韻の音を高くすること。

(6) 大きく「オ」と記されているならば，その弦を押した状態で弾く。

(7) 押し手は，「ヲ」なら弱押しで半音上げる，「オ」なら強押しで全音上げる。 (8) 弾いた直後に左手でその弦を柱の方向へ引くことで，音高を低くする奏法。 (9) 親指と中指(人さし指)で2本の弦を同時に弾くことを「合わせ爪」といい，数字を横に並べて記譜する。隣り合った弦を中指(人さし指)で弾くことを「かき爪」という。楽譜のうち，隣同士ではない音で，横並びのものはないので，0回である。 (10) 他にも雲井調子などあるが，「六段の調べ」は最も基本的な平調子である。 (11) 「六段の調べ」は，江戸時代の箏曲家である八橋検校が作曲した箏独奏曲。 (12) 箏曲で「拍子」という場合には，全体の拍数を表す。箏の段物の1段52拍子という表現は，拍節数が52，4分の2拍子で，104拍あるということを意味する。「六段の調べ」は初段以外は，52拍子，104拍で書かれている。

(13) 序破急は，形式としては西洋音楽でいう楽章のようなものでもある。学習指導要領の〔共通事項〕にも指導すべきものとして挙げられているので，理解しておきたい。

問題 3

箏の歴史に関する説明として正しくないものを，次の1～4のうちから1つ選べ。

1 雅楽の楽器として大陸から伝来し，その主要楽器として用いられた。

2 箏は独奏楽器や催馬楽の伴奏楽器として貴族に愛好された。

3 室町時代の末に福岡県久留米市の善導寺の僧賢順が，寺に伝わる雅楽から箏を伴奏とする歌曲を創作した。これが山田流箏曲の起源である。

4　江戸時代の初期，八橋検校は筑紫流箏曲をもとに調弦法の改良などを行い，箏曲を芸術的なものへと昇華させた。

解答　3

解説　3の誤りは〈山田流箏曲〉，正しくは〈筑紫箏〉であり，さらに賢順の弟子の系統から〈八橋検校〉が祖となる〈八橋流〉である。箏曲2大流派の〈生田流〉は八橋検校門弟の生田検校が創始したもので，〈山田流〉は江戸中期以降に江戸で〈山田検校〉がたてたもの。

問題 4

三味線について，次の問いに答えなさい。

1　次の三味線の調弦法について，その音を楽譜に書き表しなさい。ただし，一の糸をロ音とする。

①　二上がり

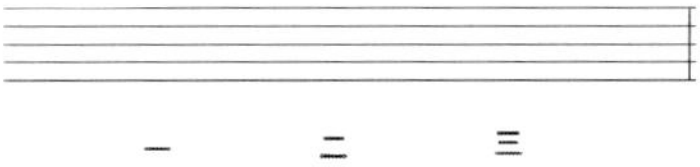

②　三下がり

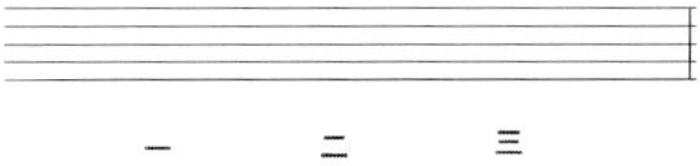

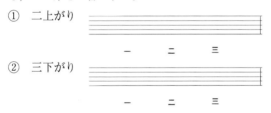

2　次の三味線の奏法名を書け。

①　左手の指で糸をはじく奏法

②　弾いた後に押さえた指をずらして余韻を揺らす奏法

3　三味線はギターなどの弦楽器同様，左手で押さえることによって様々な音高を得ることができるが，その正しい位置のことを何というか。その名称を書け。

解答　1　①

②

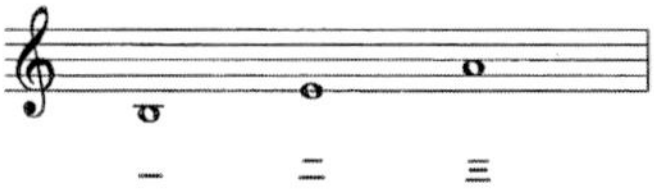

2　①　ハジキ　　②　スリ指　　3　勘所

解説　1　本調子は，一の糸と二の糸は完全4度，二の糸と三の糸は完全5度の関係である。二上がりは，一の糸と二の糸が完全5度，二と三の糸が完全4度の調弦。本調子の二の糸を全音上げて「シ」「ファ♯」「シ」と合わせる。三上がりは，二上りの第3弦を長2度上げた調弦。　2　ハジキは，糸を左手の指先ではじいて鳴らすこと。倍音の多い鋭い音がする。開放弦は人差指又は中指ではじく。　3　勘所は人差指で押さえ，中指か薬指ではじく。

問題 5

次の〔楽譜〕は，長唄「勧進帳」より「寄せの合方」の三味線の楽譜の一部である。また，[調弦]は，この曲を演奏する際の調弦である。(1)～(7)の問いに答えなさい。

〔楽譜〕

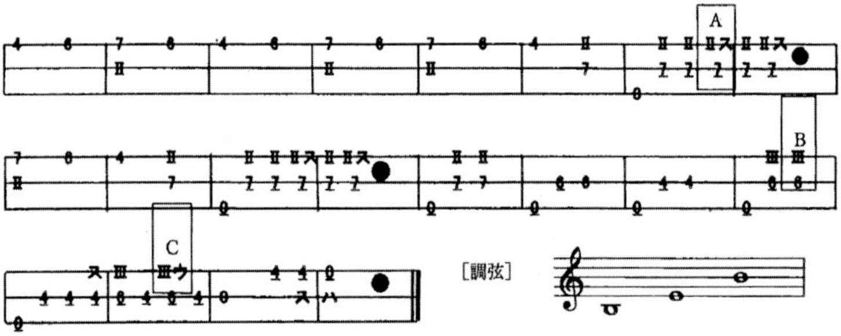

[調弦]

(1)　三味線では，一の糸だけを上駒にのせず，ビリビリと響く独特な音を出す。この音の名称をカタカナ3文字で書け。

(2)　[調弦]のような三味線の調弦法の名称を書け。

(3)　次の〔説明文〕は，長唄「勧進帳」を含む歌舞伎「勧進帳」について説明したものである。文中の[　　]に当てはまることばを書け。

〔説明文〕

歌舞伎「勧進帳」のクライマックスでは，関所を過ぎた義経一行の前へ，酒をふるまいに富樫が再び現れ，ことの成り行きを互いに喜び合う。酔った弁慶は[　　]を披露しながらも，義経一行を先に旅立つよう促す。

(4) 長唄で使用しない楽器を次のa～dより選び，その記号を書け。

a

b

c

d
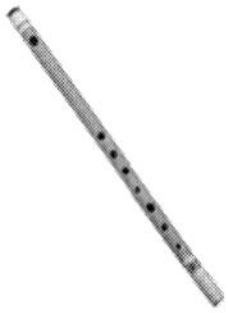

(5) 〔楽譜〕について，Aの奏法の名称を書け。

(6) 〔楽譜〕について，Bの勘所を押さえる指として正しいものを次のa～eから1つ選び，その記号を書け。

a 親指　b 人さし指　c 中指　d 薬指　e 小指

(7) 〔楽譜〕について，Cの奏法の説明に当てはまるものを次のa～dから1つ選び，その記号を書け。

a 撥の先で下から上へすくいあげる。

b 左手の指先で勘所を打つ。

c 左手の指で糸をはじく。

d 弦を押さえる左手を滑らせる。

解答 (1) サワリ　(2) 本調子　(3) 延年の舞　(4) a
(5) スクイ　(6) d　(7) b

解説 (1) 一の糸が駒に触れていないため，一の糸をさわらず，他の糸をはじいても共鳴する。三味線，箏など伝統楽器の部分の名称はよく調べておきたい。 (2) 三味線の調弦法には本調子のほかに，本調子から二の糸を長2度上げた二上り，本調子から三の糸を長2度下げた三下りがある。 (3) 勧進帳は歌舞伎の十八番でもあるので，物語の流れも含めて詳しく確認しておきたい。 (4) 長唄のお囃子は小鼓，大鼓，太鼓，笛の四拍子である。aは楽太鼓で，雅楽で使用されるものである。 (5) 三味線にはスクイという撥を下から上へすくう奏法がある。奏法，楽譜への表記などをあわせて確認しておきたい。 (6) 三味線の楽譜の表記でⅠは人差し指（ほとんどがそうであるためわざわざ表記していない場合は人差し指でおさえる。Ⅱは中指，Ⅲは薬指を示す。　(7)　ウチという奏法。その他の選択肢は，a：スクイ，記譜→ス　c：ハジキ，記号→ハ　d：スリ，記号→スリである。

問題 6

和楽器について，次の(1)～(3)の問いに答えよ。

(1)　三味線音楽に関する説明として正しくないものを，次の1～4のうちから1つ選べ。

1　三味線音楽は，歴史や特徴などから，歌い物と語り物に大別することができる。

2　義太夫節は，人形芝居，文楽の伴奏音楽に用いられる。

3　常磐津節は，お座敷浄瑠璃と呼ばれるものである。

4　浪花節は，寄席の芸として生まれ，浪曲ともいう。

(2)　三味線に関する説明として正しくないものを，次の1～4のうちから1つ選べ。

1　三味線は，インドのサンシェンが沖縄の三線を経て，16世紀に日本に伝えられた楽器である。

2　三味線を最初に演奏したのは，琵琶法師であり，琵琶の撥を流用した。

3　サワリは，一の糸の振動に特色ある高次倍音を強調して添える工夫である。

4　棹の太さを目安にして太棹，中棹，細棹の3種類に分類され，長唄で用いられるのは細棹である。

(3)　次の①，②の唱歌(しょうが)は，何の楽器に使われるものか。最も適当なものを，下の1～6のうちから1つずつ選べ。

①「テンテテツク」　②「テーントンシャン」

語群

1　三味線　　2　箏　　3　篠笛　　4　つけ太鼓　　5　鉦

6　笙

解答　(1)　3　　(2)　1　　(3)　①　4　　②　2

解説 (1)　お座敷浄瑠璃と呼ばれるのは「新内節」であり，新内流しという街頭での独特の演奏もあった。　(2)　サンシェン(三弦)とは中国の楽器で，沖縄の三線を経て日本に入り変化・改良され三味線になった。
(3)　唱歌(しょうが)は和楽器教習のためのソルミゼーションの一種で口三味線(くちじゃみせん)ともいう。楽器の実習を通して覚えたいもの。つけ太鼓では「テンツク　テケツク　テンツク　ツ」などがある。

問題 7

次の楽器と楽譜について，問いに答えなさい。

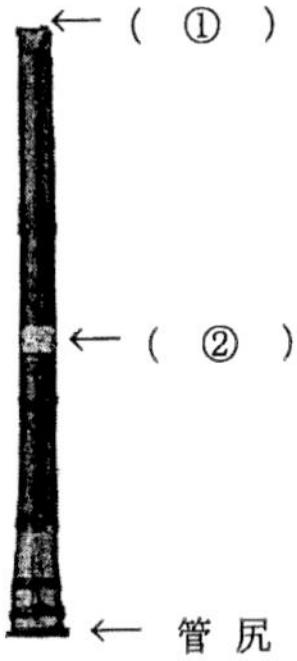

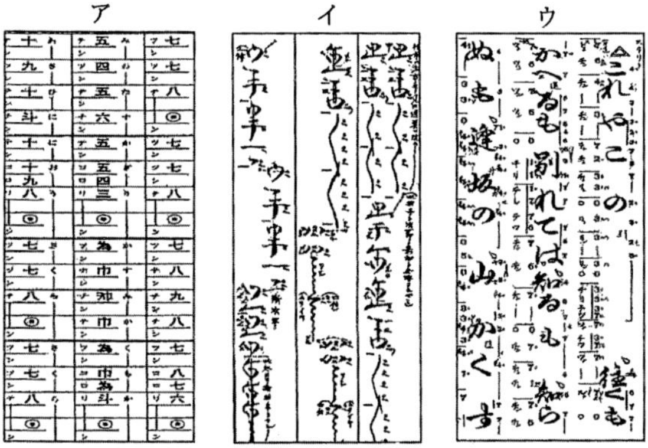

(「教育芸術社」「教育出版」の教科用図書から引用)

(1)　(　①　)，(　②　)の名称を書け。①は，斜めに切り落とされている部分を指す。

(2)　この楽器の楽譜をア～ウから選び，記号を書け。

(3)　この楽器の1尺八寸管を吹くときの基本となる6音のうち，残りの4音をト音譜表に書け。

(4)　(3)の6音以外を出すときに用いる奏法で，顎を引いて音高を下げる奏法名を書け。

(5)　次の奏法のうち，この楽器の奏法に当てはまらないものを1つ選び，番号を書け。

①　スリ上げ　　②　タマネ　　③　サワリ　　④　コロコロ

(6)　この楽器を扱う授業を鑑賞と器楽で構想する。

ア　鑑賞曲として最もふさわしいものを次から選び，番号を書け。

①　六段の調　　②　五段砧　　③　巣鶴鈴慕　　④　越後獅子

⑤　小鍛冶

イ　息づかいや指づかい，首の動きを組み合わせて楽曲を吹く器楽の授業を展開する。そのために，アの鑑賞曲では，音楽を形づくっている要素のうち，「旋律」ともう一つの要素に子どもが着目できるようにしたい。もう一つの要素としてふさわしいものを書け。

(7)　次の文は，「中学校学習指導要領(平成29年3月告示)第2章　第5節　音楽」に示された「第3　指導計画の作成と内容の取扱い　2　(6)」である。(　　)に当てはまる語句を書け。

我が国の伝統的な歌唱や(　①　)の指導に当たっては，言葉と音楽との関係，(　②　)や身体の使い方についても配慮するとともに，適宜，(　③　)を用いること。

解答　(1)　①　歌口　　②　中継ぎ　　(2)　イ

(3)

(4)　メリ　　(5)　③　　(6)　ア　③　　イ　音色　　(7)　①　和楽器　　②　姿勢　　③　口唱歌

解説　(1)　尺八の問題である。①　尺八の歌口はフルートと同様，奏者が息の入れ方を調節しなければならないので，初心者が音を鳴らすのは難しい。　②　古くは1本の竹を切断せずに延管を作っていたが，現在は1本の竹を中間部分で上下に切断してジョイントできるように加工されている。　(2)　アは箏，ウは三味線の楽譜である。

(3)　手孔(指孔)が5つしかなく，基本音階は「ロ・ツ・レ・チ・リ」で「レ・ファ・ソ・ラ・ド」となる。　(4)　歌口に吹き込む角度が変わることによって音程を下げる。逆に顎を上げて音程を上げることをカリという。 (5) ①は指をするようにして指孔をあけることで，次の音とのつなぎをなめらかにする奏法。②はのどや舌を震わせて息を吹き込む奏法。③は三味線の奏法である。④は1孔と2孔を交互に素早く動かす奏法。 (6) ア ①②は箏曲，④⑤は三味線の曲である。③は「そうかくれいぼ」と読む。流派により鶴の巣籠とも言われる，尺八の代表曲。鶴の親が子に対する愛情を表現した曲で，親鳥が雛を育てる巣籠り，雛が巣立つときの親子の別れが表わされている。 イ 音楽を形づくっている要素は「音色，リズム，速度，旋律，テクスチュア，強弱，形式，構成など」である。この中から楽器の奏法に興味，創意工夫を持たせるためには「音色」に注目させるのが適切である。 (7) ① 伝統的な楽器の指導なので，「和楽器」となる。 ② 和楽器は正座で演奏するものが多く，西洋の楽器とは違うので，姿勢や呼吸法などに十分な配慮が必要となる。 ③ 今回の改訂で新たに示された部分である。口唱歌は旋律やリズムだけでなく，奏法なども表わすことができる。我が国固有の旋律，間などの知覚・感受を促し鑑賞の学習や創作の学習にも有効である。

問題 8

次に示す地打ち(締太鼓)のリズムに乗って，上打ち(鋲打太鼓)の8小節のリズムを下記の条件を入れて完成させよ。その際，あなたが描く曲のイメージを設定し，そのイメージにふさわしい表現にするための創作上の工夫を書け。

締太鼓のリズム

〈条件〉

① 上の段を右手，下の段を左手とすること。

② 基本(1～2小節)，反復(3～4小節)，変化(5～6小節)，終止感が感じられるリズム(7～8小節)となるように作ること。

③ 締太鼓と全く同じリズムにならないようにすること。

④ フチを打つなどの特殊な奏法は，使用しないこと。

解答 曲のイメージ…燃えさかる炎　創作上の工夫…シンコペーションを用いたり，最後に両手打ちを入れたりして，炎の激しさを表現する。

(例)

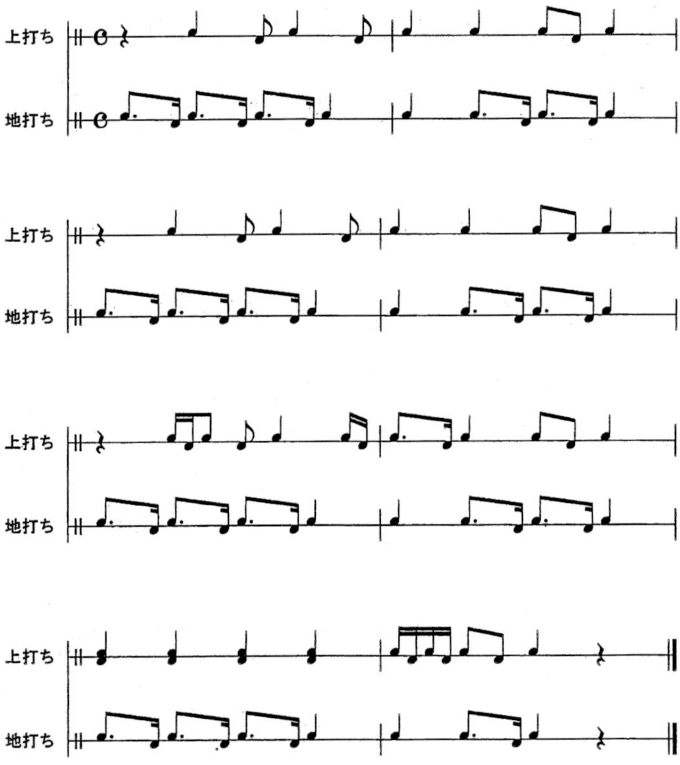

解説 締太鼓の地打ち(基本的なリズム)に乗って，鋲打太鼓(鋲留太鼓)の8小節のリズムを条件を入れて書き，「曲のイメージ」及び「創作上のイメージ」を答えよという出題である。〈条件〉の②に2小節ずつのリズムの基本，反復，変化，終止感が指示されており，重要なヒントと創作上の工夫につながる。解答例がよい参考になるが，これ以外にもいろいろなイメージを設定し，リズム創作を実践したい。

問題 9

日本の伝統音楽について，次の問いに答えなさい。

問1 尺八について，次の問いに答えなさい。

(1) 次の文章の(①)～(⑤)に当てはまる言葉を下の語群から選び，ア～ケの記号で答えなさい。

近世の尺八は(①)宗の法器として発展した。虚無僧の(②)が，伝承されてきた曲を整理し，芸術音楽としての尺八音楽が広まった。明治時代になると，(③)が新作を次々と創作した。尺八のために作られた曲を(④)といい，尺八音楽でない曲を尺八で奏するものを(⑤)という。

語群

ア 黒沢琴古	イ 八橋検校	ウ 本曲
エ 内曲	オ 外曲	カ 初世中尾都山
キ 竹田出雲	ク 普化	ケ 真言

(2) 次のア～ウの中から尺八の曲をすべて選び，記号で答えなさい。

ア 鶴の巣籠　イ みだれ(乱輪舌)　ウ 船弁慶

問2 篠笛について，次の問いに答えなさい。

(1) 篠笛の特徴的な奏法である「指打ち(打ち指)」について，説明しなさい。

(2) 篠笛で，ある音を1オクターヴ高く出す場合，どのように演奏するか説明しなさい。

問3 次に挙げる【楽譜1】から【楽譜4】と関連の深い楽器をあとの語群から選び，ア～エの記号で答えなさい。

【楽譜1】

【楽譜2】

【楽譜3】

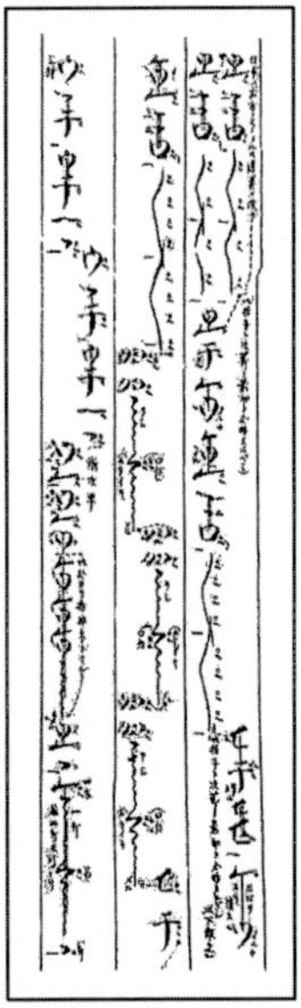

【楽譜4】

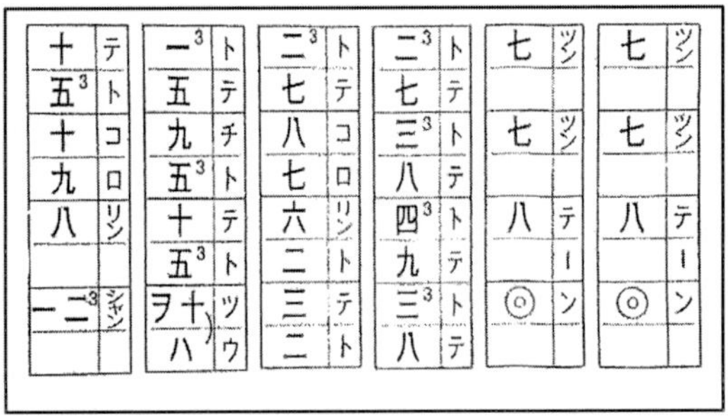

語群

ア　箏　　イ　尺八　　ウ　篠笛　　エ　三味線

解答　問1　(1)　①　ク　　②　ア　　③　カ　　④　ウ　　⑤　オ

(2)　ア　　問2　(1)　同音が続く場合に，タンギングによって音を切らずに，押さえている指で指孔をたたくように演奏する。

(2) 指使いはそのままで，息を鋭く吹き込む。　問3　楽譜1…エ　楽譜2…ウ　楽譜3…イ　楽譜4…ア

解説 問1 (1) ①　尺八は奈良時代に中国から伝わり，雅楽の楽器として使用されるが後に雅楽では使われなくなり，江戸時代に普化宗の虚無僧が法器として使用した。　②　黒沢琴古は江戸時代中期の尺八奏者で各地に伝わる普化宗尺八曲を集め，これをもとに「本曲三六番」を制定した。　③　初代中尾都山(1876～1956)は虚無僧として修行した後，1896(明治29)年に都山流を創始し，従来の古典尺八曲にはない新しい曲を作曲し，また合奏曲という新しい分野も開拓した。　④⑤　その楽器のみによる楽器本来の楽曲を本曲，それ以外の，他楽器との合奏のために尺八用に編曲したもの外曲と呼ぶ。　(2)　琴古流本曲名は「巣鶴鈴慕(そうかくれいぼ)」。イは箏曲，ウは三味線の曲である。　問2 (1)　篠笛では同じ音を出す場合，西洋の楽器のようにタンギングを使わず，指で孔を打って音を切るのが特徴である。　(2)　篠笛の音域は2オクターブ程度。低音域を呂音(りょおん)といい，そのオクターブ上の甲音(かんおん)を出す時は指使いはそのままで息を細く，速くして，オクターブ音をあげる。　問3　楽譜1…口唱歌に「ツン・テン」があることから三味線と判断できる。　楽譜2…口唱歌と数字の横に書いてある線で篠笛と判断できる。　楽譜3…口唱歌の「ロ・レ」などから尺八と判断できる。　楽譜4…漢数字と口唱歌から箏と判断できる。

問題10

次の〔説明文〕を読んで，(1)～(5)の問いに答えなさい。

〔説明文〕

琵琶を弾きながら(　ア　)を語る「語り物音楽」である平曲は鎌倉時代に成立し，その語り節は仏教音楽である(　イ　)の影響を受けている。平曲は①盲人の僧侶によって伝承されてきたが，江戸時代に入ると，能や歌舞伎など舞台芸術が流行し，浄瑠璃においては，(　ウ　)が用いられるようになった。

(1) (ア), (イ), (ウ)に入る言葉を書け。

(2) 下線①盲人の僧侶について，江戸時代に盲僧琵琶を基に九州地方で成立し，勇壮な戦記物が多い琵琶楽のことをなんというか，次のa～dから1つ選び，その記号を書け。

a 筑前琵琶　b 楽琵琶　c 土佐琵琶　d 薩摩琵琶

(3) 平曲で使用される琵琶の説明として正しいものを，次のa～dから1つ選び，その記号を書け。

a 4弦5柱。雅楽の琵琶よりやや小さめで，棹を横にして演奏する。

b 4弦4柱。撥を胴に強く打ちつける打楽器的な奏法もあり，撥は薄く先端が扇形で非常に大きい。

c 4弦と5弦のものがあり，5弦のものは大きさに種類がある。棹を立てて演奏する。

d 4弦4柱。主にアルペッジョ奏法で演奏され，撥は薄くしゃもじのような形で，先端が尖っていない。

(4) 琵琶と同じルーツを持つ楽器に当てはまらないものを，次のa～dから1つ選び，その記号を書け。

a ピーパー　b ウード　c リュート　d ケーン

(5) 琵琶を独奏楽器として使用している作品である「ノヴェンバー・ステップス」の説明として，正しいものを次のa～dから1つ選び，その記号を書け。

a 琵琶のほかに，箏も独奏楽器として使用している。

b 和楽器の楽譜には，図形楽譜で書かれている部分がある。

c この作品に使用される琵琶は，雅楽で使用される琵琶と同じものである。

d 團伊玖磨の代表作品のひとつである。

解答 (1) ア 平家物語　イ 声明　ウ 三味線　(2) d
(3) a　(4) d　(5) b

解説 (1) 平曲に影響を与えたという意味では，琵琶を伴う声楽として「催馬楽」も考えられるが，仏教音楽となっているのでイは「声明」である。浄瑠璃は初めは琵琶で語られていたが，後に三味線を伴奏に用いるようになった。 (2) a 筑前琵琶は明治の後半に薩摩琵琶などをもとに生まれた。 b 楽琵琶は雅楽で用いられる琵琶で，4弦4柱。 c 高知県で生まれた琵琶。 (3) b 薩摩琵琶 c 筑前琵琶 d 楽琵琶 (4) ピーパー，ウード，リュートは全て撥弦楽器。ケーンはラオスの笙の一種で，長さの異なる管を束ねた気鳴楽器。 (5) 「ノヴェンバー・ステップス」で使用される楽器は琵琶と尺八。琵琶は薩摩琵琶か筑前琵琶であり，雅楽で使用される楽琵琶とは異なるものである。この作品は武満徹の代表作である。

Attention!

民謡

民謡に関する問題では，それぞれの曲目と地域(都道府県)とのマッチングを問うものが多く見られる。また，歌詞や旋律と曲目のタイトルを一致させる問題や，郷土芸能の特徴から名称を答えさせる問題も見られた。

民謡は大きく「追分様式」「八木節様式」の２種類に分類される。前者は明確な拍節リズムを持たず，西洋のメリスマのように音を長く伸ばすスタイルであり，後者は明確な拍節リズム(ビート)をもって演奏されるスタイルである。

演習問題④

問題 1

次の(1)～(4)の楽譜を見て，民謡の曲名とその都道府県名を答え，使われている音階の種類を下のア～カから1つずつ選び，記号で答えよ。

ア　長音階　　イ　短音階　　ウ　律音階　　エ　民謡音階
オ　都節音階　　カ　沖縄音階

解答　(1)　曲名…谷茶前　　都道府県名…沖縄県　　種類…カ
(2)　曲名…南部牛追(い)歌　　都道府県名…岩手県　　種類…オ
(3)　曲名…刈干切歌　　都道府県名…宮崎県　　種類…ウ
(4)　曲名…ソーラン節　　都道府県名…北海道　　種類…エ

解説　(1)　示された譜例は谷茶前で，譜例を見るとド，ミ，ファ，ソ，シ，ドから成る沖縄音階で構成されていることがわかる。　(2)　示された譜例は，日本の陰音階の1つである都節音階で構成される，岩手県の南部牛追(い)歌。　(3)　示された譜例は宮崎県の刈干切歌で，譜例をみるとド，レ，ファ，ソ，ラ，ドの律音階で構成されていることがわかる。　(4)　示された譜例はソーラン節。民謡音階は日本音階の1つで「八木節」や「木曽節」もこれにあたる。

問題 2

地図上の(1)～(5)の地域に伝わる日本の代表的な民謡について，最も適当なものを，下の1～9から1つずつ選べ。

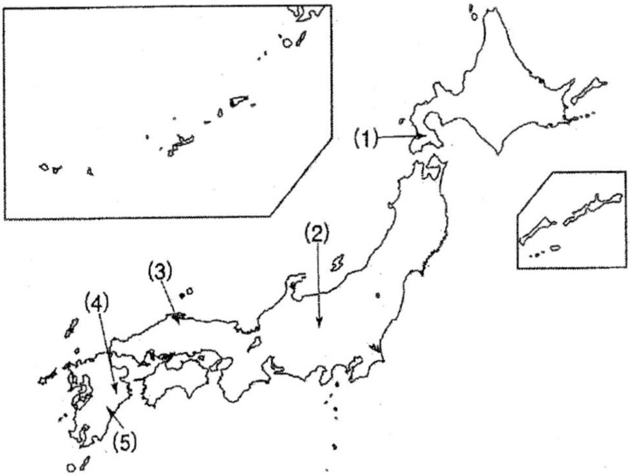

1	安里屋ユンタ	2	江差追分	3	こきりこ節
4	小諸馬子歌	5	会津磐梯山	6	宇目の唄げんか
7	安来節	8	刈干切歌	9	斎太郎節

解答 (1) 2　(2) 4　(3) 7　(4) 6　(5) 8

解説 日本民謡と日本地図を組み合わせた設問であるが，(4)の「宇目の唄げんか」以外は全国的に知られた民謡であり，正答も難しくない。

(1)は北海道の「江差追分」。(2)は長野県の「小諸追分」で「追分様式」というテンポがゆるやかで自由な装飾を付けて(こぶし)歌う源流とされる民謡。それに対しリズミカルで拍節的な民謡の代表が「八木節」(群馬・栃木県)といわれる。(3)は島根県の「安来節」。(4)は大分県南海部郡宇目町や佐伯市周辺で歌われた「宇目の唄げんか」という子守唄である。子守奉公の娘たちが子どもを背負って川の両岸に並び，唄問答をしたところからこの名が付いたといわれる。(5)は宮崎県の「刈干切歌」である。

問題 3

日本の民謡は音楽的な特徴によって,「八木節様式」と「追分様式」の2つに分類することができる。これは吉川英史と小泉文夫により命名されたものである。

次にあげた様式の特徴はどちらの様式のものか,「八木節様式」には「A」,「追分様式」には「B」を記せ。

ア．リズムは不明確で拍節は存在しない。

イ．メリスマ的なものが多い。

ウ．音域は一般的に狭い。

エ．集団で歌われるものが多い。

オ．伴奏楽器としては尺八が適する。

解答　ア　B　　イ　B　　ウ　A　　エ　A　　オ　B

解説　日本の民謡が「八木節様式」と「追分様式」に分類されていることは有名である。単なる言葉・概念としての区別として暗記するにとどまらず，それぞれの分類の代表的な民謡を聴き，メロディーや節回しの特徴を捉えておきたい。

問題 4

次の(ｉ)～(ｖ)は民謡の歌詞である。下の問いに答えなさい。

(ｉ)　にしんきたかと　かもめにきけば　わたしゃたつとり　なみにきけチョイ

(ⅱ)　ハーアーアー　わすれしゃんすな　やまなかみちを　ひがしゃまつやま　にしゃやくし

(ⅲ)　こきりこのたけは　しちすんごぶじゃ　ながいはそでの　かなかいじゃ

(ⅳ)　いなかなれども　サーハーエー　なんぶのくには　サー　にしもひがしも　サーハーエー　かねのやま　コーラ　サンサエー

(ｖ)　こんぴらふねふね　おいてにほかけて　シュラ　シュシュシュ

問1　(ｉ)～(ｖ)はどの都道府県の民謡か，次の地図の①～⑦からそれぞれ1つずつ選べ。

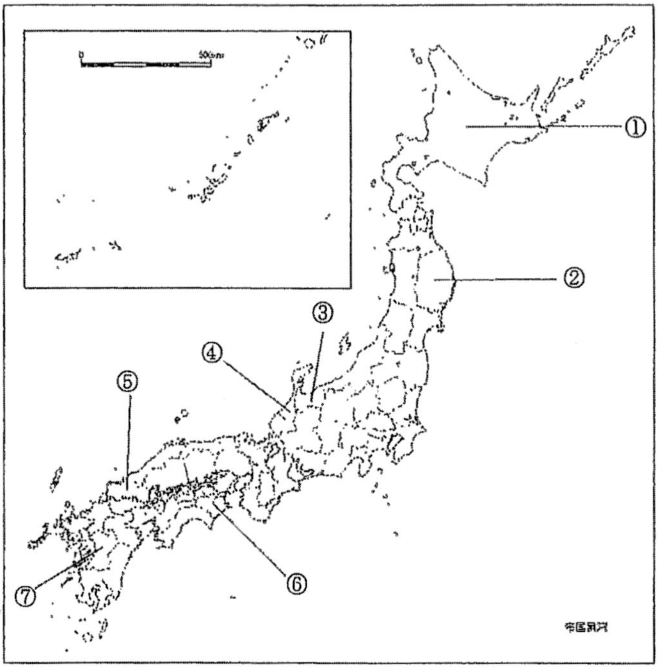

問2　(ｉ)～(ｖ)はどの民謡に分類されるか，最も適当なものを次の①～④からそれぞれ1つずつ選べ。ただし，同じ記号を複数回使用してもよい。

①　仕事歌　　②　踊り歌　　③　子守歌　　④　座敷歌

問3　民謡音階の始まりをハ音とした場合，正しいものを次の①～④から1つ選べ。

①

②

③ 

④ 

解答 問1 (ⅰ) ① (ⅱ) ④ (ⅲ) ③ (ⅳ) ②
(ⅴ) ⑥ 問2 (ⅰ) ① (ⅱ) ④ (ⅲ) ② (ⅳ) ①
(ⅴ) ④ 問3 ③

解説 問1・問2 (ⅰ)は北海道のソーラン節(ニシン漁の唄), (ⅱ)は石川県の山中節(山中温泉地方の古い盆踊甚句が座敷歌になったもの), (ⅲ)は富山県五箇山地方のこきりこ節(祭りの踊り歌), (ⅳ)は岩手県の南部牛追唄(牛に米などを乗せて運ぶ際, 牛方が歌っていたもの), (ⅴ)は香川県の金毘羅船々(座敷歌)である。郷土の民謡や伝統芸能はたくさんあるが, 地域や特徴を整理して学習することが望ましい。
問3 ①は律音階, ②は都節音階, ④は沖縄(琉球)音階である。構成音も理解した上で, それぞれの音階によって作られた楽曲, ジャンル, 地域などを学習しておく必要がある。

問題 5

次の楽譜は，江差追分の楽譜である。この楽譜に示された音楽のリズム様式と同様のリズム様式をもつ楽曲として最も適切なものは，後の1～4のうちではどれか。

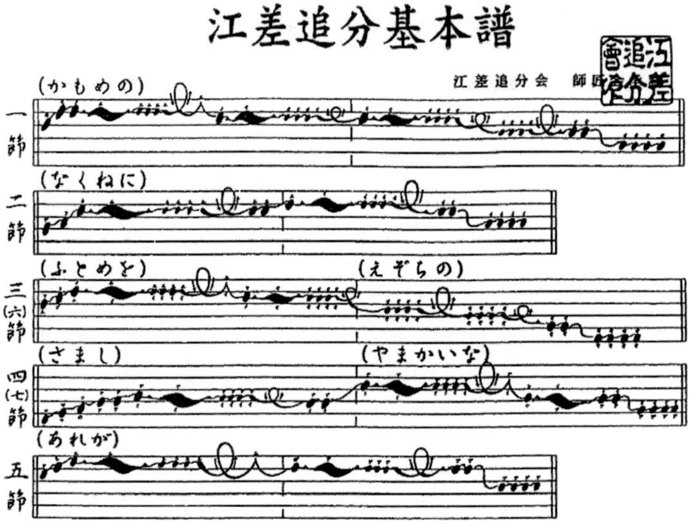

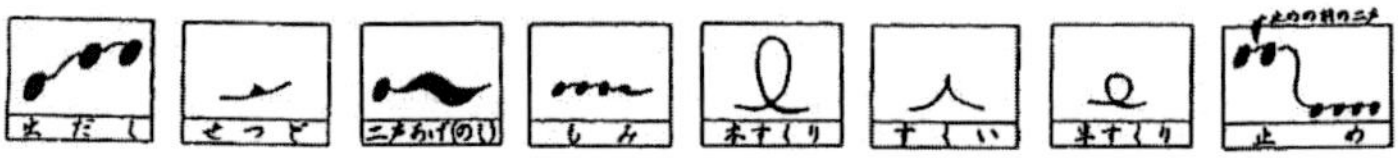

1　八木節　　2　こきりこ節　　3　江戸木遣唄　　4　ソーラン節

解答　3

解説　民謡はリズムに注目し拍にのったリズムの八木節様式と拍の無い自由なリズムの追分様式に分けられる。1と2，4は八木節様式である。

第 5 章

民族音楽

民族音楽

Point

多くの音楽教員は，日本伝統音楽とならんで民族音楽についてはあまり知識や演奏経験がなく，馴染みの薄いジャンルだろう。しかし，学習指導要領では必ず教えることが求められており，また民族音楽(ポピュラー音楽を含む)はほぼ全国で出題され，その量も増加しており，教員志望者は避けて通ることはできない。

問題の傾向として，それぞれの地域の音楽のジャンルや様式について問うもの，「体鳴楽器」「膜鳴楽器」「弦鳴楽器」「気鳴楽器」の４つの分類を示してそれぞれの楽器をマッチングさせるものが多い。とくに後者はヨーロッパの楽器分類とは異なる方法であり，これに慣れておく必要がある。

音楽のジャンルと様式

Check

教員採用試験における音楽のジャンルや様式については，アジア関連の問題が大部分を占めており，他の地域よりも詳細な知識が求められている。とくに，インドネシアの「ガムラン」や「ケチャ」は中学校の授業ではかならずといっていいほど取り上げられている。したがって，朝鮮(韓国)や中国の音楽と並んでおさえる必要があるだろう。また，ヨーロッパの民族音楽について使用されている楽器と，芸術音楽で用いられる楽器と比較するという観点からも重要であり，学習しておきたい。

ポピュラー音楽のスタイルはその多くはアメリカ大陸で19世紀末から20世紀にかけて生まれた。代表的なのがラグタイムやジャズ，そしてラテン音楽のボサノバやサンバなどである。これらについては使われる楽器，主たる速度や拍子などを覚える必要がある。

○　アジア

国名(地域)	ジャンル名	スタイル	特徴
朝鮮	ノンアク	祝祭音楽舞踊	農作行事関連で行われる，サムルノリはここから出てきた
	パンソリ	語り物音楽	「広大」(クワンデ)と太鼓の2人で演じる(曲：シムチョンガ)
	シナウィ	器楽合奏	民族楽器による即興演奏，巫女音楽
	サンジョー	器楽音楽	チャンゴの伴奏
中国	京劇 (ジンジュ)	舞踊歌劇	独特の発声とアクション 中国伝統楽器によるアンサンブル
インド	カタカリ	舞踊劇	「ヌリッタ」(純粋舞踊)と「アビナヤ」(メッセージ的舞踊)から構成，仮面のような化粧，打楽器のみの伴奏

国名(地域)	ジャンル名	スタイル	特徴
モンゴル	ホーミー	民族歌唱	1人で2声(地声と倍音) (曲：アルタイ賛歌)
	オルティンドー	民族歌唱	長いメリスマとこぶしの多用，3連の継続音，日本の馬子唄と類似(曲：この世の美しい太陽)
	ボグンドー	民族歌唱	短い節(曲：四季の草原)
タイ	コーン	仮面舞踏劇	「ラーマキエン」の物語のみ。タイ楽器総出演のオーケストラ伴奏
パキスタン	カッワーリー	歌と器楽伴奏によるイスラム教宗教音楽	輝かしい声(主唱と副唱のかけあい)とリズミカルな音楽，ハルモニウム(鍵盤アコーディオン)，タブラ(打楽器)の伴奏
インドネシア	ケチャ	集団歌唱	多人数で円状に座り，パート間の複雑なリズムによるアンサンブル
	ガムラン	歌，舞踊， 器楽合奏の総称	ジャワ，バリの2つが有名， それぞれスタイルが異なる
	ワヤン	ガムラン伴奏による影絵芝居	—
	クロンチョン	ポピュラー音楽	歌手，フルート，ヴァイオリン，チェロ，ギター，チャッ，チュッなどによる演奏。打楽器を使用せず，弦楽器のみでリズムを作る(曲：ブンガワンソロ)
トルコ	メヘテルハーネ	軍楽隊	ズルナ，打楽器，「トルコ行進曲」の原型 (曲：ジェッディン・デデン)
イラン	アーヴァーズ	伴奏付き独唱	自由リズムの即興演奏
ミャンマー	ボエ	歌曲	古典歌曲
ラオス	ラム・プータイ	語りうた	笙(ケーン)の伴奏

国名(地域)	ジャンル名	スタイル	特徴
ベトナム	ニャーニャック	宮廷音楽	ベトナムの雅楽
	カーチュー	伴奏つき独唱	ダン・ダイ，チョン・チャウ，ファックの楽器伴奏
太平洋諸島	ヒメネ	無伴奏宗教合唱	タヒチ(地声をベースとする)

○　ヨーロッパ，中南米

国名(地域)	ジャンル名	スタイル	特徴
アイルランド	シャンノース	ダンス	足のステップのみでリズムを刻む
イタリア	サルタレロ	舞踊，独唱と器楽アンサンブル	早い3拍子，ザンポーニャ，アコーデオン，タンボレロによる伴奏
スイス	ヨーデル	歌唱	裏声と表声の急速な往復
スペイン	ボレロ	舞曲	4分の3拍子，中庸の速度，カスタネット使用
ポルトガル	ファド	歌唱(独唱)	ポルトガルギターの伴奏が一般的
ポーランド	マズルカ	舞曲	4分の3拍子，1拍めに付点音符
東欧	ポルカ(チェコ)	舞曲	2拍子
	グスラール(コソボ)	伴奏付き独唱	グスラ(弦鳴楽器)の伴奏による語り

○　南北アメリカ

国名(地域)	音楽ジャンル(様式)	特徴
アメリカ	ラグタイム	裏拍を強くするピアノ，スコット・ジョプリン
	ブルース	黒人音楽，ブルース音階
	ジャズ	ディキシーランド，ビバップ，モダン，モーダルと常に変化している。
	カントリー／ブルーグラス	アメリカ西部，カウボーイを中心として流行，バンジョー・フィドルなどが器楽伴奏として加わる
ブラジル	ボサノバ	独特のリズムと歌唱，ギター，ドラムの伴奏
	サンバ	4分の2拍子のダンス，様々な打楽器，カーニバル
ドミニカ	メレンゲ	2ビートのダンス音楽，アコーディオン，タンボーラ，マリンブラ，ギロなどが伴奏する
アルゼンチン	タンゴ	4拍子の4拍目の裏にアクセント，男女が組んだ手を突き出す，バンドネオンの伴奏

民族楽器

Check

世界の音楽を考えるとき，その国(民族)独自の楽器を切り離すことは難しいであろう。楽器は「気鳴楽器」「弦鳴楽器」「体鳴楽器」「膜鳴楽器」に大別されるが，構造や奏法はさまざまであり，全てを網羅することは難しい。

教員採用試験では，アジア地域の楽器を取りあげる傾向が見受けられ，出題方法としては説明文や写真からその楽器を答えさせるもの，または楽器についての説明文を書かせるといった形式が多い。したがって，資料等で楽器そのものを確認すると同時に，どのような使われ方をするか等を学習するとよいだろう。

○ アジア

国名(地域)	気鳴楽器	弦鳴楽器	体鳴楽器	膜鳴楽器
朝鮮	タンソ	コムンゴ，ヘグム，カヤグム，アジェン	ケンガリ，チン	チャング，プク
中国	洞簫，スオナ	二胡，月琴，古筝，琵琶，揚琴，三弦	雲鑼	—
ベトナム	サオヴィ	ダン・バウ，ダン・ダイ	—	トクルン，ファック，チョン・チャウ
モンゴル	—	モリンホール，(馬頭琴)	—	—
タイ／マレーシア	クルイ，ピー	チャケ，サペ	コンウォン，チン，チャープ，ラナート	タポーン，クローンケーク

国名(地域)	気鳴楽器	弦鳴楽器	体鳴楽器	膜鳴楽器
ミャンマー(ビルマ)	パルウェイ	サウン・ガウ	—	—
インド(ネパール)	プーンギ，シャーナイ，バンスリ	エスラジ，サーランギ，サリンダ，ディルルバ，シタール，タンブーラ，サロッド，ビーナ，カマイチャ，ゴピチャント，コモク	ジャルタラング，ガタム，グングルー，モンディーラ	タブラ，バヤ，ムリダンガム，カンジーラ
パキスタン	—	トゥンビ	—	—
フィリピン	トガリ	オンナ(口琴)	クリビ，バリンビン，トガトン	—
中東／アラブ圏	ナイ，バラバーン(イラン)	ウード，ラバーブ，セタール(イラン)，タール(イラン)，カマンチェ(イラン)，カーヌーン，サントゥール	—	ダルブッカ，トンパク，ナッカーラ(イラン)，ハッシャービ(イラン)
トルコ	ズルナ，シャルマイ	サズ，ウード	—	ダルブッカ

国名(地域)	気鳴楽器	弦鳴楽器	体鳴楽器	膜鳴楽器
インドネシア	スリン	カチャピ，ササンド，チェレンプン	アンクルン，ガンバン，サロン，グンデル，クノン，クンプール，ゴングアグン	クンダン，サイン・ワイン
太平洋諸島	パンパイプ，ディジェリドゥ	ウクレレ	イプ，ウリウリ，スタンピングチューブ，スリットドラム	―

○　アフリカ

国名(地域)	気鳴楽器	弦鳴楽器	体鳴楽器	膜鳴楽器
西アフリカ	リランディ	インザド，コラ，ボロン，ンゴニ，アドゥング(ウガンダ)，ニャティティ(ケニア)，ムヴェット	アサラト(テレピ)，シェケレ，カヤンバ，トングドラム，スリットドラム，バラフォン，サンザ	ジャンベ，ドゥンドゥン，トーキングドラム，パンロゴ

国名(地域)	気鳴楽器	弦鳴楽器	体鳴楽器	膜鳴楽器
東アフリカ	—	クラール(エチオピア),ベゲナ(エチオピア),マセンクォ(エチオピア),イナンガ(東アフリカ),バリハ(マダガスカル),キサール	ツナーチル(エチオピア)	キヘンベ・ンゴマ,ケバロ(エチオピア),ネガリット(エチオピア)
南アフリカ	—	トロトロ	—	—

○　ヨーロッパ／ロシア

国名(地域)	気鳴楽器	弦鳴楽器	体鳴楽器	膜鳴楽器
アイルランド	ティンホイッスル,イリアンパイプス	アイリッシュハープ,アイリッシュブズーキ	—	ボーラン
イギリス	バグパイプ	—	—	—
フランス	ビニウ,ミュゼット	トロンバマリーナ,ヴィエル	—	—
ドイツ	—	ツイター,シャイトホルト,ハーディー・ガーディ	—	—
スイス	アルペンホルン	—	—	—
フィンランド	—	カンテレ	—	—
スウェーデン	—	ニッケルハルパ	—	—
ノルウェー	—	ランゲレイク	—	—

国名(地域)	気鳴楽器	弦鳴楽器	体鳴楽器	膜鳴楽器
ロシア	—	バラライカ，ドムラ，グスリ	—	—
ハンガリー	ターロガトー	ツィンバロン，ツィテラ	—	—
南欧	ザンポーニャ(イタリア)，ガイタ・ガレーガ(スペイン)	ブズーキ(ギリシャ)，キターラ(ポルトガル)，フラメンコギター(スペイン)，マンドリン(イタリア)	カスタネット(スペイン)	—
東欧	ティリンカ(ルーマニア)，ナイ(ルーマニア)，チンポイ(ルーマニア)，フヤラ(スロバキア)，ドゥデイ(チェコ)，カヴァル(ルーマニア)	コブザ，グスラ，ガドゥルカ(ブルガリア)	—	—

○　南北アメリカ，その他

国名(地域)	気鳴楽器	弦鳴楽器	体鳴楽器	膜鳴楽器
アメリカ	アパラチアンダルシマー	バンジョー	—	インディアンドラム
キューバ	—	—	キハーダ，カホン，マリンブラ	コンガ，ボンゴ，カーハ
アルゼンチン	バンドネオン	—	—	—
ブラジル	アピート	カバキーニョ，ビリンバウ	ガンザ，ヘコヘコ，カシシ	クイーカ，スルド，タンボリン，アタバキ，カイシャ，アゴゴ
その他中南米	ケーナ(ペルー)，サンポーニャ，エルケ，シーク	チャランゴ，ビリンバウ	スティールパン(トリニダードドバゴ)	—

Attention!

音楽のジャンルと様式

アジアにおける伝統芸能を名称だけでなく，使われる楽器や音楽の特徴とあわせて覚えておくとよい。

教員採用試験の頻出項目として，「パンソリ」，「カッワーリ」，「カタカリ」，「ノンアク」，「ガムラン」，「ケチャ」，「ワヤン」，「オルティンドー」，「サムルノリ」，「ホーミー」などがあげられる。あわせてこれらのジャンルで演じられる演目名または曲名も問われることが多いので，実際にこれらを聴いておく必要があるだろう。代表例として「アリラン」，「トラジ」(韓国)，「茉莉花」(中国)，「花祭り」(南アメリカ)などがある。

演習問題①

問題 1

次のア～オの各文は，世界各地の民族音楽について述べたものである。それぞれ何について説明したものか。正しい組合せを，①～⑤から1つ選べ。

ア　モンゴルの唱法の1つで，一人が同時に2種類の声を出して歌う。

イ　ブラジルのサンバにジャズの要素を取り入れた音楽で，1960年代に世界中に広まった。

ウ　インドネシアの器楽合奏。確定した音高をもつ金属性の打楽器と太鼓を用い，その編成は地域により異なる。

エ　スイスのアルプス地方やオーストリアのチロル地方で歌われる独特の民謡。地声と裏声を素早く交替させながら歌うのが特徴である。

オ　韓国の人々に愛好されている民俗芸能である。両面太鼓の伴奏で，一人の歌手が物語を劇的に歌う。

	ア	イ	ウ	エ	オ
①	アルフー	サルサ	ンゴマ	フォルクローレ	パンソリ
②	グリオ	ボサ・ノヴァ	ウード	ヨーデル	アリラン
③	ホーミー	ボサ・ノヴァ	ガムラン	ヨーデル	パンソリ
④	アルフー	ルンバ	ウード	ヨーデル	アリラン
⑤	ホーミー	ルンバ	ガムラン	フォルクローレ	パンソリ

解答　③

解説　民族音楽については，最低限，教科書で取り上げられている民族音楽や民族楽器を覚えておく必要があるだろう。

問題 2

次の(ア)～(オ)は，世界の民族音楽について説明したものである。名称として最も適当なものを，あとの①～⑧のうちからそれぞれ1つずつ選べ。

(ア)　オスマン帝国時代に生まれたトルコの軍楽隊。ズルナ(ダブルリードの管楽器)をはじめ，ラッパ類，太鼓類，金属の鳴り物などで編成される。大音量で演奏されるため，宮廷の儀式だけでなく，戦場で軍隊の士気を鼓舞したり，敵を威嚇したりする役目も担っていた。18世紀初頭にヨーロッパに広まり，トルコ行進曲など「トルコ風」の音楽を生み出すきっかけになった。

(イ) インドネシア，マレーシアにおける打楽器群を中心とした合奏音楽。地域等によって楽器の素材と編成は多彩であるが，一般的には，青銅，鉄，真鍮などを材料とする金属打楽器群を中心としており，これに，太鼓，木琴，笛，胡弓，歌などを加えた大規模なアンサンブルである。

(ウ) 南インドの代表的な古典舞踊のひとつ。もともと娯楽や舞台のための芸術ではなく，ヒンドゥー教の儀式舞踊であり，デーヴァダーシーと呼ばれる寺院付きの巫女たちによって神々に捧げられてきた。ターラム(小型シンバル)を打ちながら歌う歌手とムリダンガム(両面太鼓)の奏者に横笛などが加わり，ヒンドゥー教的色彩の濃い古典音楽の様式で演奏される。

(エ) 南アジア特有のイスラムの集団歌謡。唯一神アッラーや預言者ムハンマド，他の聖者たちの賛歌を，太鼓やハルモニウム(小型のリードオルガン)の伴奏にのせて歌う。聖者の命日祭に各地から集まる演奏家によって自発的に演奏されるばかりでなく，現代ではポピュラー音楽として人気を博している。

(オ) 朝鮮半島の民衆芸能。儒教的教訓性の強い物語を，プク(太鼓)一つを伴奏に一人で歌う。歌い手は扇子を手に持ち，太鼓のリズムパターンにのせて様々な仕草を加え，また，歌と台詞で登場人物を歌い分け，延々と語り演じる。

① カッワーリー	② ガムラン	③ ケチャ
④ バラタナーティアム	⑤ パンソリ	⑥ メヘテルハーネ
⑦ スレンドロ	⑧ グリオ	

解答 (ア) ⑥　(イ) ②　(ウ) ④　(エ) ①　(オ) ⑤

解説 民族音楽の問題に対応するためには，それぞれの音楽や楽器の特徴に関するキーワードを把握しておくことが重要である。例えば，(ア)はメヘテルハーネであるが，ここでのキーワードは「トルコの軍楽隊」である。この様に考えると，(イ)は「インドネシア・金属打楽器群(ガムラン)」，(ウ)は「南インドの古典舞踊・ヒンドゥー教の儀式舞踊(バラタナーティアム)」，(エ)は「イスラムの集団歌謡・ハルモニウム(カッワーリー)」，(オ)は「朝鮮半島の民衆芸能・プクの伴奏・一人の歌手(パンソリ)」がそれぞれのキーワードになる。

問題 3

次の文の(　　)内にあてはまる言葉を選び，番号で答えよ。

ジャズの発祥地はアメリカの(　ア　)といわれている。奴隷解放後生まれた黒人のブラスバンドがジャズを生む母胎となり，ブルースや宗教音楽の要素も入り込む一方で，ヨーロッパ音楽に黒人のリズム感を付与した(　イ　)も流行した。こうした背景の下，19世紀から20世紀にかけてジャズが誕生し，1920年代に登場したトランペット奏者(　ウ　)の活躍がその発展に大きな影響を与えた。また，1930年代には，4ビートで揺れるようなリズム感をもつ(　エ　)が誕生した。

語群

1. サンフランシスコ
2. シカゴ
3. ニューヨーク
4. ニューオーリンズ
5. スウィング・ジャズ
6. クール・ジャズ
7. ハード・バップ
8. ラグタイム
9. ベニー・グッドマン
10. ルイ・アームストロング
11. チャーリー・パーカー
12. マイルス・デイヴィス

解答 ア 4　イ 8　ウ 10　エ 5

解説 ラグタイムとは，19世紀末から20世紀初頭にかけ，アメリカで流行した音楽のジャンルであり，19世紀，黒人ミュージシャンが黒人音楽(ブルース)を基本に独自の演奏法を編み出し，これが従来のクラシック音楽のリズムとは違う「遅い」リズムと思われたことから

「ragtime」と呼ばれるようになった。ルイ・アームストロング(1901〜71年)は，アフリカ系アメリカ人のジャズ・ミュージシャンである。サッチモという愛称でも知られ，20世紀を代表するジャズ・ミュージシャンの1人である。

問題 4

次の曲はミュージカルの中で歌われる楽曲である。ミュージカルのタイトルをカタカナで答えよ。

(1)「トウナイト」「マリア」

(2)「メモリー」「ジェリクルソング」

(3)「民衆の歌」「夢やぶれて」

(4)「サークルオブライフ」「早く王様になりたい」

解答 (1) ウエスト・サイド・ストーリー　(2) キャッツ　(3) レ・ミゼラブル　(4) ライオンキング

解説 ミュージカルの中の代表曲からそのタイトルを答える設問で，広範囲の音楽に興味をもっていないとすぐには正答できない。日頃からさまざまなジャンルに関心をもっていたい。

問題 5

リズム譜とそのリズムの舞曲名の組み合わせとして正しいものを，次のa〜eから1つ選べ。

〈リズム譜〉　〈舞曲名〉

a  ボレロ

b  ハバネラ

c  タンゴ

d  マズルカ

e  ポロネーズ

解答 b

解説 aはタンゴ，cはボレロ，dはポロネーズ，eはマズルカのリズムである。

問題 6

次の各問いに答えよ。

(1) 四線譜による記譜法の発明や階名の考案をした人物を答えよ。

(2) 16～17世紀に栄えたオスマン帝国の軍楽を答えよ。

(3) オンド・マルトノに類似しており，通常2本のアンテナが本体から伸び，発振器の周波数の変化により，スピーカーから音を出す電子楽器を答えよ。

(4) 日本や中国，スコットランド等に見られる五音音階を何というか，カタカナで答えよ。

(5) 主にタンゴに用いられる楽器で，アコーディオンに形が似ている楽器を答えよ。

(6) (5)の楽器奏者で，「アディオス・ノニーノ」(さよなら，父さん)を作曲した人物を答えよ。

(7) ギターなど，楽器の特性に応じた記譜法(奏法譜)を略さずに答えよ。

(8) スペインを起源とし，元来「孔雀」を意味する舞曲の名称を答えよ。

解答 (1) グイード・ダレッツォ　(2) メフテル　(3) テルミン　(4) ペンタトニック，ペンタトニックスケール　(5) バンドネオン　(6) ピアソラ　(7) タブラチュア(譜)　(8) パヴァーヌ

解説 (1) イタリアの音楽理論家。多声音楽に貢献し，平行オルガヌムから自由オルガヌムを発展させた。階名(ドレミファソラシ)の最初の考案者。 (2) メフテルを演奏する軍楽隊はメフテルハーネとよばれる。 (3) ロシアの物理学者レフ・テルミンによって1920年ごろ発明された世界初の電子楽器である。 (4) 西洋音楽などに幅広く

用いられるのは七音であるのに対して，日本の民謡や民族音楽に多く用いられるのは五音音階である。 (5) アコーディオンと異なり，ひざの上に置いて奏する。19世紀後半にアルゼンチンにもたらされ，タンゴの楽器として定着した。 (6) ピアソラはアルゼンチンの作曲家，バンドネオン奏者。「リベルタンゴ」「ブエノスアイレスの四季」などがよく知られる。 (7) ギター演奏において用いられることが多く，6本の線は上から1弦→6弦を，各線上の数字は押さえるフレットを表す。 (8) 16世紀後半から17世紀前半にかけてヨーロッパで流行した宮廷舞曲である。

Attention!

楽器分類（体鳴，気鳴，膜鳴，弦鳴）

楽器についても，アジアのみならず世界の楽器について覚えておくこと。特に，同じ種類の楽器が国や地域によってどのように名称が異なるかをよく比較しておくとよい(例：リュート，ウード，琵琶)。楽器名，発音原理と分類名，音色，国，地域，演奏法についてセットで覚えることが重要である。

演習問題②

問題 1

次のA～Eの文は世界の民族音楽及び民族楽器に関する説明文である。文中の(　ア　)～(　コ　)にあてはまる語句や数字を書け。

A　日本の箏に似た朝鮮半島の楽器で，棒や弓で弦をこすって音を出すものを(　ア　)，胴の片方を膝に乗せて右手の指で弾く楽器を(　イ　)という。

B　日本の雅楽の楽器である篳篥に形や発音方法がよく似ている朝鮮半島の楽器を(　ウ　)，また笙に形や発音方法が似ているラオスの楽器を(　エ　)という。

C　トルコの民族楽器で，多くは表に7つ，裏に1つの指穴があり，(　オ　)枚のリードを持つ管楽器を(　カ　)という。

D　西アフリカの音楽家の中には，(　キ　)やジャリと呼ばれるいわゆる吟遊詩人がいる。彼らは部族や王の歴史や教訓を歌い，弾き語りの唄の伴奏には，(　ク　)という弦楽器がよく用いられる。これは，ひょうたんの殻を胴体にして革を張ったもので，弦はギターなどのように胴体に平行ではなく，ハープのように垂直になっている。

E　古代以来のペルシャ文化を誇るイランにおいて，古典的な音楽の中では声楽の重要性が高い。一般に楽曲はいくつかの部分をつないで演奏されるが，自由リズムで即興的に歌われる(　ケ　)と拍節的な拍子のタスニーフを主要な部分としており，特に前者では声の技法が極度に発展している。中でも(　コ　)という技法は，高い声と低い声を急速に反復する技術的に高度なものである。

解答　ア　牙箏(アジェン)　　イ　伽倻琴(カヤグム)　　ウ　ピリ
エ　ケーン　　オ　2　　カ　ズルナ　　キ　グリオ(グリオット)
ク　コラ　　ケ　アーヴァーズ　　コ　タハリール

解説　民族音楽に対する知識を必要とする設問である。最低でも，教科書で取り上げられている民族音楽や民族楽器をしっかり覚えておく必要があるだろう。アのアジェン(牙箏)は7弦，伽倻琴は12弦である。カのズルナは，ダウルという太鼓と対になって演奏されることが多い。コのタハリールは「鶯の声」とも訳される唱法である。

問題 2

次の世界各地の民族音楽で用いられる楽器の分類ア～エと楽器名A～Jの組合せとして適切なものは，下の1～4のうちのどれか。

ア　体鳴楽器　　イ　弦鳴楽器　　ウ　膜鳴楽器　　エ　気鳴楽器

A　ケーナ　　B　ズルナ　　C　カヤグム

D　ダルシマー　　E　タブラー　　F　マリンバ

G　ハーディー・ガーディー　　H　ゴング

I　トーキングドラム　　J　オカリナ

1	ア－C・E・I	イ－B・D・F	ウ－G・H	エ－A・J
2	ア－C・G	イ－D・E	ウ－F・H・I	エ－A・B・J
3	ア－D・H・J	イ－E・G	ウ－A・C	エ－B・F・I
4	ア－F・H	イ－C・D・G	ウ－E・I	エ－A・B・J

解答　4

解説　ア～エは発音原理に着目した楽器分類，A～Jの民族楽器と組み合わせて説明する。

ア　体鳴楽器…楽器自体の振動により音を発するもの。ほとんどが打楽器でF(マリンバ)，H(ゴング)のほかカスタネット，ささらなど。

イ　弦鳴楽器…弦を振動源とする楽器。C(カヤグム：朝鮮半島の12弦の箏)，D(ダルシマー：ハンガリーの打弦楽器でツィンバロンとも呼ばれる)，G(ハーディー・ガーディー：ヨーロッパのハンドルで円盤を回し，弦を摩擦して音を出す楽器)のほかギター，ハープ，ピアノなど。

ウ　膜鳴楽器…張られた膜を振動源とするもの。ドラム類。E(タブラー：インドの片面太鼓で右手で打ち，左手ではバーヤを打つ)，I(トーキングドラム：アフリカ・ガーナの言葉を模倣する太鼓)，ティンパニーなど。

エ　気鳴楽器…空気を発音体とするもの。A(ケーナ：南米アンデス地方の縦笛)，B(ズルナ：トルコなどのオーボエの仲間)，J(オカリナ：粘土や陶器製の8～10孔の笛)，フルートやクラリネットなど管楽器やリード・オルガン，笙など。

問題 3

次の民族楽器の説明文(1)～(10)にあてはまる楽器をあとの語群(ア)～(ナ)及び，写真(A)～(J)より選び，それぞれ記号で答えよ。

(1)　日本の箏とほぼ同じ形であるがやや小型で12弦の楽器である。箏は「爪」をはめて演奏するのに対し，この楽器は指先で演奏する。楽器の片側をひざの上に乗せて演奏するのが特徴である。

(2)　14世紀頃インド北部で生まれた楽器である。乾燥させた夕顔の実を切り取って共鳴板を取り付けた胴をもち，ネックは可動式の金属フレットをひもで固定してある。7本の演奏弦，11～13本の共鳴弦が張られている。弦を針金状のピックではじいて演奏する。

(3)　空気袋に指孔付きの旋律管1～2本と指孔無しの持続低音用のドローン管数本を差し込み，管の根元にリードを取り付けた気鳴楽器。原理はパイプオルガンと同じで，送風には口吹き式とふいご式の2種がある。同属の楽器はヨーロッパから地中海沿岸，バルカン半島を経てインドにまで広く分布している。

(4)　日本のアイヌ民族の楽器で，竹片(木や金属の場合もある)の中央に切り込みを入れて細長い舌を作り，舌に取り付けられた紐を引っ張りつつ，口や唇の形などを調節して音色を変化させながら演奏する。

(5)　長さの異なる多数の管からなる笛を，上端をそろえ筏状に並べたものや，丸く束ねたものの総称。指孔はないことが多く，管の底は閉管が一般的である。主に中央ヨーロッパと太平洋沿岸の多くの地域にみられ，代表的なものにナイ(ルーマニア)，シーク(アンデス地方)などがある。ギリシャ神話にも登場し「シュリンクス」と呼ばれている。

(6)　中国から琉球に持ち込まれたサンシエンをルーツとした楽器である。棹は，黒檀などの硬い木でできており，漆が塗ってある。胴にはニシキヘビの皮が張ってある。爪(バチ)は水牛の角などでできており，絃をはじいて鳴らす。

(7)　雅楽の三管のひとつで和音を奏する楽器である。

(8)　朝鮮半島の民間芸能であるノンアク(農楽)がもとになった新しいスタイルの音楽サムルノリの中で使われる四種の打楽器のひとつである。

(9)　2枚のリードをもつトルコの管楽器。多くは表に7つ，裏に1つの指穴がある。

(10)　祭囃子や神楽，あるいは歌舞伎の長唄囃子などで用いられる7つ(または6つ)の指孔(指穴)をもつ竹製の横笛である。また，人の声の高さに合わせるために，ヘ音を基準に半音きざみで最も低いものから順に「1本(または一本調子)」,「2本」…と呼ぶ。普通は「5本」から「8本」の笛を用いることが多い。

語群

(ア)　三味線	(イ)　タブラー	(ウ)　篠笛
(エ)　竜笛	(オ)　笙	(カ)　能管
(キ)　チャンゴ	(ク)　モリンホール	(ケ)　三線
(コ)　シタール	(サ)　サントゥール	(シ)　パンパイプ
(ス)　バグパイプ	(セ)　ウード	(ソ)　ズルナ
(タ)　トンガリ	(チ)　アルフー	(ツ)　箏
(テ)　ムックリ	(ト)　カヤグム	(ナ)　ヴァリハ

(A)

(B)

(C)

(D)

(E)

(F)

(G)
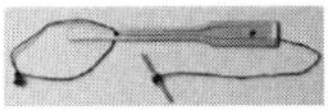
(H)

(I)

(J) 

解答 (楽器，写真の順) (1) (ト)，(J)　(2) (コ)，(D)　(3) (ス)，(A)
(4) (テ)，(G)　(5) (シ)，(I)　(6) (ケ)，(E)　(7) (オ)，(F)
(8) (キ)，(C)　(9) (ソ)，(H)　(10) (ウ)，(B)

解説 (1) カヤグムは韓国(朝鮮半島)の伝統楽器で，日本の箏と同じ形であるが，奏法や演奏時の姿勢が異なる。 (2) シタールは，ペルシアのセタールから変化したといわれるインドの楽器。 (3) バグパイプはヨーロッパからインドまで広く分布しているが，特にスコットランドの民族楽器として知られている。 (4) アイヌの口琴のことをムックリという。口琴はアジア・太平洋・欧米などに分布している。(5) パンパイプの「パン」はギリシャ神話に出てくる牧神のこと。パンフルートとも呼ばれる。 (6) 三線は沖縄・奄美の弦楽器。現在は日本全国に広がっている。三味線とほぼ同じ形だがやや小さい。(7) 笙は奈良時代に中国から伝来した。三管とは笙，篳篥，龍笛のことをいう。 (8) チャンゴはもともと中国の楽器で，朝鮮の民謡・劇楽の伴奏に用いられた。右手に持った細いばちで右の革面を打ち，左手のひらで(野外では左手もばちで)左革面を打ち鳴らす。サムルノリで使われる4種の打楽器はチャンゴの他にケンガリ，チン，プクである。 (9) ズルナはオーボエ系(ダブルリード)の管楽器である。末端が朝顔状に広がっているのが特徴。非常に大きな音が出るため主に野外で演奏される。 (10) 篠笛は細い篠竹で作られ，簡素な構造をもつ横笛である。

問題 4

次の文の説明文に該当する民族楽器を答えよ。(解答は選択肢より1つ選び，番号で答えよ。選択肢は中学校，高等学校の教科書などに記載されている一般的な名称を採用している。)

(1) 自然倍音を利用して音の高さを変える管楽器で，指孔はない。

(2) 打楽器で，木製の音板の下に共鳴用の瓢(ひょうたん)が付けられている。

(3) インド独自の弦楽器で，右手につけた金属の爪で弦をはじいて演奏する。

(4) 葦製の縦笛で，アラブ音楽に使われる。

(5) 石油缶を加工して作られた音程がある打楽器で，トリニダード・トバゴで発明された。

(6) 大きいもので長さ3m，直径20cmの巨大な竹を木琴のように順番に並べて，短いマレットで打つ。

(7) 2本の弦を弓で擦って演奏し，棹の先端が馬の頭の装飾になっている。

(8) ピアノのように，台に並べて張られた弦を2本のバチで打って演奏する。

1 アルプホルン　2 ジェゴグ　3 シタール
4 スティールパン　5 チャランゴ　6 チーワイン
7 ツィンバロム　8 ネイ(ナーイ)　9 バラフォン
0 モリンホール

解答 (1) 1　(2) 9　(3) 3　(4) 8　(5) 4　(6) 2
(7) 0　(8) 7

解説 (1) 木製の円錐管のリップ・リード楽器。ベル部分のみが上向きとなっている形が主で，アルプスのものが特に有名。　(2) アフリカの楽器で，木琴の一種。　(3) 北インドの撥弦楽器。現在は様々なジャンルの音楽で利用されている。　(4) ノンリードの縦笛。
(5) ハンマーを使って缶をへこませることで音階を形成している。
(6) 大きな竹でつくられた楽器を十数名で演奏する。ガムランの一種である。　(7) 日本では馬頭琴と呼ばれる。　(8) ピアノやクラヴィコードのもととなったツィター型の打弦楽器。同類の楽器は世界に様々あり，ツィンバロムはハンガリーで用いられている。

問題 5

次の音楽や楽器と関係の深い国の国名を答えよ。

① ケチャ ② ホーミー ③ シャンソン
④ カンツォーネ ⑤ タンゴ ⑥ フラメンコ
⑦ シタール ⑧ 胡弓 ⑨ ツィンバロム
⑩ バラライカ

解答 ① インドネシア ② モンゴル ③ フランス ④ イタリア ⑤ アルゼンチン ⑥ スペイン ⑦ インド ⑧ 中国 ⑨ ハンガリー ⑩ ロシア

解説 ①のケチャはインドネシアのバリ島の男声合唱。②のホーミーはモンゴル民謡の特殊な発声(1人で2種類の声を同時に出す)法。⑦のシタールは北インドの撥弦楽器で古典音楽の独奏に用いられる。⑧の胡弓は日本の擦弦楽器であるが，明治以降は使用されることが少ないこともあり，解答では中国としている。中国では胡琴(フーチン)という胡弓に似たものがあり，その種類が多く，二胡(アルフー)もその1つであるため混同されている。⑨のツィンバロムはダルシマーとも呼ばれ，ハンガリーのジプシー音楽で多く用いられる。

問題 6

次の(1)～(5)の文章が説明しているものをそれぞれア～オから1つずつ選び，記号で答えよ。

(1) 日本の追分節を思わせるようなゆったりした曲調で，音域が広く，歌い手に高い技術が要求される，「長い歌」を意味するモンゴルの民謡の様式。

ア シャングー イ オルティンドー ウ パンソリ
エ カッワーリー オ パスタ

(2) 中国に伝播してヤンチン(揚琴)となり，ヨーロッパではツィンバロムやダルシマーとなった，イランの代表的な弦鳴楽器。

ア サントゥール イ タブラー ウ アルフー
エ コラ オ ジューズハープ

(3) 吹き口から息を送り込んで袋に溜め，その空気圧によって，袋に差し込まれた管の先端のリードを鳴らし続けることで音を出す管楽器。

ア　トンガリ　　イ　ネイ　　ウ　ディーズ

エ　モリンホール　　オ　バグパイプ

(4) 木製の台形の箱に金属弦が5～9本張られた弦楽器で，膝の上や卓上に置いて，指または木製や金属製の細い棒で弾いて演奏する，フィンランドの民族楽器。

ア　ヤンチン　　イ　チャランゴ　　ウ　ウード　　エ　カンテレ

オ　ツィター

(5) リード楽器のズルナ，ラッパ類，太鼓類，金属の鳴り物などで編成され，18世紀初頭にヨーロッパで広く知られた，オスマン帝国時代に生まれたトルコの軍楽隊。

ア　メヘテルハーネ　　イ　クリンタン　　ウ　サズセマイ

エ　マホーリー　　オ　クルーアンサーイ

解答 (1) イ　(2) ア　(3) オ　(4) エ　(5) ア

解説 (1) アは中国の民謡，ウは朝鮮の伝統音楽，エはインド・パキスタン・バングラデシュのイスラム教徒の宗教賛歌，オはイラクの伝統民謡。 (2) イは北インドの太鼓の一種，ウは中国の二胡，エは西アフリカのリュート型撥弦楽器，オはアジアやヨーロッパに分布する口琴。 (3) アは竹を素材にした笛，イは葦を素材にした笛，ウは竹製の横笛，エはモンゴルの弦楽器。 (4) アは中国の打弦楽器，イは南米アンデス地方周辺の弦楽器，ウはアラブ圏の撥弦楽器，オはドイツ・オーストリア・スイスの弦楽器。 (5) イはフィリピンの旋律打楽器，ウは西アジアの木管楽器，エ・オはタイの合奏形態。

第６章

学習指導要領

学習指導要領

Point

学習指導要領に関する問題はどの自治体も出題しており，採用試験に占める配点のウエイトは大きい。学習指導要領は中学校においては，1. 目標，2. 各学年の目標及び内容，3. 指導計画と内容の取扱い，高等学校においては，1. 目標，2. 各科目（1. 目標，2. 内容，3. 内容の取扱い），3. 各科目にわたる指導計画の作成と内容の取扱い，という構成になっている。受験する校種，自治体の試験形態にあわせて読むべき学習指導要領，同解説を選択し，学習してほしい。

平成29年3月に告示された中学校学習指導要領は令和3年4月より，平成30年3月に告示された高等学校学習指導要領は令和4年度より年次進行で，それぞれ実施された。各学校種の学習指導要領解説に記載されている改訂の要点は必ず理解しておくこと。

※学習指導要領及び学習指導要領解説は，文部科学省のホームページから閲覧できます。

- 中学校学習指導要領(平成29年告示)
- 中学校学習指導要領(平成29年告示)解説「音楽編」(平成29年7月)
- 高等学校学習指導要領(平成30年告示)
- 高等学校学習指導要領(平成30年告示)解説「芸術(音楽　美術　工芸　書道)編」「音楽編　美術編」

学習指導要領改訂の基本方針

Check

学習指導要領の問題において，改訂箇所は特に出題される可能性が高い。そのため，中央教育審議会答申(中教審答申)「幼稚園，小学校，中学校，高等学校及び特別支援学校の学習指導要領等の改善及び必要な方策等について」(平成28年12月)による改訂の具体的な方向性などには注意すべきである。これは学習指導要領解説などにも掲載されているため，学習指導要領を学習する際は，まずはじめに目を通しておきたい。

1. 改訂の具体的な方向性

改訂の具体的な方向性は学習指導要領を理解する上で基になる文章であるため，キーワード等に注意しながら読むこと。

【参考】改訂の具体的な方向性概要

○　目標の在り方

・現行学習指導要領の成果

① 音楽のよさや楽しさを感じるとともに，思いや意図を持って表現したり味わって聴いたりする力を育成してきた。

② 音楽と生活との関わりに関心を持って，生涯にわたり音楽文化に親しむ態度を育むこと等を重視してきた。

・現行学習指導要領の課題

以下の①～③の更なる充実が求められる。

① 感性を働かせ，他者と協働しながら音楽表現を生み出したり，音楽を聴いてそのよさや価値等を考えたりしていくこと

② 我が国や郷土の伝統音楽に親しみ，よさを一層味わえるようにしていくこと

③ 生活や社会における音や音楽の働き，音楽文化についての関心や理解を深めていくこと

① 「知識及び技能」,「思考力・判断力・表現力等」,「学びに向かう力・人間性等」の三つの柱は相互に関連し合い，一体となって働くよう目標の示し方を改める。

② 上記の「知識及び技能」の「知識」については，

・〔共通事項〕との関連を図り，音楽を形づくっている要素などの働きについて実感を伴いながら理解し，表現や鑑賞などに生かすことができるようにすること

・芸術に関する歴史や文化的意義を，表現や鑑賞の活動を通して，自己との関わりの中で理解すること

を重視する。

③ 上記の「知識及び技能」の「技能」については，

・一定の手順や段階を追って身に付く個別の技能のみならず，変化する状況や課題に応じて主体的に活用できる技能として習熟・熟達していくということを重視する。

④ 「知識及び技能」,「思考力・判断力・表現力等」,「学びに向かう力・人間性等」の三つの柱に支えられた資質・能力は，以下の音楽的な見方・考え方を働かせながら養う。

【中学校音楽科】

音楽に対する感性を働かせ，音や音楽を，音楽を形づくっている要素とその働きの視点で捉え，自己のイメージや感情，生活や社会，伝統や文化などと関連付けること。

【高等学校芸術科（音楽）】

感性を働かせ，音や音楽を，音楽を形づくっている要素とその働きの視点で捉え，自己のイメージや感情，芸術としての音楽の文化的・歴史的背景などと関連付けること。

○　具体的な改善事項

①教育課程の示し方の改善

i) 資質・能力を育成する学びの過程についての考え方

・表現及び鑑賞に共通する学習過程を，次のように示した。

　音や音楽との出合いを大切にし，音楽活動を通して，音楽を形づくっている要素を聴き取り／知覚し，感じ取って／感受して，音楽的な特徴と，音楽によって喚起される自己のイメージや感情，音楽の背景などと関連付ける。

・上記のような学習過程を通して，生活や社会の中の音や音楽の働きの視点から学んでいること，学んだことの意味や価値を自覚できるようにし，このことによって，音楽文化についての理解を一層深めることにつなげられるようにする。

ii) 指導内容の示し方の改善

・「A 表現」「B 鑑賞」〔共通事項〕を「知識及び技能」「思考力・判断力・表現力」に沿って整理する。

・〔共通事項〕は「音楽的な見方・考え方」との関連を考慮して設定する。

②教育内容の改善・充実

・音楽に関する伝統や文化を尊重し，実感的な理解を深めていくことを重視する。

・授業で学習したことが，これからの自分たちの生活の中で生きてくるという実感を持てるよう，指導の改善・充実を図る。

・思考力・判断力・表現力等を高めるため，言語を用いた言語活動を行うほか，言語以外の方法（音や形，色など）を用いた言語活動や，音や形，色などにより表現されたことを捉えて言語化する言語活動を特質に応じて一層充実させる。

・小学校において求められるプログラミング体験教育について，小学校音楽科では，音楽づくりの学習の中で，プログラミングを体験することなどが例示されている。

③学習・指導の改善充実や教育環境の充実等

i)「主体的・対話的で深い学び」の実現

・全科目において，主体的・対話的で深い学びの視点に経った学習・指導の改善・充実が求められている。

・音楽科については，高等学校芸術科（音楽Ⅰ）を例にそれぞれの学びを実現する視点を以下の様に示している。

「主体的な学び」の視点

「主体的な学び」の実現のためには，音楽によって喚起されるイメージや感情を自覚させることが重要である。このことが，イメージや感情を喚起させる要因となった音楽的な特徴を探ったり，芸術としての音楽の文化的・歴史的背景との関わりを考えたりすることの原動力となり，表したい音楽表現や音楽のよさや美しさなどを見いだすことに関する見通しを持つことにつながる。また，音楽表現を創意工夫して音楽で表現したり音楽のよさや美しさを味わって聴いたりする過程で持ったイメージや感情の動きを振り返り，音や音楽が自分の感情及び人間の感情にどのような影響を及ぼしたのかを考えることが，学んでいること，学んだことの意味や価値を自覚するとともに，音や音楽を生活や社会に生かそうとする態度を育成することとなる。このことが次の学びにつながっていく。

「対話的な学び」の視点

「対話的な学び」の実現のためには，一人一人が「音楽的な見方・考え方」を働かせて，音楽表現をしたり音楽を聴いたりする過程において，互いに気付いたことや感じたことなどについて言葉や音楽で伝え合い，音楽的な特徴について共有したり，感じ取ったことに共感したりする活動が重要である。客観的な根拠を基に他者と交流し，自分なりの考えを持ったり音楽に対する価値意識を更新したり広げたりしていく過程に学習としての意味がある。

「深い学び」の視点

「深い学び」の実現のためには，中学校音楽科における学習を基礎として，生徒が音や音楽と出合う場面を大切にし，一人一人が「音楽的な見方・考え方」を働かせて，音楽と主体的に関わることができるようにすることが重要である。その際，知覚・感受したことを言葉や体の動きなどで表したり比較したり関連付けたりしながら，要素の働きや音楽の特徴について他者と共有・共感したりする活動を適切に位置付ける。このことが，曲想と音楽の構造や文化的・歴史的背景との関わり及び表現方法，音楽様式，伝承方法の多様性などの音楽文化について理解することや，どのように音楽で表すかについて表現意図を持つこと，また楽曲の特徴や演奏のよさや美しさ，自分や社会にとっての音楽の意味や価値は何かなどの価値判断をすることに関する思考・判断を促し，深めることにつながる。

ii)教材や教育環境の充実

・主たる教材などについては，一人一人が「音楽的な見方・考え方」を働かせて，「主体的な学び」，「対話的な学び」，「深い学び」の視点からの学習過程の質的改善につながるような示し方の工夫などが求められる。

・引き続き，教員養成や教員研修による教員の資質・能力の向上，教材や材料，用具，環境等の整備を図ることが求められる。

中学校

1. 学習指導要領改訂のポイント

(1)　目標の改善

①　教科の目標の改善

音楽科で育成を目指す資質・能力を「生活や社会の中の音や音楽，音楽文化と豊かに関わる資質・能力」と規定し，「(1)知識及び技能」，「(2)思考力，判断力，表現力等」，「(3)学びに向かう力，人間性等」について示した。また，資質・能力の育成に当たっては，生徒が「音楽的な見方・考え方」を働かせて学習活動に取り組めるようにする必要があることを示した。このことによって，生徒が教科としての音楽を学ぶ意味を一層明確にした。

② 学年の目標の改善

従前，「(1)情意面や態度形成などに関する目標」，「(2)表現に関する目標」，「(3)鑑賞に関する目標」の三つで示していた学年の目標を，教科の目標の構造と合わせ，「(1)知識及び技能」，「(2)思考力，判断力，表現力等」，「(3)学びに向かう力，人間性等」の三つの柱で整理した。

(2) 内容構成の改善

「A表現」，「B鑑賞」の二つの領域及び〔共通事項〕で構成し，従前，「A表現」（「歌唱」，「器楽」，「創作」の三分野），「B鑑賞」において，「知識及び技能」，「思考力，判断力，表現力等」に係る内容を一体的に示していた各事項を，「A表現」では「知識」，「技能」，「思考力，判断力，表現力等」に，「B鑑賞」では「知識」，「思考力，判断力，表現力等」に分けて示した。これによって，指導すべき内容が一層明確になるようにした。

(3) 学習内容の改善・充実

① 「知識」及び「技能」に関する指導内容の明確化

② 鑑賞の指導内容の充実

③ 〔共通事項〕の指導内容の改善

④ 言語活動の充実

⑤ 歌唱教材及び器楽教材の選択の観点の改善

⑥ 我が国や郷土の伝統音楽に関わる指導の充実

2. 目標

(1)教科の目標

表現及び鑑賞の幅広い活動を通して，音楽的な見方・考え方を働かせ，生活や社会の中の音や音楽，音楽文化と豊かに関わる資質・能力を次のとおり育成することを目指す。

(1) 曲想と音楽の構造や背景などとの関わり及び音楽の多様性について理解するとともに，創意工夫を生かした音楽表現をするために必要な

技能を身に付けるようにする。 (2) 音楽表現を創意工夫することや，音楽のよさや美しさを味わって聴くことができるようにする。 (3) 音楽活動の楽しさを体験することを通して，音楽を愛好する心情を育むとともに，音楽に対する感性を豊かにし，音楽に親しんでいく態度を養い，豊かな情操を培う。

・構成

(1)は中学校学習指導要領　第1章　総則　第1の3に示される「(1)知識及び技能」，同じく(2)は「(2)思考力・判断力・表現力等」，(3)は「(3)学びに向かう力・人間性等」の内容を反映させている。

・音楽的な見方・考え方

中央教育審議会答申(平成28年12月21日)より，音楽に対する感性を働かせ，音や音楽を，音楽を形づくっている要素とその働きの視点で捉え，自己のイメージや感情，生活や社会，伝統や文化などと関連付けることを指す。

(2) 各学年の目標・内容

学年の目標，および内容に関しては，その違いを認識しながら覚えるとよい。なお，それぞれの学年で異なる箇所には下線を付している。

①　目標

第1学年	第2学年及び第3学年
(1) 曲想と音楽の構造などとの関わり及び音楽の多様性について理解するとともに，創意工夫を生かした音楽表現をするために必要な歌唱，器楽，創作の技能を身に付けるようにする。	(1) 曲想と音楽の構造<u>や背景</u>などとの関わり及び音楽の多様性について理解するとともに，創意工夫を生かした音楽表現をするために必要な歌唱，器楽，創作の技能を身に付けるようにする。

(2)　音楽表現を創意工夫することや，音楽を自分なりに評価しながらよさや美しさを味わって聴くことができるようにする。	(2)　曲にふさわしい音楽表現を創意工夫することや，音楽を評価しながらよさや美しさを味わって聴くことができるようにする。
(3)　主体的・協働的に表現及び鑑賞の学習に取り組み，音楽活動の楽しさを体験することを通して，音楽文化に親しむとともに，音楽によって生活を明るく豊かなものにしていく態度を養う。	(3)　主体的・協働的に表現及び鑑賞の学習に取り組み，音楽活動の楽しさを体験することを通して，音楽文化に親しむとともに，音楽によって生活を明るく豊かなものにし，音楽に親しんでいく態度を養う。

② 内容「A 表現」

多くの文言が第1学年と第2・3学年で共通している。第2・3学年で「曲にふさわしい」という表現が用いられる傾向は従前の学習指導要領と相違ない。以下に学年ごとの文言が異なる箇所をまとめた。

第1学年	第2学年及び第3学年
(1)ア　歌唱表現に関わる知識や技能を得たり生かしたりしながら，歌唱表現を創意工夫すること。	(1)ア　歌唱表現に関わる知識や技能を得たり生かしたりしながら，曲にふさわしい歌唱表現を創意工夫すること。
(1)イ(ア)　曲想と音楽の構造や歌詞の内容との関わり	(1)イ(ア)　曲想と音楽の構造や歌詞の内容及び曲の背景との関わり
(2)ア　器楽表現に関わる知識や技能を得たり生かしたりしながら，器楽表現を創意工夫すること。	(2)ア　器楽表現に関わる知識や技能を得たり生かしたりしながら，曲にふさわしい器楽表現を創意工夫すること。
(2)イ(ア)　曲想と音楽の構造との関わり	(2)イ(ア)　曲想と音楽の構造や曲の背景との関わり
(3)ア　創作表現に関わる知識や技能を得たり生かしたりしながら，創作表現を創意工夫すること。	(3)ア　創作表現に関わる知識や技能を得たり生かしたりしながら，まとまりのある創作表現を創意工夫すること。

第1学年	第2学年及び第3学年
(3)イ(ア)　音のつながり方の特徴	(3)イ(ア)　音階や言葉などの特徴及び音のつながり方の特徴

③　内容「B 鑑賞」

「A 表現」と同様，多くの文言が第1学年と第2・3学年で共通している。以下に学年ごとの文言が異なる箇所をまとめた。

第1学年	第2学年及び第3学年
(1)ア　鑑賞に関わる知識を得たり生かしたりしながら，次の(ア)から(ウ)までについて自分なりに考え，音楽のよさや美しさを味わって聴くこと。	(1)ア　鑑賞に関わる知識を得たり生かしたりしながら，次の(ア)から(ウ)までについて考え，音楽のよさや美しさを味わって聴くこと。
(1)イ(ウ)　我が国や郷土の伝統音楽及びアジア地域の諸民族の音楽の特徴と，その特徴から生まれる音楽の多様性	(1)イ(ウ)　我が国や郷土の伝統音楽及び諸外国の様々な音楽の特徴と，その特徴から生まれる音楽の多様性

④　共通事項

共通事項では学年における文言の差異はなく，その学年にあった授業内容が求められている。従前の学習指導要領からの変更としては，「音楽を形づくっている要素」の8項目が「2内容」から「3指導計画の作成と内容の取扱い」に移動されていることなどが挙げられる。8項目の内容は，従前と同様「音色，リズム，速度，旋律，テクスチュア，強弱，形式，構成」である。

〔共通事項〕

(1)「A 表現」及び「B 鑑賞」の指導を通して，次の事項を身に付けることができるよう指導する。

ア　音楽を形づくっている要素や要素同士の関連を知覚し，それらの働きが生み出す特質や雰囲気を感受しながら，知覚したことと感受したこととの関わりについて考えること。

イ　音楽を形づくっている要素及びそれらに関わる用語や記号などについて，音楽における働きと関わらせて理解すること。

3. 指導計画の作成と内容の取扱いにおける注意点

指導計画には3学年間を見通した指導計画，年間指導計画，各題材の指導計画，各授業の指導計画などが考えられる。最近の傾向として，教員採用試験で各題材，または各授業の指導計画作成に関する出題が増加している。このことから，指導計画，および内容の取扱いと指導上の配慮事項は前提知識としておさえておくべきことだろう。

①　指導計画の作成において配慮すべき6つのポイント

(※下線部は今回の改訂で新設された内容である。)

- <u>主体的・対話的で深い学びの実現を図ること</u>
- <u>「A 表現」「B 鑑賞」とも，各事項を適切に関連させて指導すること</u>
- 共通事項の十分な指導をする
- 「A 表現」「B 鑑賞」については，特定の音楽活動に偏らない
- <u>障害のある生徒などに配慮し指導を工夫すること</u>
- 特別の教科 道徳と関連づけながら適切に指導すること

②　各分野の指導において配慮すべき19のポイント

(※下線部は今回の改訂で新設された内容である。)

- 自然音や環境音などについても適宜取り扱い，生徒が音や音楽と生活や社会とのかかわりを実感できるような指導を工夫すること
- 生徒が音楽によって喚起された自己のイメージや音楽に対する評価を伝え合い共感するなど，コミュニケーションを図り，音楽科の特質に応じた言語活動を適切に位置付けること
- 知覚・感受したことを表したり他者と共有・共感したりする際に体を動かす活動を取り入れること
- コンピュータや教育機器を効果的に活用できること
- <u>生徒や学校，地域の実態に応じ，生活や社会の中の音や音楽，音楽文</u>

化と主体的に関わっていくことができること
- 著作物及び著作者の創造性を尊重する態度の形成を図ると共に，知的財産権について触れること
- 歌唱教材は指導のねらいに照らして適切であることや，我が国の伝統的な歌唱においては伝統的な声や歌い方の特徴を感じ取れることなどの観点からみて適切なものを取り扱うこと
- 共通教材を学年ごとに1曲以上含めること
- 変声期について配慮し，指導すること
- 移動ド唱法を適宜用いること
- 3学年を通じて1種類以上の和楽器を取り扱い，生徒が我が国や郷土の伝統音楽のよさを味わい，愛着を持つことができるよう工夫すること
- 表現の学習では他者と共に音楽表現をつくる過程を大切にし，担当する声部の役割と全体の響きについて考え工夫できるよう指導すること
- 読譜の指導に当たっては，3学年間を通じて1♯，1♭程度をもった調号の楽譜の視唱や視奏に慣れさせること
- 我が国の伝統的な歌唱や和楽器の指導に当たっては，言葉と音楽との関係，姿勢や体の使い方について配慮し，適宜，口唱歌を用いること
- 創作の指導に当たっては，即興的に音を出しながら音のつながり方を試すなど，音を音楽へと構成していく体験を重視すること
- 鑑賞教材は指導のねらいに照らして適切なものを取り扱うこと
- 鑑賞では，言葉で曲や演奏に対する評価や根拠を明らかにできること
- 音楽を形づくっている要素については，音色，リズム，速度，旋律，テクスチュア，強弱，形式，構成などから選択・関連づけ指導する。こと
- 共通事項にある用語や記号については，次に示すものを取り扱うこと

拍，拍子，間，序破急，フレーズ，音階，調，和音，動機，Andante，Moderato，Allegro，rit.，a tempo，accel.，legato，***pp***，***ff***，dim.，D.S.，D.S.，

③ 共通教材

共通教材は作詞，作曲者名，楽譜，歌詞など，最頻出問題の1つである。筆記試験はもちろん，実技試験でも課題として出されることが多い。

「赤とんぼ」	(作詞：三木露風　作曲：山田耕筰)
「荒城の月」	(作詞：土井晩翠　作曲：滝廉太郎)
「早春賦」	(作詞：吉丸一昌　作曲：中田　章)
「夏の思い出」	(作詞：江間章子　作曲：中田喜直)
「花」	(作詞：武島羽衣　作曲：滝廉太郎)
「花の街」	(作詞：江間章子　作曲：團伊玖磨)
「浜辺の歌」	(作詞：林　古溪　作曲：成田為三)

高等学校(芸術科)

Check

1. 芸術科(音楽)改訂の要点

平成28年12月の中央教育審議会答申(「幼稚園，小学校，中学校，高等学校及び特別支援学校の学習指導要領等の改善及び必要な方策等について」)では，教育課程の示し方の改善として，音楽科，芸術科(音楽)での資質・能力を育成する学習過程の在り方を以下のように説明している(第2部第2章7.(2))。

○音楽科，芸術科(音楽)においては，音や音楽との出合いを大切にし，音楽活動を通して，音楽を形づくっている要素を聴き取り／知覚し，感じ取って／感受して，音楽的な特徴と，音楽によって喚起される自己のイメージや感情，音楽の背景などと関連付けることを，表現及び鑑賞の学習において共通に位置付けた。

○このことを支えとして，表現領域の学習では，音楽表現について創意工夫し，音楽表現に対する思いや意図を持ち，音楽で表現できるようにする過程を示した。また，鑑賞領域の学習では，音楽のよさや美しさなどについて自分なりの考えを持ち，味わって聴くことができるようにする過程を示した。
○こうした学習過程を通して，生活や社会の中の音や音楽の働きの視点から学んでいること，学んだことの意味や価値を自覚できるようにし，このことによって，音楽文化についての理解を一層深めることにつなげられるようにすることが重要である。

これをまとめたのが下図である（同答申　別添資料8－3「音楽科，芸術科（音楽）における学習過程のイメージ」）。

音楽科、芸術科（音楽）における学習過程のイメージ

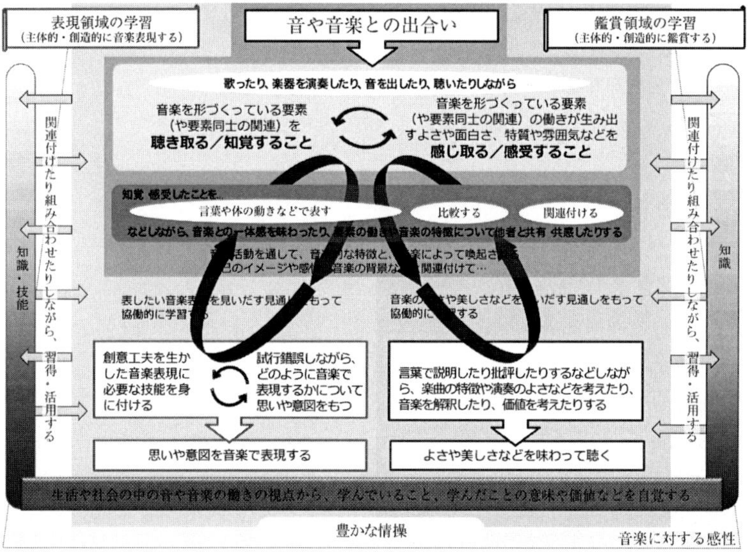

そして，高等学校学習指導要領解説芸術（音楽，美術，工芸，書道）編（平成30年7月）では，「目標の改善」について，以下のとおり説明されている（第1部第1章第2節3(1)ア）。

目標は，次のような視点を重視して改善を図る。
各科目で育成を目指す資質・能力を「音楽Ⅰ：生活や社会の中の音や音楽，音楽文化と幅広く関わる資質・能力」，「音楽Ⅱ：生活や社会の中の音や音楽，音楽文化と深く関わる資質・能力」，「音楽Ⅲ：生活や社会の中の多様な音や音楽，音楽文化と深く関わる資質・能力」と規定し，目標を(1)「知識及び技能」，(2)「思考力，判断力，表現力等」，(3)「学びに向かう力，人間性等」の三つの柱で整理して，これらが実現できるように示した。また，各科目の資質・能力の育成に当たっては，生徒が「音楽的な見方・考え方」を働かせて学習活動に取り組めるようにすることを示した。

また，内容の改善で重視された視点として以下の六つがあげられている。

(ｱ)　内容構成の改善

(ｲ)　「知識」及び「技能」に関する指導内容の明確化

(ｳ)　鑑賞の指導内容の充実

(ｴ)　〔共通事項〕の新設

(ｵ)　言語活動の充実

(ｶ)　「音楽Ⅲ」の内容の充実

2. 芸術科の目標

芸術科には，科目として「音楽」(Ⅰ～Ⅲ),「美術」(Ⅰ～Ⅲ),「工芸」(Ⅰ～Ⅲ),「書道」(Ⅰ～Ⅲ)があり，芸術科の目標に示された性格とねらいは，各科目の目標の基底となっている(高等学校学習指導要領解説芸術(音楽，美術，工芸，書道)編　第1部第1章第3節，平成30年7月，文部科学省)。

芸術科の目標

芸術の幅広い活動を通して，各科目における見方・考え方を働かせ，生活や社会の中の芸術や芸術文化と豊かに関わる資質・能力を次のとおり育成することを目指す。

(1)　芸術に関する各科目の特質について理解するとともに，意図に基づいて表現するための技能を身に付けるようにする。

(2)　創造的な表現を工夫したり，芸術のよさや美しさを深く味わったりすることができるようにする。

(3)　生涯にわたり芸術を愛好する心情を育むとともに，感性を高め，心豊かな生活や社会を創造していく態度を養い，豊かな情操を培う。

芸術科では，従前と変わらず，いずれの科目でも標準単位数2単位のⅠ～Ⅲで編成されている。Ⅱを付した科目はそれぞれに対応するⅠを付した科目を履修した後に，Ⅲを付した科目はそれぞれに対応するⅡを付した科目を履修した後に履修させることが原則となっている。

また，Ⅰを付した科目は，高等学校で芸術を履修する最初の段階の科目であり，中学校の学習を基礎にして，表現活動と鑑賞活動についての幅広い学習を通して，創造的な芸術に関する資質・能力を伸ばすことがねらいとされ，全ての生徒がこれらのうちから1科目を履修することとされている。

3.　芸術科(音楽)の目標

「音楽Ⅰ」「音楽Ⅱ」「音楽Ⅲ」それぞれの目標は下表のとおりである。いずれの科目でも，前掲の「目標の改善」で示された(1)「知識及び技能」，(2)「思考力，判断力，表現力等」，(3)「学びに向かう力，人間性等」の三つの柱で整理されている点が従前と異なる点である。

音楽Ⅰ	音楽Ⅱ	音楽Ⅲ
音楽の幅広い活動を通して，音楽的な見方・考え方を働かせ，生活や社会の中の音や音楽，音楽文化と幅広く関わる資質・能力を次のとおり育成することを目指す。 (1)　曲想と音楽の構造や文化的・歴史的背景などとの関わり及び音楽の多様性について理解するとともに，創意工夫を生かした音楽表現をするために必要な技能を身に付けるようにする。	音楽の諸活動を通して，音楽的な見方・考え方を働かせ，生活や社会の中の音や音楽，音楽文化と深く関わる資質・能力を次のとおり育成することを目指す。 (1)　曲想と音楽の構造や文化的・歴史的背景などとの関わり及び音楽の多様性について理解を深めるとともに，創意工夫を生かした音楽表現をするために必要な技能を身に付けるようにする。	音楽の諸活動を通して，音楽的な見方・考え方を働かせ，生活や社会の中の多様な音や音楽，音楽文化と深く関わる資質・能力を次のとおり育成することを目指す。 (1)　曲想と音楽の構造や文化的・歴史的背景などとの関わり及び音楽文化の多様性について理解するとともに，創意工夫や表現上の効果を生かした音楽表現をするために必要な技能を身に付けるようにする。

(2) 自己のイメージをもって音楽表現を創意工夫することや，音楽を評価しながらよさや美しさを自ら味わって聴くことができるようにする。	(2) 個性豊かに音楽表現を創意工夫することや，音楽を評価しながらよさや美しさを深く味わって聴くことができるようにする。	(2) 音楽に関する知識や技能を総合的に働かせながら，個性豊かに音楽表現を創意工夫したり音楽を評価しながらよさや美しさを深く味わって聴いたりすることができるようにする。
(3) 主体的・協働的に音楽の幅広い活動に取り組み，生涯にわたり音楽を愛好する心情を育むとともに，感性を高め，音楽文化に親しみ，音楽によって生活や社会を明るく豊かなものにしていく態度を養う。	(3) 主体的・協働的に音楽の諸活動に取り組み，生涯にわたり音楽を愛好する心情を育むとともに，感性を高め，音楽文化に親しみ，音楽によって生活や社会を明るく豊かなものにしていく態度を養う。	(3) 主体的・協働的に音楽の諸活動に取り組み，生涯にわたり音楽を愛好する心情を育むとともに，感性を磨き，音楽文化を尊重し，音楽によって生活や社会を明るく豊かなものにしていく態度を養う。

4. 各科目の内容と編成

各科目の内容は，いずれも，「A表現」として「(1)歌唱」「(2)器楽」「(3)創作」，「B鑑賞」として「(1)鑑賞」で構成され，さらに細分化されたそれぞれの項目で，ⅠからⅡ，Ⅲへと発展的な内容が示されている。

また今回の改訂では，すべての科目に共通する〔共通事項〕が新設され，そこではⅠからⅢの科目ともに同一の記述がされている。

〔共通事項〕表現及び鑑賞の学習において共通に必要となる資質・能力を次のとおり育成する。

(1)「A表現」及び「B鑑賞」の指導を通して，次の事項を身に付けることができるよう指導する。

ア　音楽を形づくっている要素や要素同士の関連を知覚し，それらの働きを感受しながら，知覚したことと感受したこととの関わりについて考えること。
イ　音楽を形づくっている要素及び音楽に関する用語や記号などについて，音楽における働きと関わらせて理解すること。

そして，各科目の目標と内容の関連は，以下のように説明されている。「音楽Ⅰ」は，高等学校において音楽を履修する生徒のために設けている最初の科目であり，中学校音楽科における学習を基礎にして，「音楽Ⅱ」，「音楽Ⅲ」での発展的な学習の基礎を養う科目という性格を持っている。そこでは，「A表現」の「(1)歌唱」，「(2)器楽」，「(3)創作」及び「B鑑賞」についての幅広い活動を展開し，音楽的な見方・考え方を働かせて，生活や社会の中の音や音楽，音楽文化と幅広く関わる資質・能力を育成することが目指されている。

そして「音楽Ⅱ」では，「音楽Ⅰ」の学習経験を基盤として，個性豊かに音楽表現したり音楽をより深く味わって聴いたりすることができるようにする。このため，「A表現」については，「(1)歌唱」，「(2)器楽」又は「(3)創作」のうち一つ以上を選択して扱うことができ，「B鑑賞」については，各事項で育成を目指す資質・能力の定着が図られるよう，適切かつ十分な授業時数を配当することとされている。

さらに「音楽Ⅲ」では，「音楽Ⅰ」及び「音楽Ⅱ」の学習経験を基盤として，生徒の資質・能力，適性，興味・関心等に応じた学習内容を設定し，一人一人の個別的な深化を図るとしている。

また，表現領域と鑑賞領域の学習は密接に関わっており，それぞれの領域で学習したことを生徒一人一人が関連付けていくことで，生活や社会の中の多様な音や音楽，音楽文化と深く関わる資質・能力が育成されるとの考えで，今回の改訂では，「知識及び技能」，「思考力，判断力，表現力等」，「学びに向かう力，人間性等」の三つの資質・能力をバランスよく育成する観点から，「音楽Ⅲ」でも「A表現」と「B鑑賞」の両領域を扱うこととされた。

5.　内容の取扱い

各科目の内容の取扱いは下記のとおりである。下線部は今回の改訂時に新設・追加・変更された箇所である。

音楽Ⅰ

(1) 内容の「A表現」及び「B鑑賞」の指導については，中学校音楽科との関連を十分に考慮し，それぞれ特定の活動のみに偏らないようにするとともに，必要に応じて，〔共通事項〕を要として各領域や分野の関連を図るものとする。

(2) 内容の「A表現」の(1)，(2)及び(3)の指導については，ア，イ及びウの各事項を，「B鑑賞」の(1)の指導については，ア及びイの各事項を適切に関連させて指導する。

(3) 生徒の特性等を考慮し，内容の「A表現」の(3)のウについては(ｱ)，(ｲ)又は(ｳ)のうち一つ以上を選択して扱うことができる。

(4) 内容の〔共通事項〕は，表現及び鑑賞の学習において共通に必要となる資質・能力であり，「A表現」及び「B鑑賞」の指導と併せて，十分な指導が行われるよう工夫する。

(5) 内容の「A表現」の指導に当たっては，生徒の特性等を考慮し，視唱と視奏及び読譜と記譜の指導を含めるものとする。

(6) 内容の「A表現」の指導に当たっては，我が国の伝統的な歌唱及び和楽器を含めて扱うようにする。その際，内容の「B鑑賞」の(1)のア及びイの(ｲ)又は(ｳ)との関連を図るよう配慮するものとする。

(7) 内容の「A表現」の(3)の指導に当たっては，即興的に音を出しながら音のつながり方を試すなど，音を音楽へと構成することを重視するとともに，作品を記録する方法を工夫させるものとする。

(8) 内容の「A表現」及び「B鑑賞」の指導に当たっては，思考力，判断力，表現力等の育成を図るため，音や音楽及び言葉によるコミュニケーションを図り，芸術科音楽の特質に応じた言語活動を適切に位置付けられるよう指導を工夫する。なお，内容の「B鑑賞」の指導に当たっては，曲や演奏について根拠をもって批評する活動などを取り入れるようにする。

(9) 内容の「A表現」及び「B鑑賞」の教材については，学校や地域の実態等を考慮し，我が国や郷土の伝統音楽を含む我が国及び諸外国の様々な音楽から幅広く扱うようにする。また，「B鑑賞」の教材については，アジア地域の諸民族の音楽を含めて扱うようにする。

(10) 音楽活動を通して，それぞれの教材等に応じ，生徒が音や音楽と生活や社会との関わりを実感できるよう指導を工夫する。なお，適宜，自然音や環境音などについても取り扱い，音環境への関心を高めることができるよう指導を工夫する。

(11) 自己や他者の著作物及びそれらの著作者の創造性を尊重する態度の形成を図るとともに，必要に応じて，音楽に関する知的財産権について触れるようにする。また，こうした態度の形成が，音楽文化の継承，発展，創造を支えていることへの理解につながるよう配慮する。

音楽Ⅱ

(1) 内容の「A表現」及び「B鑑賞」の指導については，必要に応じて，〔共通事項〕を要として相互の関連を図るものとする。

(2) 生徒の特性，学校や地域の実態を考慮し，内容の「A表現」については(1)，(2)又は(3)のうち一つ以上を選択して扱うことができる。

(3) 内容の「B鑑賞」の指導については，各事項において育成を目指す資質・能力の定着が図られるよう，適切かつ十分な授業時数を配当するものとする。

(4) 内容の取扱いに当たっては，「音楽Ⅰ」の3の(2)から(11)までと同様に取り扱うものとする。

音楽Ⅲ

(1) 生徒の特性，学校や地域の実態を考慮し，内容の「A表現」については(1)，(2)又は(3)のうち一つ以上を選択して扱うことができる。また，内容の「B鑑賞」の(1)のアについては，(ア)を扱うとともに，(イ)又は(ウ)のうち一つ以上を，イについては(ア)，(イ)，(ウ)又は(エ)のうち一つ以上を選択して扱うことができる。

(2) 内容の「A表現」及び「B鑑賞」の教材については，学校や地域の実態等を考慮し，我が国や郷土の伝統音楽を含めて扱うようにする。

(3) 内容の取扱いに当たっては，「音楽Ⅰ」の3の(2)，(4)，(5)，(7)，(8)，(10)及び(11)，「音楽Ⅱ」の3の(1)及び(3)と同様に取り扱うものとする。

高等学校(専門教科・音楽科)

Check

教員採用試験では，芸術科だけでなく，専門教科に関する問題も増加傾向にあるため，受験生としては両方学習する必要がある。専門教科の音楽科には8科目が含まれ，音楽科，および各科目で目標が定められているが，各科目の目標は，ほとんど出題されていない。専門教科に関しては，音楽科の目標をしっかりおさえることが大切である。

1.　音楽科の目標

音楽に関する専門的な学習を通して，音楽的な見方・考え方を働かせ，音楽や音楽文化と創造的に関わる資質・能力を次のとおり育成することを目指す。

(1)　音楽に関する専門的で幅広く多様な内容について理解を深めるとともに，表現意図を音楽で表すために必要な技能を身に付けるようにする。

(2)　音楽に関する専門的な知識や技能を総合的に働かせ，音楽の表現内容を解釈したり音楽の文化的価値などについて考えたりし，表現意図を明確にもったり，音楽や演奏の価値を見いだして鑑賞したりすることができるようにする。

(3)　主体的に音楽に関する専門的な学習に取り組み，感性を磨き，音楽文化の継承，発展，創造に寄与する態度を養う。

音楽科の目標は，音楽に関する専門的な学習を通して，音楽的な見方・考え方を働かせ，音楽や音楽文化と創造的に関わる資質・能力を育成することを目指すことである。その上で，今回の改訂では，育成を目指す資質・能力として，(1)に「知識及び技能」の習得に関すること，(2)に「思考力，判断力，表現力等」の育成に関すること，(3)に「学びに向かう力，人間性等」の涵養に関することが示された(高等学校学習指導要領解説　音楽編，平成30年7月，第2部第1章第2節)。

2. 科目の編成

科目の編成については，従前と同様，下記のとおりである。

第1 音楽理論
第2 音楽史
第3 演奏研究
第4 ソルフェージュ
第5 声楽
第6 器楽
第7 作曲
第8 鑑賞研究

また，各科目の履修として，各科目の内容で示された〔指導項目〕について，以下のとおり説明されている(第2部第1章第4節3)。

ア 原則として全ての生徒に履修させる各科目

「音楽理論」の〔指導項目〕の「(1)楽典，楽曲の形式など」及び「(2)和声法」，「音楽史」，「演奏研究」，「ソルフェージュ」及び「器楽」の〔指導項目〕の「(1)鍵盤楽器の独奏」は，原則として全ての生徒に履修させる科目である。

イ 専門的に履修させる各科目等

「声楽」の〔指導項目〕の「(1)独唱」，「器楽」の〔指導項目〕の「(1)鍵盤楽器の独奏」，「(2)弦楽器の独奏」，「(3)管楽器の独奏」，「(4)打楽器の独奏」，「(5)和楽器の独奏」及び「作曲」の〔指導項目〕の「(1)様々な表現形態の楽曲」の中から，生徒の特性等に応じ，いずれかを専門的に履修させることとしている。なお，「器楽」においては，生徒の特性，学校や地域の実態を考慮し，特定の楽器を選んで行うものとしている。また，これに加えて，「声楽」の〔指導項目〕の(1)，「器楽」の〔指導項目〕の(1)から(5)までのいずれかを履修させることができることとしている。

ウ 各年次にわたり履修させる各科目

上記イに示す専門的に履修させる〔指導項目〕，「音楽理論」の〔指導項目〕の(1)及び(2)，「ソルフェージュ」及び「器楽」の〔指導項目〕

の(1)については，原則として各年次にわたり履修させることとしている。

3. 指導計画の作成と内容の取扱い

指導計画の作成に当たっての配慮事項としては，以下の5点があげられている。

(1) 題材など内容や時間のまとまりを見通して，その中で育む資質・能力の育成に向けて，生徒の主体的・対話的で深い学びの実現を図るようにすること。その際，音楽的な見方・考え方を働かせ，各科目の特質に応じた学習の充実を図ること。
(2) 音楽に関する学科においては，「音楽理論」の〔指導項目〕の(1)及び(2)，「音楽史」，「演奏研究」，「ソルフェージュ」及び「器楽」の〔指導項目〕の(1)を，原則として全ての生徒に履修させること。
(3) 音楽に関する学科においては，「声楽」の〔指導項目〕の(1)，「器楽」の〔指導項目〕の(1)から(5)まで及び「作曲」の〔指導項目〕の(1)の中から，生徒の特性等に応じ，いずれかを専門的に履修させること。また，これに加えて，「声楽」の〔指導項目〕の(1)，「器楽」の〔指導項目〕の(1)から(5)までのいずれかを履修させることができること。
(4) 音楽に関する学科においては，(3)において履修させる〔指導項目〕，「音楽理論」の〔指導項目〕の(1)及び(2)，「ソルフェージュ」及び「器楽」の〔指導項目〕の(1)を，原則として各年次にわたり履修させること。
(5) 障害のある生徒などについては，学習活動を行う場合に生じる困難さに応じた指導内容や指導方法の工夫を計画的，組織的に行うこと。

以上のうち，(1)及び(5)は今回の改訂で新設されたものである。

また，内容の取扱いに当たっての配慮事項としては，以下の5点があげられている。

(1) 「声楽」の〔指導項目〕の(2)及び「器楽」の〔指導項目〕の(6)については，他者と協調しながら活動することを重視することによって，より一層幅広い音楽表現に関わる資質・能力を育成できるようにすること。

(2) 各科目の特質を踏まえ，音や音楽と生活や社会との関わりについて考えられるようにするとともに，音環境への関心を高められるようにすること。

(3) 自己や他者の著作物及びそれらの著作者の創造性を尊重する態度の形成を図るとともに，音楽に関する知的財産権について適宜取り扱うようにすること。また，こうした態度の形成が，音楽文化の継承，発展，創造を支えていることへの理解につながるよう配慮すること。

(4) 各科目の特質を踏まえ，学校の実態に応じて学校図書館を活用すること。また，コンピュータや情報通信ネットワークを積極的に活用し，生徒が様々な感覚や情報を関連付けて，音楽への理解を深めたり主体的に学習に取り組んだりできるよう工夫すること。

(5) 各科目の特質を踏まえ，学校や地域の実態に応じて，文化施設，社会教育施設，地域の文化財等の活用を図ったり，地域の人材の協力を求めたりすること。

Attention!

学習指導要領の改訂の基本方針

改訂の基本方針は，はじめからきちんと理解することが望ましいが，学習効率を考慮すると最初は「どのようなことが書いてあるのか」を把握する程度でよいだろう。ただし，問題では空欄補充形式が多いことから，「連続性に配慮」「歌唱，器楽，創作，鑑賞」などのキーワードは必ず覚えること。

中学校

目標や内容に関する出題について，例えば「第１学年の目標を選択せよ」といった問題の場合，誤りの選択肢は「第２～３学年」や「小学校５～６年」の目標を掲載している場合が多いことから，「第１学年」と「第２～３学年」など比較して学習するとよい。記述式問題で頻度が高いものの１つに，改善や改訂の趣旨があげられる。模範解答は学習指導要領解説に掲載されている文章がほとんどなので，キーワードと思った語については，必ず学習指導要領解説を読むことをお勧めする。なお，学習指導要領と実践を関連させた出題例として，「評価規準を作成させる問題」「テクスチュアの理解における，ホモフォニーとポリフォニーの感じ方に関する問題」「移動ド唱法で育てたい力，身体活動の利点など学習指導要領の特徴に関する問題」があげられる。出題の１つの傾向としてチェックしておきたい。

演習問題①

問題 1

中学校学習指導要領(平成29年3月告示)「音楽」に関する次の問いに答えよ。

次の文は,「第1　目標」である。(　ア　)～(　オ　)にあてはまることばを書け。

表現及び鑑賞の幅広い活動を通して,音楽的な見方・考え方を働かせ,生活や(　ア　)の中の音や音楽,(　イ　)と豊かに関わる資質・能力を次のとおり育成することを目指す。

- 曲想と音楽の構造や背景などとの関わり及び音楽の(　ウ　)について理解するとともに,創意工夫を生かした音楽表現をするために必要な技能を身に付けるようにする。
- 音楽表現を創意工夫することや,(　エ　)や美しさを味わって聴くことができるようにする。
- 音楽活動の楽しさを体験することを通して,音楽を(　オ　)する心情を育むとともに,音楽に対する感性を豊かにし,音楽に親しんでいく態度を養い,豊かな情操を培う。

解答　ア　社会　　イ　音楽文化　　ウ　多様性　　エ　音楽のよさ
オ　愛好

解説　教科の目標は学年の目標と併せて頻出である。似た表現も多いため混同しないよう正確に覚えておきたい。

問題 2

次の文は,中学校学習指導要領(平成29年3月告示)「音楽」に示されている第2学年及び第3学年の内容の一部である。文中の(　①　)～(　⑤　)に当てはまることばを書け。

A　表現

○　歌唱の活動を通して,次の事項を身に付けることができるよう指導する。

・歌唱表現に関わる知識や技能を得たり生かしたりしながら，(　①　)歌唱表現を創意工夫すること。

○　器楽の活動を通して，次の事項を身に付けることができるよう指導する。

・次の(ア)及び(イ)について理解すること。

(ア)　曲想と音楽の(　②　)や曲の背景との関わり

(イ)　楽器の音色や響きと奏法の関わり

○　創作の活動を通して，次の事項を身に付けることができるよう指導する。

・創意工夫を生かした表現で旋律や音楽をつくるために必要な，課題や条件に沿った音の(　③　)や組合せなどの技能を身に付けること。

B　鑑賞

○　鑑賞の活動を通して，次の事項を身に付けることができるよう指導する。

・鑑賞に関わる知識を得たり生かしたりしながら，次の(ア)から(ウ)までについて考え，音楽のよさや美しさを味わって聴くこと。

(ア)　曲や演奏に対する(　④　)とその根拠

(イ)　生活や社会における音楽の意味や役割

(ウ)　音楽表現の共通性や(　⑤　)

解答　①　曲にふさわしい　②　構造　③　選択　④　評価
⑤　固有性

解説　各学年の内容は，それぞれ領域ごとに「知識及び技能」「思考力，判断力，表現力等」の観点から示す形式に再編された。従前の学習指導要領との改訂点を中心に，念入りに確認されたい。

問題 3

次は中学校学習指導要領(平成29年3月告示)「音楽」の〔第1学年〕における内容の一部である。文中の(　①　)～(　⑤　)に当てはまる適切な語句を答えよ。

○　創作の活動を通して，次の事項を身に付けることができるよう指導する。

ア　(　①　)に関わる知識や技能を得たり生かしたりしながら，(　①　)を創意工夫すること。

イ　次の(ｱ)及び(ｲ)について，表したい(　②　)と関わらせて理解すること。

(ｱ)　音の(　③　)の特徴

(ｲ)　(　④　)の特徴及び音の重なり方や反復，変化，対照などの構成上の特徴

ウ　創意工夫を生かした表現で旋律や音楽をつくるために必要な，課題や(　⑤　)に沿った音の選択や組合せなどの技能を身に付けること。

解答　①　創作表現　　②　イメージ　　③　つながり方　　④　音素材　　⑤　条件

解説　①，③，⑤は新設された内容である。創作の活動は従前の学習指導要領では「簡単な旋律をつくること」と創作の対象が明記されていたが，今回の改訂では「創作表現を創意工夫する」「旋律や音楽をつくる」とより抽象的になったことを押さえておきたい。

問題 4

次の文は，学年の目標について述べたものである。文中(　a　)～(　d　)に当てはまる語句の正しい組み合わせを，あとの①～⑤から1つ選べ。ただし，同じ記号には同じ語句が入る。

第1学年	第2学年及び第3学年
(1) 曲想と音楽の構造などとの関わり及び音楽の(　a　)について理解するとともに，創意工夫を生かした音楽表現をするために必要な歌唱，器楽，創作の技能を身に付けるようにする。	(1) 曲想と音楽の構造や背景などとの関わり及び音楽の(　a　)について理解するとともに，創意工夫を生かした音楽表現をするために必要な歌唱，器楽，創作の技能を身に付けるようにする。

(2) 音楽表現を創意工夫することや，音楽を(c)評価しながらよさや美しさを味わって聴くことができるようにする。	(2) (b)音楽表現を創意工夫することや，音楽を評価しながらよさや美しさを味わって聴くことができるようにする。
(3) 主体的・(d)に表現及び鑑賞の学習に取り組み，音楽活動の楽しさを体験することを通して，音楽文化に親しむとともに，音楽によって生活を明るく豊かなものにしていく態度を養う。	(3) 主体的・(d)に表現及び鑑賞の学習に取り組み，音楽活動の楽しさを体験することを通して，音楽文化に親しむとともに，音楽によって生活を明るく豊かなものにし，音楽に親しんでいく態度を養う。

	a	b	c	d
①	特性	曲にふさわしい	自分なりに	計画的
②	多様性	自分なりに	根拠をもとに	計画的
③	特性	自分なりに	根拠をもとに	協働的
④	多様性	曲にふさわしい	自分なりに	協働的
⑤	特性	自分なりに	根拠をもとに	計画的

解答 ④

解説 学習指導要領本文に関する選択式問題では，異なる学年に用いられている文言が誤答として用意されることも多い。混同しないよう正確に把握する。

問題 5

次の各文は，中学校学習指導要領(平成29年3月告示)「音楽」に示されている「第3　指導計画の作成と内容の取扱い」の一部である。文中の(①)～(⑤)に当てはまる語句をそれぞれ書け。ただし，同じ番号には同じ語句が入るものとする。

【第3　指導計画の作成と内容の取扱い】

1　指導計画の作成に当たっては，次の事項に配慮するものとする。

(1)　題材など内容や時間のまとまりを見通して，その中で育む資質・能力の育成に向けて，生徒の主体的・対話的で深い学びの実現を図るようにすること。その際，音楽的な見方・考え方を働かせ，他者と(　①　)しながら，(　②　)を生み出したり音楽を聴いてそのよさや美しさなどを見いだしたりするなど，思考，判断し，表現する一連の過程を大切にした学習の充実を図ること。

(2)～(4)　省略

(5)　障害のある生徒などについては，(　③　)を行う場合に生じる困難さに応じた指導内容や指導方法の工夫を計画的，組織的に行うこと。

(6)　省略

2　第2の内容の取扱いについては，次の事項に配慮するものとする。

(1)～(3)　省略

(4)　歌唱及び器楽の指導における合わせて歌ったり演奏したりする表現形態では，他者と共に一つの(　②　)をつくる過程を大切にするとともに，生徒一人一人が，担当する声部の役割と(　④　)について考え，主体的に創意工夫できるよう指導を工夫すること。

(5)　省略

(6)　我が国の伝統的な歌唱や和楽器の指導に当たっては，言葉と音楽との関係，(　⑤　)や身体の使い方についても配慮するとともに，適宜，口唱歌を用いること。

(7)～(10)　省略

解答　①　協働　　②　音楽表現　　③　学習活動　　④　全体の響き　⑤　姿勢

解説　①～④は今回の改訂における新設の内容からの出題である。

問題 6

次の資料は，中学校学習指導要領解説　音楽編(平成29年7月文部科学省)に示されている，「教科の目標，各学年の目標及び内容の系統表(中学校音楽科)」の一部である。あとの[問1]～[問3]に答えよ。

<table>
<tr><td rowspan="12">A
表現</td><td colspan="2">(1) 歌唱の活動を通して，次の事項を身に付けることができるよう指導する。</td></tr>
<tr><td>「思考力，判断力，表現力等」</td><td>ア　歌唱表現に関わる知識や技能を得たり生かしたりしながら，歌唱表現を創意工夫すること。</td></tr>
<tr><td>「知識」</td><td>イ　次の(ア)及び(イ)について理解すること。
(ア) 曲想と音楽の構造や（ ① ）との関わり
(イ) 声の音色や響き及び言葉の特性と曲種に応じた（ ② ）との関わり</td></tr>
<tr><td>「技能」</td><td>ウ　次の(ア)及び(イ)の技能を身に付けること。
(ア) 創意工夫を生かした表現で歌うために必要な（ ② ），言葉の発音，身体の使い方などの技能
(イ) 創意工夫を生かし，全体の響きや各声部の声などを聴きながら（ ③ ）と合わせて歌う技能</td></tr>
<tr><td colspan="2">(2) 器楽の活動を通して，次の事項を身に付けることができるよう指導する。</td></tr>
<tr><td>「思考力，判断力，表現力等」</td><td>ア　器楽表現に関わる知識や技能を得たり生かしたりしながら，器楽表現を創意工夫すること。</td></tr>
<tr><td>「知識」</td><td>イ　次の(ア)及び(イ)について理解すること。
(ア) 曲想と音楽の構造との関わり
(イ) 楽器の音色や響きと（ ④ ）との関わり</td></tr>
<tr><td>「技能」</td><td>ウ　次の(ア)及び(イ)の技能を身に付けること。
(ア) 創意工夫を生かした表現で演奏するために必要な（ ④ ），身体の使い方などの技能
(イ) 創意工夫を生かし，全体の響きや各声部の音などを聴きながら（ ③ ）と合わせて演奏する技能</td></tr>
<tr><td colspan="2">(3) 創作の活動を通して，次の事項を身に付けることができるよう指導する。</td></tr>
<tr><td>「思考力，判断力，表現力等」</td><td>ア　創作表現に関わる知識や技能を得たり生かしたりしながら，創作表現を創意工夫すること。</td></tr>
<tr><td>「知識」</td><td>イ　次の(ア)及び(イ)について，表したい（ ⑤ ）と関わらせて理解すること。
(ア) 音のつながり方の特徴
(イ) （ ⑥ ）の特徴及び音の重なり方や反復，変化，対照などの構成上の特徴</td></tr>
<tr><td>「技能」</td><td>ウ　創意工夫を生かした表現で旋律や音楽をつくるために必要な，課題や条件に沿った音の選択や組合せなどの技能を身に付けること。</td></tr>
</table>

[問1]　この資料は第何学年の内容か，書け。

[問2]　資料の（ ① ）～（ ⑥ ）にあてはまる語句をそれぞれ書け。

[問3] 「A 表現」における内容事項は3つであるのに対して，「B 鑑賞」における内容事項は2つである。「思考力，判断力，表現力等」の他にあと1つ書け。

解答 [問1] 第1学年　[問2] ① 歌詞の内容　② 発声
③ 他者　④ 奏法　⑤ イメージ　⑥ 音素材
[問3] 知識

解説 [問1] (1)アは，第1学年では「歌唱表現に関わる知識や技能を得たり生かしたりしながら，歌唱表現を創意工夫すること。」，第2学年及び第3学年では，「歌唱表現に関わる知識や技能を得たり生かしたりしながら，曲にふさわしい歌唱表現を創意工夫すること。」となっている。　[問2] (1)歌唱 (2)器楽 (3)創作 について，「思考力，判断力，表現力等」「知識」「技能」それぞれの3項目について整理して覚えておく。　[問3] 「B 鑑賞」における内容事項は，「思考力，判断力，表現力等」と「知識」の2つで「技能」はない。

問題 7

次の各文は，中学校学習指導要領(平成29年3月告示)「音楽」における「第3　指導計画の作成と内容の取扱い」の「A 表現」及び「B 鑑賞」の指導について述べたものの一部である。文中の(　a　)〜(　e　)に当てはまる語句の正しい組合せを，あとの①〜⑤から1つ選べ。

・生徒が様々な(　a　)を関連付けて音楽への理解を深めたり，主体的に学習に取り組んだりすることができるようにするため，コンピュータや教育機器を効果的に活用できるよう指導を工夫すること。
・生徒が学校内及び(　b　)などの学校外における音楽活動とのつながりを意識できるようにするなど，生徒や学校，地域の実態に応じ，生活や社会の中の音や音楽，音楽文化と(　c　)に関わっていくことができるよう配慮すること。
・自己や他者の著作物及びそれらの著作者の(　d　)を尊重する態度の形成を図るとともに，必要に応じて，音楽に関する(　e　)について触れるようにすること。また，こうした態度の形成が，音楽文化の継承，発展，創造を支えていることへの理解につながるよう配慮すること。

	a	b	c	d	e
①	感覚	地域の施設	積極的	個性	著作権
②	知識	公共施設	積極的	創造性	知的財産権
③	感覚	公共施設	主体的	創造性	知的財産権
④	知識	地域の施設	主体的	個性	著作権
⑤	感覚	地域の施設	主体的	創造性	著作権

解答　③

解説　b，cの公共施設に関する記述は新設され，d，eの知的財産権に関する記述は従前と比べて大幅に加筆された。

問題 8

次の文は，中学校学習指導要領(平成29年3月告示)「音楽」に示されている第1学年の内容の一部である。文中の(　①　)～(　⑤　)に当てはまる語句をあとのA～Jから1つずつ選び，その記号を書け。

B　鑑賞

(1)　鑑賞の活動を通して，次の事項を身に付けることができるよう指導する。

ア　鑑賞に関わる(　①　)を得たり生かしたりしながら，次の(ア)から(ウ)までについて自分なりに考え，音楽のよさや美しさを味わって聴くこと。

(ア)　曲や演奏に対する評価とその(　②　)

(イ)　生活や社会における音楽の意味や役割

(ウ)　音楽表現の(　③　)や固有性

イ　次の(ア)から(ウ)までについて理解すること。

(ア)　曲想と音楽の構造との関わり

(イ)　音楽の特徴とその背景となる文化や(　④　)，他の芸術との関わり

(ウ)　我が国や郷土の伝統音楽及びアジア地域の諸民族の音楽の特徴と，その特徴から生まれる音楽の(　⑤　)

A　共通性　B　情報　C　歴史　D　理由　E　創造性
F　多様性　G　伝統　H　根拠　I　知識　J　特性

解答　① I　② H　③ A　④ C　⑤ F

解説　「鑑賞」の内容は第1学年と第2・3学年でほとんど変わらない。(1)アおよびイ(ウ)が若干異なるので，違いをよく確認しておく。

問題 9

中学校学習指導要領(平成29年3月告示)「音楽」について，以下の(1)～(5)の各問いに答えよ。

(1)　次は第2学年及び第3学年の目標である。(　ア　)～(　オ　)に入る語句を答えよ。ただし同じ記号には同じ語句が入るものとする。

> (1)　(　ア　)と音楽の構造や背景などとの関わり及び音楽の多様性について理解するとともに，(　イ　)を生かした音楽表現をするために必要な歌唱，器楽，創作の技能を身に付けるようにする。
> (2)　曲にふさわしい音楽表現を(　イ　)することや，音楽を評価しながらよさや(　ウ　)を味わって聴くことができるようにする。
> (3)　主体的・協働的に表現及び鑑賞の学習に取り組み，(　エ　)の楽しさを体験することを通して，音楽文化に親しむとともに，音楽によって(　オ　)を明るく豊かなものにし，音楽に親しんでいく態度を養う。

(2)「第3　指導計画の作成と内容の取扱い」について，以下のア，イの各問いに答えよ。

ア　相対的な音程感覚などを育てるために，適宜，用いることとされている唱法を書け。

イ　各学年の〔共通事項〕で取り扱う用語について，生徒の学習状況を考慮して，取り扱うことと示されているものを，次の語群から1つ選び，記号で答えよ。

語群　1　molto　2　poco　3　simile　4　legato

(3)　第2学年及び第3学年の指導事項を，次のア～オから1つ選び，記号で答えよ。

ア　歌唱表現に関わる知識や技能を得たり生かしたりしながら，歌唱表現を創意工夫すること。

イ　曲想と音楽の構造や歌詞の内容との関わりについて理解すること。

ウ　器楽表現に関わる知識や技能を得たり生かしたりしながら，器楽表現を創意工夫すること。

エ　創作表現に関わる知識や技能を得たり生かしたりしながら，創作表現を創意工夫すること。

オ　音階や言葉などの特徴及び音のつながり方の特徴について，表したいイメージと関わらせて理解すること。

(4)　歌唱の指導を行う際，変声期の生徒に対して，どのような配慮が必要であるか。学習指導要領に示された内容に基づき答えよ。

(5)　次のア，イは，「第3　指導計画の作成と内容の取扱い」における歌唱教材に関する記述である。下線部の語句が正しい場合は○を，誤っている場合は正しい語句を書け。

○　歌唱教材は，次に示すものを取り扱うこと。

ア　我が国及び諸外国の様々な音楽のうち，<u>指導のねらい</u>に照らして適切で，生徒にとって親しみがもてたり意欲が高められたり，生活や社会において音楽が果たしている役割が感じ取れたりできるもの。

イ　民謡，長唄などの我が国の伝統的な歌唱のうち，生徒や学校，地域の実態を考慮して，伝統的な声や<u>リズム</u>の特徴を感じ取れるもの。

解答　(1)　ア　曲想　　イ　創意工夫　　ウ　美しさ　　エ　音楽活動　オ　生活　　(2)　ア　移動ド唱法　　イ　4　　(3)　オ

(4)　心理的な面についても配慮するとともに，適切な声域と声量によって歌わせるようにする。　　(5)　ア　○　　イ　歌い方

解説　(1)　教科の目標との関連や第1学年の目標との文言の違いを念頭に熟読し，全文を暗記しておきたい。　(2)　ア　「指導計画の作成と内容の取扱い」2の(2)ウによる。　イ　各学年の〔共通事項〕の(1)のイ

に示す「用語や記号など」は，「指導計画の作成と内容の取扱い」2(10)に示される。legato(なめらかに)が正しい。molto(非常に)やpoco(少し)は速さを示す用語などに添える語であり，simile(前と同様に)はそれまで行ってきた奏法などを引き続き行うことを示す語である。 (3) 正答のオ以外は第1学年の内容による。第1学年と第2・3学年の内容は共通するものも多いので，違いを正確に把握することが求められる。 (5) ア 「指導計画の作成と内容の取扱い」2の(2)アによる。 イの下線部は「リズム」ではなく「歌い方」が正しい。「歌い方」については今回の改訂で加筆された。

問題10

問1 次の文は，中学校学習指導要領(平成29年告示)解説「音楽編」(以下，「指導要領解説」という)「第3章 第2節 第2学年及び第3学年の目標と内容 2 内容 (1) A 表現」の一部である。下の(1)～(3)に答えよ。

> (1) 歌唱の活動を通して，次の事項を身に付けることができるよう指導する。
> ア 歌唱表現に関わる知識や技能を得たり生かしたりしながら，①曲にふさわしい ②歌唱表現を創意工夫すること。
> イ 次の(ア)及び(イ)について理解すること。
> (ア) 曲想と(ア)や(イ)及び(ウ)との関わり
> (イ) 声の音色や響き及び言葉の特性と曲種に応じた発声との関わり
> ウ 次の(ア)及び(イ)の技能を身に付けること。
> (ア) 創意工夫を生かした表現で歌うために必要な(エ)，(オ)，(カ)などの技能
> (イ) 創意工夫を生かし，全体の響きや各声部の声などを聴きながら(キ)歌う技能

(1) (ア)～(キ)にあてはまる語句を答えよ。

(2) 下線部①について，このことを指導要領解説では具体的にどのようなことを意味すると説明しているか，記せ。

(3)　下線部②の過程で大切なことについて，指導要領解説ではどのように説明しているか，2つ記せ。

問2　次の文は，指導要領解説「第4章　指導計画の作成と内容の取扱い」の一部である。後の(1)，(2)に答えよ。

1　指導計画の作成に当たっては，次の事項に配慮するものとする。
(1)　題材など内容や時間のまとまりを見通して，その中で育む資質・能力の育成に向けて，生徒の(　ク　)で(　ケ　)の実現を図るようにすること。その際，③音楽的な見方・考え方を働かせ，(　コ　)しながら，音楽表現を生み出したり音楽を聴いてそのよさや美しさなどを見いだしたりするなど，思考，判断し，表現する一連の過程を大切にした学習の充実を図ること。

2　第2の内容の取扱いについては，次の事項に配慮するものとする。
(1)　各学年の「A表現」及び「B鑑賞」の指導に当たっては，次のとおり取り扱うこと。
ア　(略)
イ　音楽によって喚起された自己のイメージや感情，音楽表現に対する思いや意図，音楽に対する評価などを伝え合い共感するなど，(　サ　)によるコミュニケーションを図り，音楽科の特質に応じた(　シ　)を適切に位置付けられるよう指導を工夫すること。
(8)　各学年の「B鑑賞」の指導に当たっては，次のとおり取り扱うこと。
ア　(略)
イ　第1学年では(　ス　)したり，第2学年及び第3学年では(　セ　)したりする活動を取り入れ，曲や演奏に対する評価やその根拠を明らかにできるよう指導を工夫すること。

(1)　(　ク　)～(　セ　)にあてはまる語句を答えよ。

(2)　下線部③について，指導要領解説では次のように述べている。[　ソ　]，(　タ　)にあてはまる語句を答えよ。

音楽的な見方・考え方とは,「音楽に対する[　ソ　]を働かせ,音や音楽を,音楽を形づくっている要素とその働きの視点で捉え,自己のイメージや(　タ　),生活や社会,伝統や文化などと関連付けること」であると考えられる。

解答　問1　(1)　ア　音楽の構造　　イ　歌詞の内容　　ウ　曲の背景　エ　発声　　オ　言葉の発音　　カ　身体の使い方　　キ　他者と合わせて　　(2)　多くの人が共通に感じ取れるような,曲固有のよさや特徴の捉え方　　(3)　・様々な表現を試しながら,新たな知識や技能を習得すること　　・既に習得している知識や技能を活用すること　　問2　(1)　ク　主体的・対話的　　ケ　深い学び　コ　他者と協働　　サ　音や音楽及び言葉　　シ　言語活動　ス　言葉で説明　　セ　批評　　(2)　ソ　感性　　タ　感情

解説　問1　学習指導要領の指導事項アは「思考力,判断力,表現力等」に関する資質・能力,イは「知識」に関する資質・能力,ウは「技能」に関する資質・能力が示されている。覚えるに当たってもこの構造を頭に入れて理解に努めると整理がつく。(2)と(3)は単なる暗記ではなく,その文言が示す内容を解説の記述を参考にいかに理解しているかを問う問題である。学習指導要領を熟読するとともに,学習の方法をよく考えることが必要である。　問2　「指導計画の作成と内容の取扱い」の「1　指導計画作成上の配慮事項」,「2　内容の取扱いと指導上の配慮事項」などについては完全に理解しておくことが必要である。その中でも1(1)の箇所は,現行の学習指導要領の核心的な部分で,最も重要な配慮事項である。

問題11

次の文は,中学校学習指導要領(平成29年3月告示)「音楽」における「第2　各学年の目標及び内容」の一部である。(　①　)～(　⑤　)に当てはまる語句を書け。なお,同じ番号には同じ語句が入るものとする。

(2) 器楽の活動を通して，次の事項を身に付けることができるよう指導する。
ア 器楽表現に関わる知識や技能を得たり生かしたりしながら，曲にふさわしい器楽表現を(①)すること。
イ 次の(ｱ)及び(ｲ)について理解すること。
(ｱ) 曲想と音楽の構造や曲の(②)との関わり
(ｲ) 楽器の音色や(③)と奏法との関わり
ウ 次の(ｱ)及び(ｲ)の技能を身に付けること。
(ｱ) (①)を生かした表現で演奏するために必要な奏法，身体の(④)などの技能
(ｲ) (①)を生かし，全体の(③)や各声部の音などを聴きながら(⑤)と合わせて演奏する技能

解答 ① 創意工夫 ② 背景 ③ 響き ④ 使い方 ⑤ 他者

解説 中学校学習指導要領の内容について，A表現の器楽から語句の穴埋め記述式の問題である。A表現の3項目についてもA表現の，歌唱，創作，B鑑賞についても学習し，文言は覚えること。

問題12

中学校学習指導要領(平成29年3月告示)「音楽」について，次の1・2に答えよ。

1 指導計画の作成と内容の取扱い2(3)では，器楽の指導についての配慮事項が示されている。特に，和楽器の指導については，どのような配慮事項が示されているか。簡潔に書け。

2 指導計画の作成と内容の取扱い2(5)では，読譜の指導についての配慮事項が示されている。次の文は，その内容を示したものである。

読譜の指導に当たっては，小学校における学習を踏まえ，♯や♭の調号としての意味を理解させるとともに，3学年間を通じて，(①)，(②)程度をもった調号の楽譜の視唱や視奏に慣れさせるようにする

こと。

解答 1 3学年間を通じて1種類以上の和楽器を取り扱い，その表現活動を通して，生徒が我が国や郷土の伝統音楽のよさを味わい，愛着をもつことができるよう工夫すること。 2 ① 1♯ ② 1♭

解説 1 改訂にともない「愛着をもつ」という文言が加筆された。なお指導計画の作成と内容の取扱い2(6)にあるようには和楽器や伝統的な歌唱の指導における留意事項が示されているので併せて確認しておきたい。 2 現行学習指導要領と変わらず，それぞれ調号が1つの楽譜の視唱や視奏に慣れさせる。

問題13

中学校音楽科の年間の分野ごとの指導時数について，歌唱が多く，創作や鑑賞が少ないという課題が見られることがあるが，中学校学習指導要領(平成29年3月告示)の「指導計画の作成と内容の取扱い」1(4)には，各学年の内容の「A 表現」及び「B 鑑賞」の指導について，特定の活動のみに偏らないようにすることが示されている。次の(1)，(2)の問いに答えよ。

(1) なぜ，特定の活動のみに偏らないようにすることが大切なのか，その理由を説明せよ。

(2) 特定の活動のみに偏らないようにするために配慮する点を1つ書け。

解答 (1) 生徒の多様な実態を踏まえ，表現及び鑑賞の幅広い活動を通して，生徒の興味・関心を引き出し，学習への意欲を喚起することが大切だから，など。 (2) 各活動を有機的かつ効果的に関連させることによって，教科及び学年の目標を実現していくように，内容の構成や主題の設定，適切な教材の選択と配列などに配慮する，など。

解説 「第3 指導計画の作成と内容の取扱い」は出題頻度が高い分野であるので，よく確認しておくこと。

Attention!

高等学校

今回(平成29, 30年)の学習指導要領の改訂では，中学校音楽科・高等学校芸術科(音楽)・音楽科ともに，目標や内容の示し方が大幅に変わり，新たに加えられた事項も多い。どの学校種で受験するにしても，変更点についてはよく比較して，理解しなければならない。

とはいえ，「カリキュラム・マネジメント」や「アクティブ・ラーニング」などの新しい用語に必要以上に目を奪われることはない。もちろん，改訂の趣旨をしっかり理解しておくことは大切だが，各教科の専門的な内容が全面的に変わったわけではない。重点の置き方や整理の仕方が改善されただけだと考えればよい。

問題作成のための出典(＝学習指導要領)が改訂されたからといって，それに伴って出題のパターンまでもが一気に変わるとは考えにくい。出題形式，そして出題頻度の高い内容については，過去問の学習がすべて無駄になることはないはずだ。

例えば弊社刊行の「教員採用試験　過去問シリーズ」等を使って，これまでの出題傾向やパターンを確認してみれば，それを手がかりに今回の改訂で新設・変更された全体構成や内容が，今後実施される教員採用試験でどのように出題されるかも予想できるようになるだろう。

演習問題②

問題 1

次の文は，高等学校学習指導要領(平成30年3月告示)の第2章　第7節　芸術　第2款　第1　音楽Ⅰの一部である。文中の(　ア　)～(　シ　)にあてはまることばを書け。ただし，同じ問いの空欄には，同じ解答が入るものとする。

> 1　目標
>
> 音楽の(　ア　)を通して，音楽的な(　イ　)を働かせ，生活や社会の中の音や音楽，音楽文化と幅広く関わる(　ウ　)を次のとおり育成することを目指す。
>
> (1)　曲想と音楽の構造や文化的・歴史的背景などとの関わり及び音楽の多様性について(　エ　)とともに，創意工夫を生かした音楽表現をするために必要な(　オ　)を身に付けるようにする。
>
> (2)　(　カ　)をもって音楽表現を創意工夫することや，音楽を(　キ　)しながらよさや美しさを(　ク　)聴くことができるようにする。
>
> (3)　(　ケ　)音楽の(　ア　)に取り組み，(　コ　)音楽を愛好する心情を育むとともに，(　サ　)を高め，音楽文化に親しみ，音楽によって生活や社会を明るく豊かなものにしていく(　シ　)を養う。

解答　ア　幅広い活動　　イ　見方・考え方　　ウ　資質・能力
エ　理解する　　オ　技能　　カ　自己のイメージ　　キ　評価
ク　自ら味わって　　ケ　主体的・協働的に　　コ　生涯にわたり
サ　感性　　シ　態度

解説　ここでは，目標が柱書と資質・能力の三つの柱として整理されて示されている。これは各教科等で共通に求められる目標の示し方に基づいたものであり，学校教育法第30条第2項の「生涯にわたり学習する基盤が培われるよう，基礎的な知識及び技能を習得させるとともに，これらを活用して課題を解決するために必要な思考力，判断力，表現力その他の能力をはぐくみ，主体的に学習に取り組む態度を養うことに，特に意を用いなければならない。」とされている規定を一層明確化するための改善である。

問題 2

次の文は，高等学校学習指導要領(平成30年3月告示)の第2章　第7節　芸術　第2款　第1　音楽Ⅰの「2　内容　A表現」の一部である。①～⑦に適する語句を下のア～セの中からそれぞれ1つ選び，その記号を書け。ただし，同じ問いの空欄には，同じ解答が入るものとする。

(1)　歌唱

歌唱に関する次の事項を(　①　)ことができるよう指導する。

ア　歌唱表現に関わる(　②　)を得たり生かしたりしながら，(　③　)をもって歌唱表現を創意工夫すること。

イ　次の(ｱ)から(ｳ)までについて理解すること。

(ｱ)　曲想と(　④　)や歌詞，(　⑤　)との関わり

(ｲ)　言葉の特性と曲種に応じた発声との関わり

(ｳ)　様々な表現形態による歌唱表現の特徴

ウ　創意工夫を生かした歌唱表現をするために必要な，次の(ｱ)から(ｳ)までの技能を(　①　)こと。

(ｱ)　曲にふさわしい発声，言葉の発音，(　⑥　)などの技能

(ｲ)　(　⑦　)を意識して歌う技能

(ｳ)　表現形態の特徴を生かして歌う技能

ア　固有性や多様性	イ　表現上の効果
ウ　文化的・歴史的背景	エ　音楽の構造
オ　自己のイメージ	カ　愛好する心情
キ　身に付ける	ク　育成する
ケ　表現内容	コ　身体の使い方
サ　他者との調和	シ　共通性や固有性
ス　知識や技能	セ　資質・能力

解答 ① キ　② ス　③ オ　④ エ　⑤ ウ　⑥ コ
⑦ サ

解説 表現に関する資質・能力については，分野ごとに，それぞれアとして「思考力，判断力，表現力等」に関する資質・能力，イとして「知識」に関する資質・能力，ウとして「技能」に関する資質・能力が示されている。「音楽Ⅰ」の歌唱分野では，〔共通事項〕に示された資質・能力と併せて，アに示す「思考力，判断力，表現力等」に関する資質・能力，イに示す「知識」に関する資質・能力，ウに示す「技能」に関する資質・能力を育てていくことが指導のねらいとなる。このため，歌唱の学習は，ア，イの(ｱ)，(ｲ)及び(ｳ)のうち一つ以上，ウの(ｱ)，(ｲ)及び(ｳ)のうち一つ以上の各事項を組み合わせた題材を設定して行うこととされている。それぞれの事項のキーワードについて，しっかりと確認しておきたい。

問題 3

次は，高等学校学習指導要領(平成30年3月告示)の第2章　第7節　芸術　第2款　第1　音楽Ⅰの「2　内容　〔共通事項〕」である。文中の(　ア　)～(　オ　)にあてはまることばを書け。ただし，同じ問いの空欄には，同じ解答が入るものとする。

〔共通事項〕

表現及び鑑賞の学習において共通に必要となる(　ア　)を次のとおり育成する。

(1) 「A表現」及び「B鑑賞」の指導を通して，次の事項を身に付けることができるよう指導する。

ア　音楽を形づくっている要素や要素同士の関連を(　イ　)し，それらの働きを(　ウ　)しながら，(　イ　)したことと(　ウ　)したこととの関わりについて考えること。

イ　音楽を形づくっている要素及び音楽に関する(　エ　)などについて，音楽における働きと関わらせて(　オ　)すること。

解答 ア　資質・能力　イ　知覚　ウ　感受　エ　用語や記号

オ　理解

解説　〔共通事項〕(1)は，今回の改訂で新たに示された事項である。ここでは，表現及び鑑賞の学習において共通に必要となる資質・能力については，アとして「思考力，判断力，表現力等」に関する資質・能力，イとして「知識」に関する資質・能力が示されている。指導に当たっては，様々な要素が関連し合って音楽が形づくられていることに十分留意し，どの要素を学習の対象にするのかを明らかにすることが大切であるとされている。

問題 4

問1　次の文は，高等学校学習指導要領(平成30年告示)解説「芸術編」(以下，「指導要領解説」という)「第2章　第1節　音楽Ⅰ　3 内容　A　表現」の一部である。後の(1)～(3)に答えよ。

> 表現に関する資質・能力を次のとおり育成する。
> (1)　歌唱
> 　歌唱に関する次の事項を身に付けることができるよう指導する。
> ア　歌唱表現に関わる知識や技能を得たり生かしたりしながら，①自己のイメージをもって ②歌唱表現を創意工夫すること。
> イ　次の(ア)から(ウ)までについて理解すること。
> 　(ア)　曲想と(　ア　)，(　イ　)との関わり
> (中略)
> ウ　創意工夫を生かした歌唱表現をするために必要な，次の(ア)から(ウ)までの技能を身に付けること。
> 　(ア)　曲にふさわしい(　ウ　)，(　エ　)，(　オ　)などの技能
> 　(イ)　(　カ　)を意識して歌う技能
> (後略)

(1)　(　ア　)～(　カ　)にあてはまる語句を答えよ。

(2)　下線部①について，指導要領解説では次のように述べている。(　キ　)～(　コ　)にあてはまる語句を答えよ。

> 自己のイメージをもってとしているのは，(　キ　)での学習を基

礎にしつつ，新たに習得した(　ク　)，これまでの(　ケ　)などを踏まえて，歌唱表現に対する自己のイメージを一層豊かにし，自分の意思をもって，(　コ　)を明確にしていくことを大切にしているからである。

(3)　下線部②の過程で大切なことについて，指導要領解説ではどのように説明しているか，2つ記せ。

問2　次の文は，指導要領解説「第2章　第1節　音楽Ⅰ　4　内容の取扱い」の一部である。後の(1)，(2)に答えよ。

(1)　内容の「A表現」及び「B鑑賞」の指導については，(　キ　)との関連を十分に考慮し，それぞれ特定の活動のみに偏らないようにするとともに，必要に応じて，③〔共通事項〕を要として各領域や分野の関連を図るものとする。
(8)　内容の「A表現」及び「B鑑賞」の指導に当たっては，思考力，判断力，表現力等の育成を図るため，(　サ　)によるコミュニケーションを図り，芸術科音楽の特質に応じた(　シ　)を適切に位置付けられるよう指導を工夫する。(後略)

(1)　(　サ　)，(　シ　)にあてはまる語句を答えよ。なお，(　キ　)には問1(2)と同じ語句が入る。

(2)　下線部③について，指導要領解説では次のように述べている。(　ス　)，(　セ　)にあてはまる語を答えよ。

〔共通事項〕を要として各領域や分野の関連を図るとは，その題材の学習において主として扱う音楽を形づくっている要素やそれらに関わる用語や記号などを共通に設定して，複数の領域や分野を関連させた一題材を構想したり，主として扱う音楽を形づくっている要素やそれらに関わる要素やそれらに関わる用語や記号などの一部を共通にして，学びの(　ス　)や(　セ　)などをねらって複数の題材の配列の仕方を工夫したりすることなどである。

問3　次の文は，指導要領解説「第3章　各科目にわたる指導計画の作成と内容の取扱い」の一部である。後の(1)，(2)に答えよ。

1　指導計画の作成に当たっては，次の事項に配慮するものとする。 (1)　題材など内容や時間のまとまりを見通して，その中で育む資質・能力の育成に向けて，生徒の[　ソ　]で(　タ　)の実現を図るようにすること。その際，④各科目における見方・考え方を働かせ，各科目の特質に応じた学習の充実を図ること。

(1)　[　ソ　]，(　タ　)にあてはまる語句を答えよ。

(2)　下線部④について，指導要領解説では音楽科について次のように述べている。(　チ　)，(　ツ　)にあてはまる語を答えよ。なお，(　イ　)には問1(1)と同じ語句が入る。

音楽的な見方・考え方とは，(　チ　)を働かせ，音や音楽を，音楽を形づくっている要素とその働きの視点で捉え，自己のイメージや(　ツ　)，音楽の(　イ　)などと関連付けることであると考えられる。

解答　問1　(1)　ア　音楽の構造や歌詞　　イ　文化的・歴史的背景　ウ　発声　　エ　言葉の発音　　オ　身体の使い方　　カ　他者との調和　　(2)　キ　中学校音楽科　　ク　知識や技能　　ケ　生活経験　　コ　表現意図　　(3)　様々な表現を試しながら，新たな知識や技能を習得すること　　既に習得している知識や技能を活用すること　　問2　(1)　サ　音や音楽及び言葉　　シ　言語活動　(2)　ス　連続性　　セ　系統性　　問3　(1)　ソ　主体的・対話的　タ　深い学び　　(2)　チ　感性　　ツ　感情

解説　現行のの高等学校学習指導要領は，小学校・中学校との一貫性を重視した内容で構成されている。高等学校を受験する場合は，今後，小・中の学習指導要領を並列して学習することが重要となる。今回の問1，問2の出題方法は中学校の問題と同様に，「歌唱の指導事項」に関する部分と「4　内容の取扱い」からである。特に，「4　内容の取扱い」では，高等学校としては初めて示された〔共通事項〕に関して出題されている。この〔共通事項〕は，小学校・中学校では現行の学習指導要領ですでに示され，学習内容や指導法も変化してきた経緯があ

る。問3の「見方･考え方」の問題も，今回の改訂の重要語句である。高等学校の学習内容や指導方法を変革させていくために，その定義をしっかり理解していくことが重要となる。

問題 5

高等学校学習指導要領(平成30年3月告示)「音楽Ⅰ」の2　内容　A表現(3)創作について，(　①　)～(　⑤　)に適する語句の組合せを，あとのア～オのうちから1つ選べ。

> 創作に関する次の事項を身に付けることができるよう指導する。
> ア　創作表現に関わる知識や技能を得たり生かしたりしながら，自己の(　①　)をもって創作表現を創意工夫すること。
> イ　音素材，音を連ねたり重ねたりしたときの響き，音階や(　②　)などの特徴及び構成上の特徴について，表したいイメージと関わらせて理解すること。
> ウ　創意工夫を生かした創作表現をするために必要な，次の(ｱ)から(ｳ)までの技能を身に付けること。
> (ｱ)　(　③　)，変化，対照などの手法を活用して音楽をつくる技能
> (ｲ)　旋律をつくったり，つくった旋律に(　④　)や和音などを付けた音楽をつくったりする技能
> (ｳ)　音楽を形づくっている要素の働きを変化させ，(　⑤　)や編曲をする技能

ア　①　イメージ　②　音程　③　強弱　④　対旋律　⑤　作曲
イ　①　思い　②　音程　③　反復　④　対旋律　⑤　変奏
ウ　①　イメージ　②　音型　③　反復　④　副次的な旋律　⑤　変奏
エ　①　思い　②　音型　③　反復　④　副次的な旋律　⑤　作曲
オ　①　イメージ　②　音型　③　強弱　④　対旋律

⑤　変奏

解答　ウ

解説　「創作」の単元については，音楽Ⅰと音楽Ⅱではほとんどの文言を共有している。一方音楽Ⅲでは，創意工夫を生かした創作表現をするために必要な技能について，音楽Ⅰ及びⅡのように具体例を挙げていない。比較し確認しておくこと。

問題 6

高等学校学習指導要領(平成30年3月告示)「音楽Ⅰ」の2　内容　B鑑賞(1)鑑賞イについて，「理解するもの」として挙げられているのは次のア～オのうちどれか。適当なものを1つ選べ。

ア　曲想や表現上の効果と文化的・歴史的背景との関わり
イ　発声や楽器の音色，奏法との関わり
ウ　音楽の特徴と音楽の構造，他の芸術との関わり
エ　自然音や環境音など音環境との関わり
オ　我が国や郷土の伝統音楽の種類とそれぞれの特徴

解答　オ

解説　アは「文化的・歴史的背景」ではなく「音楽の構造」が正しい。イは該当する記述はない。ウは「音楽の構造」ではなく「文化的・歴史的背景」が正しい。エは該当する記述はない。

問題 7

高等学校学習指導要領解説芸術編(平成30年7月)「音楽Ⅰ」4　内容の取扱い(4)の解説に，次のように記されている。文中の空欄に当てはまるものを，下のア～オのうちから1つ選べ。

〔共通事項〕は，歌唱，器楽，創作，鑑賞の学習を支えるものとして位置付けられているものである。したがって〔共通事項〕は，(　　)に，十分留意する必要がある。

ア　表現及び鑑賞の活動と切り離して単独で指導するものではないこと
イ　題材の学習において必ず指導することとされていること
ウ　表現及び鑑賞の活動に先行して指導するものであること
エ　題材の学習において中学校との接続を考慮しながら指導すること
オ　表現及び鑑賞の活動のまとめとして取り扱うこと

解答　ア

解説　イについては，〔共通事項〕本文に「必ず指導する」ではなく「十分な指導が行われるよう工夫する」とあることから除外できる。ウ・オについては該当する記述は本文及び解説に記述がない。エについては，「内容の取扱い」ではなく〔共通事項〕の解説中に「既習の用語や記号などについても，指導のねらいや生徒の実態を踏まえ，繰り返し扱うことによって理解の定着が図られるよう配慮することも大切である」とあることを確認しておこう。

問題 8

高等学校学習指導要領(平成30年3月告示)「音楽Ⅱ」の1　目標として挙げられているのは次のア～オのうちどれか。適当なものを1つ選べ。

ア　曲想と音楽の構造や背景などとの関わり及び音楽の多様性について理解するとともに，創意工夫を生かした音楽表現をするために必要な技能を身に付けるようにする。
イ　自己のイメージをもって音楽表現を創意工夫することや，音楽を評価しながらよさや美しさを自ら味わって聴くことができるようにする。
ウ　音楽に関する知識や技能を総合的に働かせながら，個性豊かに音楽表現を創意工夫したり音楽を評価しながらよさや美しさを深く味わって聴いたりすることができるようにする。
エ　個性豊かに音楽表現を創意工夫することや，音楽を評価しながらよさや美しさを深く味わって聴くことができるようにする。
オ　主体的・協働的に音楽の諸活動に取り組み，生涯にわたり音楽を愛好する心情を育むとともに，感性を磨き，音楽文化を尊重し，音楽によって生活や社会を明るく豊かなものにしていく態度を養う。

解答 エ

解説 アは中学校音楽科の目標(1)，イは高等学校芸術科音楽Ⅰの目標(2)，ウは高等学校芸術科音楽Ⅲの目標(2)，エは高等学校芸術科音楽Ⅱの目標(2)，オは高等学校芸術科音楽Ⅲの目標(3)である。

問題 9

高等学校学習指導要領(平成30年3月告示)の「音楽Ⅰ」 3 内容の取扱い (6)において，表現の指導にあたっては，我が国の伝統的な歌唱及び和楽器を含めて扱うようにすることが示されている。表現の指導にあたって，我が国の伝統的な歌唱及び和楽器を扱う際には，それぞれどのようなことを感じ取らせて表現に生かすことが大切か，簡潔に2つずつ書け。

解答 我が国の伝統的な歌唱…・発声の仕方や声の音色　・節回しの特徴　和楽器…・音色や響きの特徴　・奏法の特徴

解説 なお従前の学習指導要領解説(平成21年7月)では，「音楽Ⅱ」中の我が国の伝統的な歌唱及び和楽器の扱いに関して，「産字」や「コブシ」について触れていたが，今回の改訂では削除されている。

問題10

次に示す文章は，高等学校学習指導要領(平成30年3月告示)「第3章 主として専門学科において開設される各教科 第11節 音楽」における「第2款 各科目」の「第4 ソルフェージュ」の「1 目標」である。文中の(①)～(③)に適する語句をそれぞれ答えよ。

1 目標

ソルフェージュに関する学習を通して，音楽的な見方・考え方を働かせ，専門的な音楽に関する資質・能力を次のとおり育成することを目指す。

(1) 視唱，視奏及び(①)に関する知識や技能を身に付けるようにする。

(2) 音楽を形づくっている要素の働きやその(②)などに関する思考力，判断力，表現力等を育成する。

(3) (③)豊かな表現をするための基礎となる学習を大切にする態度を養う。

解答 ① 聴音　② 効果　③ 音楽性

解説 音楽の専門学科には音楽理論，音楽史，演奏研究，ソルフェージュなど8科目ある。出題としては，音楽Ⅰ～Ⅲの内容が多いので，まずは音楽Ⅰ～Ⅲの目標や内容などを学習し，続いて専門学科を確認するとよいだろう。

第 7 章

教科書教材

教科書教材

Point

最近の顕著な傾向として，実際の授業における指導力を見るため，教科書教材を用いた総合問題の増加があげられる。出題される曲のほとんどは，共通教材や有名な楽曲，合唱コンクール等でよく歌われる曲である。受験生から見れば小・中・高校時代に学んだ曲もあることから，親しみやすいといえるだろう。

それだけに，他の受験生も重点的に学習することも考えられる。そうなると，得点率が高くなり「他の受験生と差をつける」問題から，「他の受験生と差がつかないようにする」問題へと変化する可能性もある。さらに，得点率を下げるため，問題の難易度が高くなるといったことも考えられる。

いずれにしても，対策としては楽曲を十分に学習し，より多くの問題にあたることが必要になってくるだろう。

教科書教材として出題頻度の高い曲

ジャンル	曲名	作曲者	作詞者	特徴
歌唱	赤とんぼ	山田耕筰	三木露風	共通教材
歌唱	荒城の月	滝廉太郎	土井晩翠	共通教材
歌唱	早春賦	中田章	吉丸一昌	共通教材
歌唱	夏の思い出	中田喜直	江間章子	共通教材
歌唱	花	滝廉太郎	武島羽衣	共通教材
歌唱	花の街	團伊玖磨	江間章子	共通教材
歌唱	浜辺の歌	成田為三	林古溪	共通教材
歌唱	Caro mio ben	ジョルダーノ	—	イタリア古典歌曲
歌唱	サンタルチア	—	—	ナポリ民謡
歌唱	大地讃頌	佐藤眞	大木惇夫	合唱教材
歌唱	遠い日の歌	パッヘルベル (橋本祥路編曲)	岩沢千早	合唱教材
鑑賞	小フーガト短調	J.S.バッハ	—	オルガン曲
鑑賞	アイネクライネナハトムジーク	モーツァルト	—	弦楽合奏
鑑賞	四季より「春」	ヴィヴァルディ	—	弦楽合奏
鑑賞	魔王	シューベルト	ゲーテ	ドイツリート

問題対策

1. 総合問題

総合問題では「曲名」「作曲者名」「作詞者名」「調名」などの基本的事項を問うものから，和音の分析や旋律の書き足し，移調問題，さらに実際の指導の方法や指針などが問われる場合もあり，第3章で取り上げた総合問題とほぼ同様のスタイルと見てよい。受験生は共通教材についての十分な知識と演奏経験，そして音楽の知識や技術を指導に反映する能力を見られているといえる。

さらに，曲に関する周辺知識も重要になるだろう。作詞者・作曲者の他の作品，当該曲と同時代に作られた作品などにも注意しなければならない。例えば，「大地讃頌」は，カンタータ「土の歌」全7楽章の最終楽章であるが，第1楽章から第6楽章について知る人は極めて少ない。

〈参考〉「土の歌」の第1楽章～第6楽章

第1楽章「農夫と土」	自然の恵み，土への感謝
第2楽章「祖国の土」	人は土に生まれ，土に還る
第3楽章「死の灰」	原爆と人間の汚さ
第4楽章「もぐらもち」	原爆について描かれている
第5楽章「天地の怒り」	天災と人間悪
第6楽章「地上の祈り」	大地への想いと反戦の祈り

「魔王」はドイツリートの代表的な歌曲のひとつで，シューベルト作曲，ゲーテ作詞，シューベルトの作品第1番である。作曲者，作詞者はもとより，これらの曲が成立した背景や，歌詞の意味の理解，伴奏譜の学習も必要となる。この「魔王」の原題は「Erlkönig」と書かれ，「妖精の王」という意味である。多くの中学生や教師は「魔王」をともすれば巨大な「閻魔大王」のイメージで考えているケースが多く，それによって受け取るイメージや意味が大きく異なる。また，「小フーガト短調」は，最近は「フーガト

短調」とのみ記される場合もあり，呼称をチェックすることが望ましい。さらにヴィヴァルディの「春」(「四季」より)が掲載されている教科書には，それぞれの曲の描写的説明文「ソネット」も掲載されている場合がある。それらも一通り学習しておこう。

〈参考〉ヴィヴァルディ『春』のソネットの例(訳文)

春がやって来た。
小鳥たちは楽しそうに朝の歌をうたい，
小川はやさしくささやきながら流れている。
だが，急に空には暗雲が垂れ込め，雷鳴と稲妻がおそってくる。
そして嵐が過ぎ去った後には，また前にも増して楽しげな歌が始まる。

2. 旋律を書く問題等

最近の試験では，特に教科書教材楽曲の一部の旋律を記譜させる問題が頻出である。曲の冒頭部分の旋律を調名と拍子を指定した上で楽譜にしたり，曲名を伏せた上で，楽譜の旋律と曲についての説明の正否を問うたりする問題などが見られる。

3. 指導法に関する問題

指導法を問う問題では，学習指導要領の本文をどのように授業に反映させるかを問うものが多い。以下に，中学校学習指導要領(平成29年3月告示)と関連させた指導のポイントを述べる。

① 主体的・対話的で深い学びの実現を図る

第1章総則第3の1「主体的・対話的で深い学びの実現に向けた授業改善」では，「生徒が各教科等の特質に応じた見方・考え方を働かせながら，知識を相互に関連付けてより深く理解したり，情報を精査して考えを形成したり，問題を見いだして解決策を考えたり，思いや考えを基に創造したりすることに向かう過程を重視した学習の充実を図ること」が重視されている。この他，授業改善の留意事項として言語活動の充実や，音楽堂等の地域の施設の活用を積極的に図り，鑑賞等の学習活動を充実させることなど全7項目が挙げられている。

② **表現領域の指導内容の5点を踏まえる**

音楽の素材としての音，音楽の構造，音楽によって喚起されるイメージや感情，音楽の表現における技能，音楽の背景となる歴史や文化など音楽を成立させている以下の具体的な要素を説明し，理解させる指導をする。

音色，リズム，速度，旋律，テクスチュア※，強弱，形式，構成

※テクスチュア…音と音とが同じ時間軸上で垂直的にかかわったり，時間の流れの中で水平的に関わったりして生まれる，織物の縦糸と横糸のような様相で様々な音の織りなす状態。音楽における音や声部の多様な関わり合いを指す。

③ **「知覚」および「感受」の用語を用いて，指導過程を説明する**

知覚：上記の要素を把握し，その実在を確認すること

感受：知覚したものがどのようにして音楽の雰囲気や表現をだしているかを感じること

これらの2つの要素があわさって，はじめて音楽の理解が得られるというスタンスが学習指導要領に見られる。

④ **根拠をもって自分なりに批評させる**

上の①～③までの事項を総合し，表現，鑑賞のいずれの分野においても生徒自らの言葉で語る＝「批評する」ことができるように指導する。

Attention!

教科書教材として出題頻度の高い曲

最頻出ともいえる「花」「荒城の月」「浜辺の歌」は，いずれも共通教材である。当然だが，受験する校種の学習指導要領に掲載されている共通教材は必ず学習しておくこと。また，「サンタルチア」「Caro mio ben」は，共通教材ではないが大半の教科書に掲載され，教室でよく歌われている。異なる会社の教科書を数冊購入し，掲載の多い楽曲から学習することも，効率的な方法の1つであろう。

問題対策　1．総合問題

曲を学習するにあたって，最低限以下の項目は暗記しておきたい。
作曲者，作詞者，作曲年，オリジナル曲の編成と調，速度，曲の成立背景，それぞれの曲の和声進行，曲の構成，歌詞の意味

演習問題①

問題 1

次の楽譜について，下の問いに答えよ。(原曲は変イ長調)

(1) この曲の作曲者について書かれた文章を①～⑤から選び，番号で答えよ。

① 東京生まれ。東京音楽学校の教授であり，オルガンの奏法についての第一人者。

② 東京生まれ。東京音楽学校から同研究科入学。当時のロマン的風潮を反映した傑作が多い。

③ 秋田県生まれ。東京音楽学校卒業後，ドイツへ留学。帰国後は童謡運動に参加して，民衆の音楽向上に尽くした。

④ 東京生まれ。我が国最初の交響楽団を組織する一方，オペラの普及などにも努めた。

⑤ 鳥取県生まれ。東京音楽学校研究科卒業後，文部省唱歌の編集，作曲委員として多くの唱歌を作曲する傍ら，熱心なクリスチャンとして礼拝のオルガンを弾き，聖歌隊を指導した。

(2) この曲の形式を①～⑤から選び，番号で答えよ。

① 一部形式　② 二部形式　③ 三部形式

④ ロンド形式　⑤ 複合三部形式

(3) 楽譜中[　　　]の2番の歌詞として適切なものを①～⑤から選び，番号で答えよ。

① 雲のさまよ　② 風の音よ　③ 月の色も

④ 星のかげも　⑤ 寄する波よ

(4) 楽譜の[　　]部分の伴奏として作曲者がつくったものを①～⑤から選び，番号で答えよ。

①

②

③

④

⑤

(5) この曲を学習する過程で，生徒が創意工夫して表現するために必要な技能を身に付けられるようにする。指導上の留意点としてふさわしいものを，次の①～⑤から選び，番号で答えよ。

① すべてが2小節でひとまとまりのフレーズになっていることを感じながら，ブレスなどに気を付けて歌わせる。
② 独唱でもいいが，斉唱させることで，より主体的な活動へのアプローチとなるようにする。
③ デクレシェンドしながら最後まで音を伸ばして歌うことができるような呼吸の仕方を工夫するように促す。
④ 「サ行」「ハ行」「マ行」の子音は軽く無声音的に発し，日本語の美しさを感じることができるようにする。
⑤ 濁音は，はっきりと発音するように助言する。

(6) 「情景を思い浮かべながら，表情豊かに歌おう」という学習目標を設定して，この曲を教材に授業をする。学習活動として適切なものを①～⑤から2つ選び，番号で答えよ。
① 歌詞の表す情景を思い浮かべて，強弱の変化に気を付けながら歌う。
② 歌のフレーズを感じ取り，伴奏をよく聴きながら，4拍子の流れに乗って歌う。
③ 歌詞の表す情景や心情と，調の変化とのかかわりを考えながら，各フレーズや伴奏の変化を生かした音楽表現を工夫する。
④ 歌詞の表す情景と演奏形態の変化とのかかわりについて，気付いたことや感じたことを自由に話し合う。
⑤ 伴奏を聴いて，伴奏の音のつながり方や強弱と波の動きとのかかわりについて自由に話し合う。

解答 (1) ③　(2) ②　(3) ⑤　(4) ④　(5) ③　(6) ①，⑤

解説 (1) 林古溪作詞，成田為三作曲の「浜辺の歌」からの出題である。成田為三(1893－1945)は秋田県生まれの作曲家である。山田耕筰に師事し，多くの童謡を作曲した。　(2) 4小節ごとに分けるとき，A(a-a')－B(b-a')の二部形式である。　(3) ①と②は1番，③と④は該当箇所以外の2番の歌詞である。　(4) 全16小節を4小節ごとに4フレーズに分けるとき，第4フレーズ第1小節(第13小節)の伴奏は非和声音が特徴的な響きを生む。 (5) 特に第3フレーズのf(第10小節6拍目)のあとのdecrescendoにおいては，音を持続させる技能が求められる。 (6) ② 4拍子ではなく8分の6拍子である。 ③ 調は初めから終わりまで変わらない。 ④ 演奏形態は変化していない。

問題 2

次の楽譜は，ある曲の一部分を抜粋したものである。あとの各問いに答えよ。

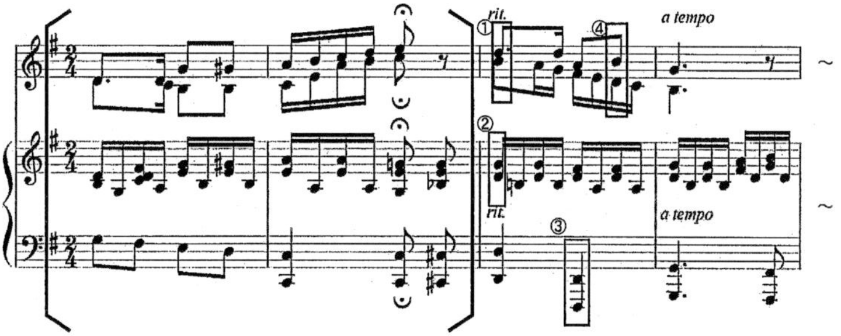

(1) この曲の作曲者の作品を次のア～カから2つ選び，その記号を書け。

ア ちいさい秋みつけた　　イ ゆりかご　　ウ 箱根八里

エ かやの木山の　　オ お正月　　カ からたちの花

(2) 楽譜中の①～④の音程を書け。

(3) この曲の調の平行調，同主調，属調，下属調をそれぞれ書け。

(4) 〔　　〕内を長3度下に移調し，調号を用いて書け。

(5) この曲を中学校第3学年において教材として取り上げ，授業を行う。上記の楽譜の表現について，自己のイメージや思いを伝え合ったり，他者の意図に共感したりさせるための指導上の工夫について説明せよ。

解答 (1) ウ，オ　(2) ① 短3度　② 完全4度　③ 完全8度　④ 長6度　(3) 平行調…ホ短調　同主調…ト短調　属調…ニ長調　下属調…ハ長調

(4)

(5) 「𝄐」,「rit.」,「a tempo」を用いた速度の変化が生み出す曲想について，相互に伝え合い，思いや意図をもって，創意工夫して表現する活動を取り入れる。

解説 (1) 滝廉太郎作曲「花」の最後の部分の楽譜で，アは中田喜直の作曲，イは平井康三郎の作品である。童謡「ゆりかごのうた」(草川信作曲)も有名。エとカは山田耕筰の作品である。 (2) 音程は楽典の基本。本設問には特に難しいものはない。 (3) 「花」はト長調でその近親調を答えるものである。 (4) ト長調の長3度下は変ホ長調であることに注意すれば正答できるだろう。 (5) 2部合唱の音型の盛りあがり(クレッシェンド)についても触れたい。

問題 3

次に示す楽譜と説明文から，以下の各問いに答えよ。

A

B

Aの曲は，テオドロ・コットラウの作曲とされる(　①　)であり，(　②　)の民謡の代表作である。

(　②　)のポピュラーソングは(　③　)と呼ばれ，「歌」を意味する。ディ・カープア作曲の(　④　)は日本でも有名である。

Bの曲は，ジュゼッペ・ジョルダーニ作曲の(　⑤　)であり，(　②　)

古典歌曲を代表する有名な作品である。

1 （ ① ）に入る曲名を書け。

2 （ ② ）に入る国名を書け。なお，同じ番号には同じ国名が入る。

3 （ ③ ）に適切な語句を書け。

4 （ ④ ）に入る曲名を書け。

5 （ ⑤ ）に入る曲名を原語で書け。

6 Bの楽譜中の⑥の記号を省略しないでイタリア語で書け。

7 Bの楽譜中で適する場所にフェルマータを記号で書け。

解答 1 サンタルチア　2 イタリア　3 カンツォーネ
4 オーソレミオ　5 Caro mio ben　6 decrescendo
7

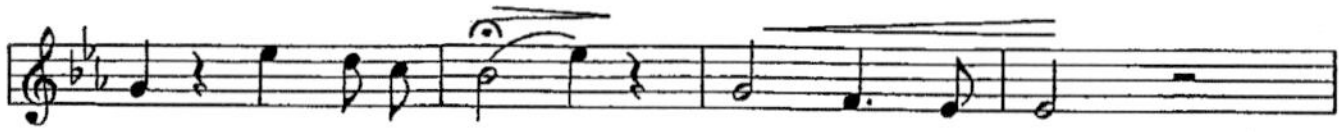

解説 楽譜Aはカンツォーネとして愛唱される「サンタルチア」，楽譜Bはイタリア古典歌曲の「Caro mio ben(カロ・ミオ・ベン)」である。7は正答の音符の次の4分音符にフェルマータを付けないよう正しく歌いたいもの。

問題 4

次のA～Gの文は，中学校学習指導要領(平成29年告示)「音楽」に示されている「共通教材」について説明した文である。あとの[問1]～[問6]に答えよ。

A この曲は，日本情緒豊かな曲として，人々に愛されて親しまれてきた曲である。例えば，拍子や速度が生み出す雰囲気，旋律と言葉との関係などを感じ取り，歌詞がもっている詩情を味わいながら日本語の美しい響きを生かして表現を工夫することなどを指導することが考えられる。

B この曲は，人の世の栄枯盛衰を歌いあげた曲である。例えば，歌詞の内容や言葉の特性，短調の響き，旋律の特徴などを感じ取り，これらを生かして表現を工夫することなどを指導することが考えられる。

C　この曲は，滑らかによどみなく流れる旋律に始まり，春を待ちわびる気持ちを表している曲である。例えば，拍子が生み出す雰囲気，旋律と強弱との関わりなどを感じ取り，フレーズや曲の形式を意識して，情景を想像しながら表現を工夫することなどを指導することが考えられる。

D　この曲は，夏の日の静寂な尾瀬沼の風物への追憶を表した叙情的な曲である。例えば，言葉のリズムと旋律や強弱との関わりなどを感じ取り，曲の形式や楽譜に記された様々な記号などを捉えて，情景を想像しながら表現を工夫することなどを指導することが考えられる。

E　この曲は，滝廉太郎の名曲として広く歌われている，春の隅田川の情景を優美に表した曲である。例えば，拍子や速度が生み出す雰囲気，歌詞の内容と旋律やリズム，強弱との関わりなどを感じ取り，各声部の役割を生かして表現を工夫することなどを指導することが考えられる。

F　この曲は，希望に満ちた思いを叙情豊かに歌いあげた曲である。例えば，強弱の変化と旋律の緊張や弛緩との関係，歌詞に描かれた情景などを感じ取り，フレーズのまとまりを意識して表現を工夫することなどを指導することが考えられる。

G　この曲は，浜辺に打ち寄せる波の情景を表すような伴奏に支えられた，叙情的な歌詞と旋律をもつ曲である。例えば，拍子や速度が生み出す雰囲気，歌詞の内容と強弱の変化との関係などを感じ取り，フレーズのまとまりや形式などを意識して表現を工夫することなどを指導することが考えられる。

[問1]　A～Gの曲名を書け。ただし，学習指導要領に示されているとおりの漢字を用いること。

[問2]　Aの曲について，作曲者名を漢字で書け。

[問3]　Bの曲について，原曲の楽譜を次の(ア)～(エ)から1つ選び，その記号を書け。

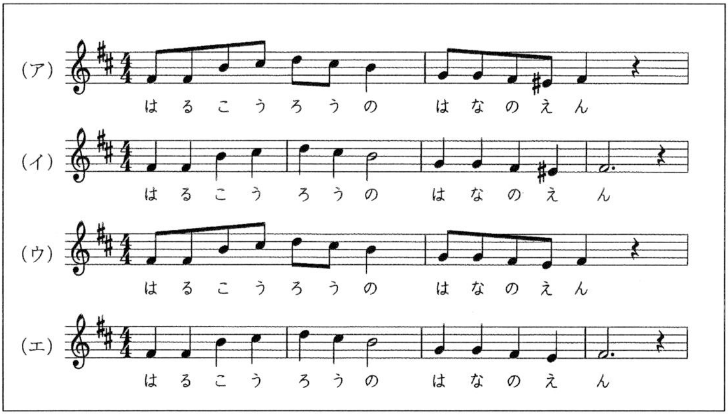

[問4]　Cの曲について，曲の速度として最も適切なものを，次の(ア)～(エ)から1つ選び，その記号を書け。

(ア)　♪ = 69　　(イ)　♪ = 88　　(ウ)　♪ = 116

(エ)　♪ = 132

[問5]　Dの曲について，歌唱指導における〔共通事項〕の取り扱いとして，最もふさわしい「音楽を形づくっている要素」の組み合わせを，次の(ア)～(ウ)から1つ選び，その記号を書け。

(ア)　リズム，記号，情景　　(イ)　音色，音階，構成

(ウ)　旋律，強弱，形式

[問6]　Fの曲について，次の(ア)～(ウ)は，旋律の特徴を説明したものである。説明として正しいものには○を，間違っているものには×を，それぞれ書け。

(ア)　各フレーズが，すべて弱起で開始されている。

(イ)　各フレーズの小節数が，すべて偶数となるよう構成されている。

(ウ)　旋律の音域が1オクターヴ内に収められている。

解答　[問1]　A　赤とんぼ　B　荒城の月　C　早春賦　D　夏の思い出　E　花　F　花の街　G　浜辺の歌　[問2]　山田耕筰　[問3]　(ア)　[問4]　(ウ)　[問5]　(ウ)　[問6]　(ア)　○　(イ)　×　(ウ)　×

解説 [問1] 共通教材の曲については，演奏指導をすることを想定して，理解を深めておくこと。特徴，歌詞の内容，作詞者・作曲者などについては必須の知識である。 [問2] Aの「赤とんぼ」は，山田耕筰作曲・三木露風作詞である。Bは，滝廉太郎作曲・土井晩翠作詞，Cは，中田章作曲・吉丸一昌作詞，Dは，中田喜直作曲・江間章子作詞，Eは，滝廉太郎作曲・武島羽衣作詞，Fは，團伊玖磨作曲・江間章子作詞，Gは成田為三作曲・林古溪作詞。 [問3] 原曲は(ア)の楽譜である。大正6年に，山田耕筰が全音程を3度上げてロ短調からニ短調へ，またテンポを半分にして8小節から16小節へ，編曲した。その後，さらに旋律を1音だけ変更し，Eについた♯を削除した。 [問4] 「早春賦」の速度は，♪＝116である。 [問5] 中学校学習指導要領解説によると，「夏の思い出は，夏の日の静寂な尾瀬沼の風物への追憶を表した叙情的な曲である。例えば，言葉のリズムと旋律や強弱との関わりなどを感じ取り，曲の形式や楽譜に記された様々な記号などを捉えて，情景を想像しながら表現を工夫することなどを指導することが考えられる。」と記載されている。

[問6] (ア) 各フレーズは，すべて弱起で始められているため，正しい。 (イ) 「かぜのリボン」のフレーズの小節数は奇数のため，誤り。 (ウ) この曲の旋律の最低音は一点ハ音で，最高音は二点ニ音のため，オクターヴを超えており，誤り。

問題 5

次の楽譜はある曲の一部である。以下の文の(　　)内にあてはまる語句を選べ。(解答は選択肢より選び，番号で答えよ。)

この曲は(　ア　)の詩に(　イ　)が作曲したもので，主に3人の登場人物のセリフが歌で表されている。登場人物[A]が歌う部分はト短調である。

登場人物[B]が歌う部分は，自分自身も不安だが登場人物[A]を安心させたい気持ちを表現するため，(　ウ　)の(　エ　)へと達している。登場人物[C]が歌う部分では，さらに(　オ　)の(　カ　)へと転調をしている。なお，登場人物[B]は(　キ　)である。

(　イ　)はリートを600曲以上も作曲したことから(　ク　)と呼ばれ，人々に親しまれた。また，交響曲も数曲作曲しており，「(　ケ　)」は特に有名である。

なお，この部分の[A]と[B]のそれぞれ出だしの音の音程は(　コ　)である。

アの選択肢

1. シラー　2. ハイネ　3. ミュラー　4. ゲーテ

イの選択肢

1. ベートーヴェン　2. シューベルト　3. シューマン　4. ブラームス

ウの選択肢

1. 属調　2. 下属調　3. 平行調　4. 同主調

エの選択肢

1. ハ長調　2. ニ長調　3. ト長調　4. 変ロ長調

オの選択肢

1. 属調　2. 下属調　3. 平行調　4. 同主調

カの選択肢

1. ハ長調　2. ニ長調　3. ト長調　4. 変ロ長調

キの選択肢

1. 父　2. 魔王　3. 子　4. 語り手

クの選択肢

1. 楽劇の王　2. ピアノの詩人　3. 音楽の父　4. 歌曲の王

ケの選択肢

1. 未完成　2. 新世界　3. 悲愴　4. ジュピター

コの選択肢

1. 長6度　2. 短6度　3. 減5度　4. 完全5度

解答　ア　4　イ　2　ウ　4　エ　3　オ　2　カ　1　キ　1

ク 4　ケ 1　コ 2

解説 本設問は，オーストリアの作曲家であるシューベルト(1797～1828年)が1815年頃に作曲したリート(歌曲)，「魔王」である。また，彼は各分野に名曲を残したが，とりわけドイツ歌曲においての功績が大きく，「歌曲の王」と呼ばれる。序奏は右手のオクターヴ奏法で嵐の中の馬の疾走，更に左手の音階音型でしのびよる不気味さを演出しており，ピアノ伴奏者には技術が求められる。

問題 6

次の曲の楽譜について，あとの各問いに答えよ。

(1)　作曲者名を書け。

(2)　曲名について，次の(　①　)，(　②　)に適する語句を書け。

「和声と創意の試み」第1集「(　①　)」から「(　②　)」

(3)　調性を書け。

(4)　この曲はソネットに基づいてつくられているが，ソネットについて説明せよ。

(5)　この曲は，どのような形式でできているか。形式名を書け。

(6)　この協奏曲の独奏楽器名を書け。

(7)　(5)及び(6)の解答を生かして，この曲の特徴を書け。

解答　(1)　ヴィヴァルディ(ビバルディ)　　(2)　①　四季　　②　春

(3) ホ長調　(4) イタリアのルネサンス期に流行した詩で，全文14行からなっている。　(5) リトルネッロ形式　(6) ヴァイオリン(バイオリン)　(7) ・合奏と独奏が交互に演奏され，独奏楽器はヴァイオリンである。　・合奏と独奏が何度か繰り返され，合奏部では，同じ音楽が繰り返される。　・チェンバロなどの通奏低音と弦楽器で演奏されている。

解説 (1) 作曲者ヴィヴァルディ(ビバルディ)は，バロック末期のイタリアの作曲家である。　(2) 「和声と創意の試み」は12曲から成るヴァイオリン協奏曲集で，第1曲から第4曲をまとめて第1集「四季」と呼び，それぞれ春，夏，秋，冬という名称がつけられている。
(3) 調号は#が4つなのでホ長調である。　(4) ソネットはイタリアに起こり，ペトラルカを始めシェークスピアらも駆使した詩形であるが，この楽曲のソネットの作者は不明である。　(5) リトルネッロ形式は，ひとつの楽章の中で総奏と独奏が交互に繰り返される演奏形式のことをいう。もともとリトルネッロとは，合奏協奏曲やソロ・コンチェルトの総奏(トゥッティ)部分のことを指す言葉であった。
(6) この曲の構成は，独奏ヴァイオリン，弦楽合奏，通奏低音である。　(7) 演奏形式と楽器の編成について特徴を述べられるとよい。通奏低音とは，2声部以上の音楽において途切れることなく奏される低音声部のことをいい，バロック音楽で行われた作曲上・演奏上の習慣でもある。この低音声部はチェンバロやオルガンなどの鍵盤楽器，リュートやハープなどの撥弦楽器が担当した。

Attention!

問題対策　2. 旋律を書かせる問題等

「赤とんぼ」「荒城の月」「花」「花の街」「早春賦」等，教科書に取り上げられている日本を代表する歌曲については，より高度な問題が出題される可能性が高い。対策としては，メロディを書き写し，また移調して書くことができるように学習することがあげられる。

問題対策　3. 指導法に関する問題

受験生の音楽教員としての知識を駆使し，どう指導を行うかをチェックするのが，問題の趣旨になる。ポイントは次のとおり。

・「知覚」と「感受」の具体的な指導方法の提示
・共通事項に示されている音楽を形づくっている「要素」を，曲を通じて指摘する
・アンサンブルの中で，個人の力量育成と全体調和の両立を目指した活動方法の提示

これらの教材を指導する方向性として，
(1)　楽譜に書かれた様々な情報(強弱記号，発想記号，速度記号等)より，作曲者の意図を読み取り，共感させること
(2)　他者の演奏をよく聴き，表現の工夫を認識し，その意図を理解すると共に，それに共感させること
(3)　指導は教師の一方的な評価ではなく，生徒自身により相互評価をさせるなどして，評価方法の多様化を図ること
等が考えられる。

演習問題②

問題 1

次の①，②の曲について，それぞれの主旋律を指示にしたがって書け。その際，スラーや強弱記号，歌詞，速度標語は書かないものとする。

① 赤とんぼ(山田耕筰作曲)[Es durで，冒頭から最後まで書け]

② 花(滝廉太郎作曲)[G durで，冒頭から8小節目まで書け]

解答 ①

②

解説 「赤とんぼ」は，三木露風作詞，山田耕筰作曲。Es durなのでフラットは3つ。「花」は，武島羽衣作詞，滝廉太郎作曲。G durなのでシャープは1つ。いずれも中学校の共通教材なので確認しておくこと。共通教材の出題頻度は高いが，楽譜に記譜する問いは難易度が高いと言える。

問題 2

次の(1)～(4)の楽曲について，歌い初めの主旋律4小節分を，示された条件にしたがって楽譜に書け。(弱起は，1小節分に数えないこととする)

(1) 「荒城の月」(土井晩翠　作詞／滝廉太郎　作曲)

ロ短調　　4分の4拍子

(2) 「花」(武島羽衣　作詞／滝廉太郎　作曲)
　　ト長調　　4分の2拍子

(3) 「花の街」(江間章子　作詞／團伊玖磨　作曲)
　　へ長調　　4分の2拍子

(4) 「早春賦」(吉丸一昌　作詞／中田章　作曲)
　　変ホ長調　　8分の6拍子

解答

(1) 

(2) 

(3) 

(4) 

解説　出題の楽曲は，いずれも学習指導要領で共通教材として指定されている。共通教材は頻出であるので，作詞・作曲者はもちろん，楽譜なども完全に把握しておきたい。なお，共通教材は出題の楽曲のほかに「赤とんぼ」(三木露風作詞，山田耕筰作曲),「夏の思い出」(江間章子作詞，中田喜直作曲),「浜辺の歌」(林古溪作詞，成田為三作曲)がある。

問題 3

次のリズム譜は，共通教材の中の1曲です。楽曲の旋律となるよう正しい音程で以下の五線譜に作成しなさい。また，臨時記号等がある場合は記入すること。(原曲で答えること)

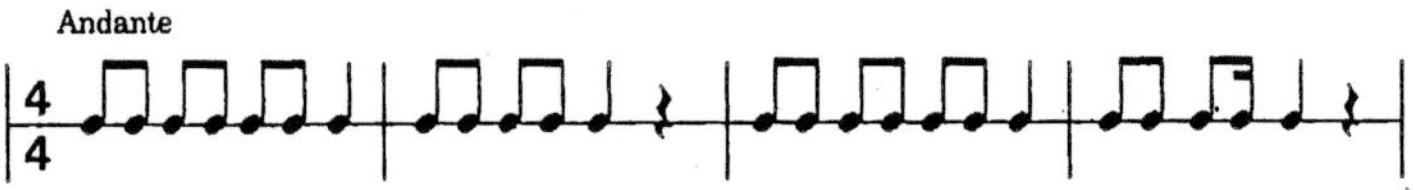

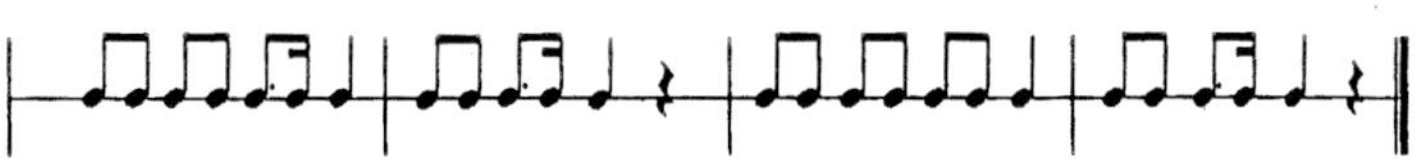

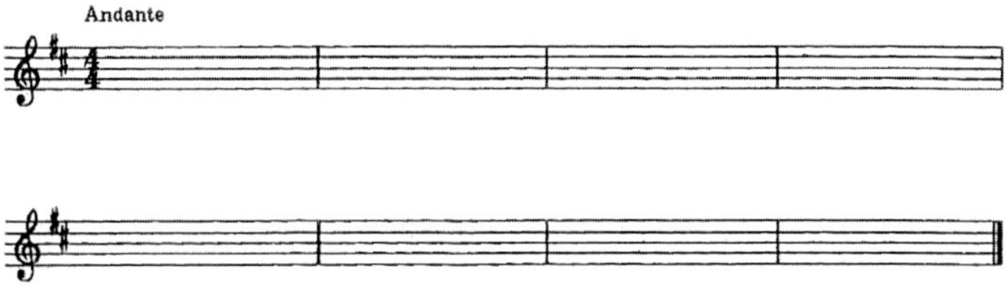

解答

解説　提示されたリズム譜は，土井晩翠作詞，滝廉太郎作曲の「荒城の月」である。原曲で答えるよう指示されており，山田耕筰による編曲版もあるので留意すること。山田耕筰版は，4分の2拍子ニ短調であり，楽譜2小節目のミ♯の音程が半音低くミ♮になっている。

問題 4

「浜辺の歌」(林古溪作詞，成田為三作曲)の旋律を以下の五線譜に，次に示す音符や記号の中から必要なものを使用して，適切な楽譜として完成せよ。なお，調性は，ホ長調の属調とする。

全音符，二分音符，四分音符，八分音符，十六分音符，付点二分音符，付点四分音符，付点八分音符，全休符，二分休符，四分休符，八分休符，十六分休符，付点二分休符，付点四分，休符，付点八分休符，三連符，タイ，調号，臨時記号，拍子，記号

解答

解説　「浜辺の歌」の旋律を，まず正しく歌えるような調性で記譜し，それをロ長調に移調するとよい。元々調号でCに♯がついているので，Cの臨時記号はダブルシャープにすること。また休符と，タイの使用場所について注意する。

問題 5

中学校学習指導要領(平成29年3月告示)の「音楽」における共通事項について，次の問いに答えよ。

次の①～③の楽曲を教材として授業で取り上げて指導する際，あなたならどのような要素や要素同士の関連を取り上げ生徒に(　A　)させ，どのような特質や雰囲気を(　B　)させる授業づくりをするか。要素や要素同士の関連と特質や雰囲気をそれぞれ書け(A，Bは自分で言葉を補い考えること。また，①～③の括弧内は対象学年を表している)。

①　「早春賦」(第3学年)　　②　「浜辺の歌」(第2学年)

③　「魔王」(シューベルト作曲)(第1学年)

解答　①　速度とリズムの関連を取り上げ，春が来るのを待ちこがれている気持ちを感受させる。など　　②　速度と旋律の関連を取り上げ，寄せては打ち返す波の雰囲気を感受させる。など　　③　旋律と強弱の関連を取り上げ，子どもの声がだんだん高くなり恐怖におびえている雰囲気を感受させる。など

解説　①～③の曲を，どのような要素や関連のもとに「知覚」させ，どのような特質や雰囲気を「感受」させるかを問う出題。①と②は歌唱において，③は鑑賞の曲であり，教師としての立場で考え答えたい。

問題 6

次の楽譜は「花の街」の一部である。この曲について下の各問いに答えよ。

(1)　作詞者を次の1～5の中から1つ選べ。

1　三木露風　　2　土井晩翠　　3　江間章子　　4　武島羽衣

5　林柳波

(2)　作曲者を次の1～5の中から1つ選べ。

1　成田為三　　2　滝廉太郎　　3　中田喜直　　4　團伊玖磨

5　山田耕筰

(3)　この曲の速度記号として適切なものを，次の1～5の中から1つ選べ。

1　Adagio　　2　Largo　　3　♩= 72～84　　4　♩= 112～120

5　Allegro

(4)　楽譜のA～Cにあてはまる記号の組み合わせとして正しいものを，次の1～5の中から1つ選べ。

	A	B	C
1	***p***	***crescendo***	***f***
2	***mp***	***accelerando***	***ff***
3	***mp***	***crescendo***	***f***
4	***mf***	***accelerando***	***ff***
5	***mf***	***crescendo***	***f***

(5)　楽譜の1小節目と2小節目を移動ド唱法で歌った場合の階名として正しいものを，次の1～5の中から1つ選べ。

1　ファミファソレ　　2　シラシドソ　　3　ドシドレラ

4　ミレミファド　　5　ソファソラミ

解答　(1)　3　　(2)　4　　(3)　3　　(4)　5　　(5)　3

解説　(1)「花の街」は中学校の共通教材であるので，必ず正解したい。江間章子作詞の曲では，中田喜直作曲の「夏の思い出」も共通教材になっている。歌詞とあわせて確認しておくこと。　(2)　團伊玖磨は，日本を代表するクラシック音楽の作曲家である。オペラ，交響曲，歌曲，童謡，映画音楽，放送音楽と，幅広いジャンルを手がけたが，特に有名なのは，この「花の街」と言えるだろう。「赤とんぼ」三木露風作詞，山田耕筰作曲，「荒城の月」土井晩翠作詞，滝廉太郎作曲，「早春賦」吉丸一昌作詞，中田章作曲，「夏の思い出」江間章子作詞，中田喜直作曲，「花」武島羽衣作詞，滝廉太郎作曲，「花の街」江間章子作詞，團伊玖磨作曲，「浜辺の歌」林古溪作詞，成田為三作曲は共通教材である。楽譜に目を通しておくこと。

(4)　crescendo(クレッシェンド)はだんだん強く，mfはやや強く，f

は強くを意味する。共通教材なので，実際に歌いながら曲想もつかんでほしい。なお，accelerandはだんだん速く，pは弱く，mpはやや弱く，ffはとても強くを意味する。 (5) ♭ひとつの長調なのでヘ長調の楽曲である。主音の「ヘ」を「ド」と歌うことになるので，3以外にはありえない。学習指導要領にも「1＃，1♭程度をもった調号の楽譜の視唱や視奏に慣れさせるようにすること」とある。

問題 7

次の楽曲を教材とした中学校第3学年の合唱の指導について，問1～問3に答えよ。

遠い日の歌(パッヘルベルの「カノン」による)

岩沢千早 作詞／橋本祥路 作曲

C
2.（Laで歌う）
mp
19
20
21
（Laで歌う）
mp
（Laで歌う）
22
23
24
25
mf
mf
D
26
27
28
29
mp
（Tuで歌う）
mf
3ひとはいまー　かぜのなかでー　もえるおもいー　だきしめているー
（Luで歌う）
mp
31
32
33
34
mp
（Luで歌う）
そのむねにー　みちあふれてー　ときめかすー　とおいひのうたー　ー
35
（Lan La La……で歌う）
E
f
36
37
f
（Lan La La……で歌う）
f
（Lan Lan………で歌う）
38
39
40

問1　次の(1)，(2)に，最もふさわしい指導内容を①～⑤からそれぞれ1つずつ選べ。

(1)　第26小節目から第29小節目

(2)　第43小節目から第45小節目

①　速度や強弱の働きを知覚し，それらの効果を生かした表現を工夫させる。

②　言葉や音階などの特徴を生かし，表現を工夫して旋律をつくらせる。

③　合唱全体の響きの調和を感じ取らせて，合唱表現をさせる。

④　声の特徴を生かし，全体のまとまりを工夫しながら音楽をつくらせる。

⑤　他の声部の役割や表現意図を理解させて，合唱表現をさせる。

問2　[C]で，ソプラノとアルトに対する指導上の留意点として，最もふさわしいものを①～④からそれぞれ1つずつ選べ。

①　主旋律を意識させ，お腹の動きを感じて，はっきりとした歯切れよい声を出させる。

②　主旋律を支えることを意識させ，のどの力を抜いて，柔らかい声で歌わせる。

③　旋律の美しさを感じ，胸部の響きを意識して，力強く豊かな響きの声で歌わせる。

④　自分たちが主旋律であることを意識させるが，力まないように歌わせる。

問3　立って歌うときの正しい姿勢を指導する際，生徒に対してどのような言葉掛けをするか書け。ただし，言葉掛けは，体の部位を具体的に示すこととする。

解答 問1 (1) ⑤ (2) ③ 問2 ソプラノ…④ アルト…②
問3 背筋を伸ばし，肩を上の方に持ち上げてから肩だけをストンと落として楽な姿勢をとってください。

解説 中学校の教材としてよく使われる「遠い日の歌」(橋本祥路 作曲)の合唱指導についての実践的な出題である。 問1 (1) 第26小節から男声が主旋律をやや強く歌い，女声のソプラノとアルトはスタッカートでスキャットを軽く歌う部分である。指導内容の①～⑤はどれも大切なものであり，選ぶのに迷うであろうが，各声部の役割や表現意図の理解という⑤が正答にふさわしい。 (2) ①あるいは③と迷うであろうが，44～45小節では四部合唱になって終了していることでもあり，合唱の響きの調和という観点から③を正答としている。 問2 ①～④はいずれも指導上の大切なことであるが，ソプラノは④，アルトは②が最もふさわしい。 問3 正しい姿勢の指導は実践を通して身に付くものでもあり，この設問の解答は多様となるであろう。

問題 8

次の楽譜を見て，下の各問いに答えよ。

(1) この曲の①作詞者名と作曲者名の組み合わせとして正しいものを下の(ア)～(カ)から選んで記号で答えよ。②また，この作曲者の作品で現在中学校の共通教材となっている曲の曲名を漢字で正しく答えよ。

(ア) 武島羽衣－滝廉太郎　　(イ) 武島羽衣－團伊玖磨
(ウ) 高野辰之－中田喜直　　(エ) 林 古溪－中田喜直
(オ) 土井晩翠－滝廉太郎　　(カ) 三木露風－團伊玖磨

(2) この曲の歌詞の一部，①「ううるつるぎにてりそいし」，②「てんじょうかげはかわらねど」について，それぞれどのような様子を表しているか答えよ。

(3) この曲の作詞にあたって作詞者が思い起こしたとされる城を2つ挙げ，それぞれの城と作詞者との関わりを説明せよ。

(4) この曲の旋律は山田耕筰によって補作編曲されている。補作編曲さ

れた旋律の最初の4小節を示せ。調性は下に記されたものに合わせること。(速度記号・強弱記号は書かなくてよい)

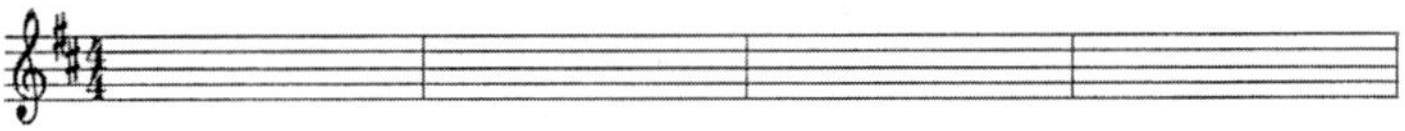

(5) この曲を用いて,「歌唱」の授業を中学2年生で行うこととする。

① 中学校学習指導要領第2章第5節音楽の2内容「A 表現(1)ア」を指導する。次の( )にあてはまる言葉を答えよ。

曲想と音楽の構造や(A)及び(B)との関わり

② この曲(原曲)と補作編曲されたものを比較し,それぞれの曲についてどのように表現を工夫して歌わせるとよいか。次の(ア)(イ)の要素に注目して説明せよ。

(ア) 旋律の特徴　　(イ) 速度

(6) 中学校の学習においては,小学校の学習をふまえることが大切である。次の(ア)~(エ)の中から,小学校学習指導要領で,小学校第5学年及び第6学年の指導事項として示されているものを1つ選び,記号で答えよ。

(ア) 範唱を聴いたり,ハ長調及びイ短調の楽譜を見たりして歌う技能。

(イ) 自分の歌声及び発音に気を付けて歌う技能。

(ウ) 呼吸及び発音の仕方に気を付けて,自然で無理のない歌い方で歌う技能。

(エ) 互いの歌声や副次的な旋律,伴奏を聴いて,声を合わせて歌う技能。

解答 (1) ① (オ)　② 「花」　(2) ① 植えたように立ち並ぶ剣に,照らし出していたであろう(照り輝いている様子)　② 空に輝く月は(昔と)変わらないのに(変わらない様子)　(3) ・城の名前…鶴ヶ城　作詞者との関わり…作詞者が学生時代に遊んで多大な印象を受けた城　・城の名前…青葉城　作詞者との関わり…作詞者の故郷にある城

(4)

(5) ① A 歌詞の内容 B 曲の背景 ② 原曲…七五調の言葉の抑揚と旋律線が2小節単位で自然に結びついている。ゆっくり歩くような速さで,「はなのえん」の憂いを帯びた旋律を生かして,旋律の流れとまとまりを大切に歌う。 補作編曲…一音節が四分音符で示されていて,一つ一つの音に力強さが感じられる。「ちよのまつがえ」の旋律は,低い音の連続と付点のリズムによって重厚な感じを出している。ゆるやかな速さで,たっぷりと歌う。 (6) (ア)

解説 (1) (ア)は「花」の作詞者・作曲者の組み合わせである。(ア),(オ)以外の選択肢の人物の組み合わせで作られた曲は存在しないが,いずれの人物も小学校および中学校の歌唱共通教材の作詞者,作曲者として知られるので携わった曲を確認しておくこと。 (2) 滝廉太郎作曲の「荒城の月」や「花」などは,格調高い語句を含んだ七五調の歌詞なので,情景や内容をしっかり把握しておくことが必要である。 (3) 作詞者と作曲者を取り違えないように注意。なお,滝廉太郎は作曲にあたり,幼少期を過ごした大分県竹田市の岡城や富山県富山市の富山城に着想を得たといわれている。 (4) 滝廉太郎による原曲と,山田耕筰による補作編曲の相違点を把握しておくこと。特に,補作編曲の意図について自分なりにまとめておくことも大切になる。 (5) 歌唱問題の出題は,作詞者・作曲者に関する問題,旋律の把握に関する問題,歌詞の把握や情景,語句の意味に関する問題,の3つに大別できる。このことを念頭において,中学校学習指導要領(平成29年3月告示)に示された音楽の歌唱共通教材7曲を学習しておくことが必要である。 (6) (イ)は小学校第1学年及び第2学年,(ウ)と(エ)は小学校第3学年及び第4学年の指導事項である。

第8章

作曲・編曲

作曲・編曲

Point

授業では児童生徒にあった教材提供が必要になることから，音楽教員にある程度の作曲・編曲能力が必要となる。自治体が教員採用試験に作曲・編曲の問題を出すメリットとして音楽教員としての力量や資質が明確になることがあげられる。その一方，採点が煩雑であること，評価が困難といったデメリットも存在する。したがって，作曲・編曲を課している自治体は，音楽教員の創造性をより重視しているといえるだろう。受験生としては，受験する自治体が作曲・編曲を過去に出題しているかを確認し，出題している場合はその傾向を知っておく必要がある。出題していない自治体でも，新たに出題される可能性もあることから，一通り学習しておいたほうがよい。

対策としては，実際に経験を積むことが最も効果的である。過去問を解き，専門家に添削してもらうことが必要である。さらに，実際に演奏し，課題を見つけるといったことを行えば，力量は格段に上がるだろう。

作曲・編曲の傾向

Check

問題は単旋律や2声部程度，形式も1部形式，2部形式程度の単純なものであり，どの自治体も本格的な作品ではなく，目の前にいる生徒に音楽に親しませ，学ばせるための最低限の作曲・編曲能力を求めている。具体的には，リコーダーアンサンブルや合唱曲の作曲・編曲，コードネームを付ける，コードネームがつけられた楽譜に作曲するといった課題が見られることから，コードネームの知識は必要であろう。ただし，吹奏楽や合唱などの課外活動での経験や指導を考慮した出題もみられ，高度な力量が試される場合もある。過去問等で作曲の出題形式を確認し，対策を講じること。

Attention!

旋律作曲における注意点

まず，ソプラノリコーダーおよびアルトリコーダーの音域と運指を確認すること。生徒の技能をふまえて編曲しなければならないので，複雑なリズムや運指が難しい臨時記号を多用したものは避けることが望ましい。

クラスやクラブ活動の状況をふまえた編曲の注意点

管楽器のための編曲を行う場合，それぞれの調(例：トランペットは$B^{\flat}$管，ホルンはF管など)を確認し，それにあわせた楽譜を用意する必要がある。日頃から総譜(スコア)，移調楽器の楽譜に親しんでおくことが必要である。

新曲作曲の注意点

新曲といっても，中高生が歌えるような平易な旋律で十分である。和声進行も奇異なものでなく，T-SD-D-Tをふまえたオーソドックスなものを考え，クライマックスを必ず入れること。その際，すこし意外性のある和音を挿入してもよい。教室での生徒の様子をイメージすると，作曲しやすい。

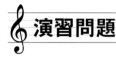

演習問題

問題 1

提示されたリズム動機を用いて，一部形式(a a′)の楽曲を完成させよ。ただし，下の条件に合わせてつくること。

〈リズム動機〉

〈条件〉

① 楽譜に示されたコード進行を使う。(非和声音を使ってもよい。)

② 旋律的短音階でつくる。

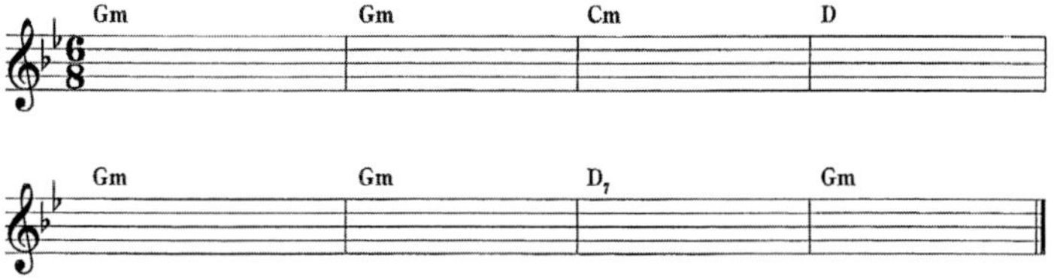

解答

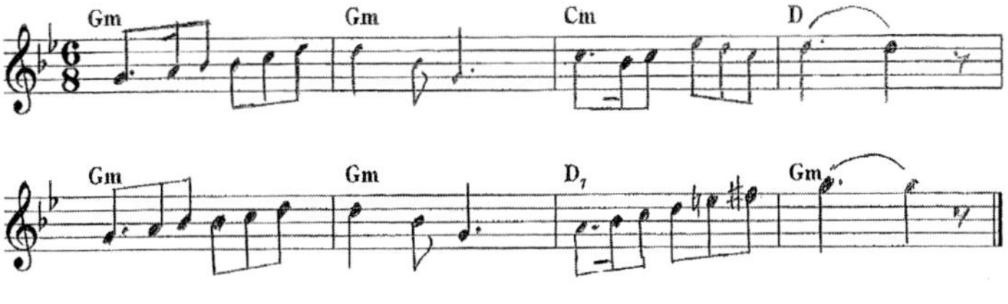

解説 一部形式であるため，提示されたリズムを用いつつ，前半4小節と後半4小節を大きく変更しない。第4小節は第5小節へ続き，第8小節は終止するので，この部分とかかわって変化をつけることになる。書くにあたり，終わりはもちろん，冒頭の音も主音にしておくのがよい。また8分の6拍子であることから，2拍子系にすることを考え，非和声音は1拍目や4拍目には置かず，経過音や刺繍音などの扱いによっ

て弱拍や細かいリズムにあわせて配置する。なお，旋律的短音階は上行形の第6音と第7音が半音上がるため，臨時記号を忘れずにつけること。跳躍進行や複雑な動きは控えて，確実に書き上げる。

問題 2

次の楽譜について，下の[問1]～[問4]に答えよ。

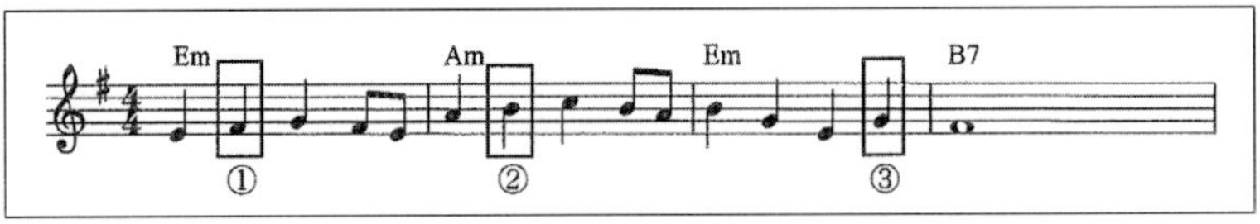

[問1]　楽譜中の①～③の音をアルトリコーダーで演奏する場合の指使いを，次の運指番号を用いて数字で書け。ただし，運指システムはバロック式又はイギリス式とし，サミングはØで，6及び7のダブルホールの片方だけを押さえる場合は6̸及び7̸で記入せよ。また，実際の音高は楽譜に示された音高より1オクターヴ高いものとする。

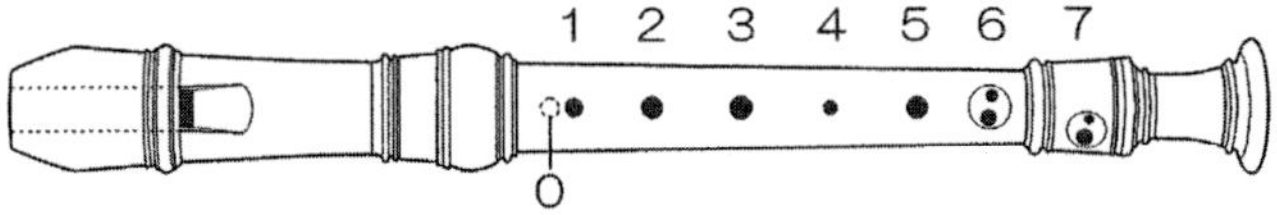

[問2]　上の楽譜をフレンチホルン(ヘ管)で演奏する場合の楽譜を，調号及び拍子記号も含めて五線譜に書け。

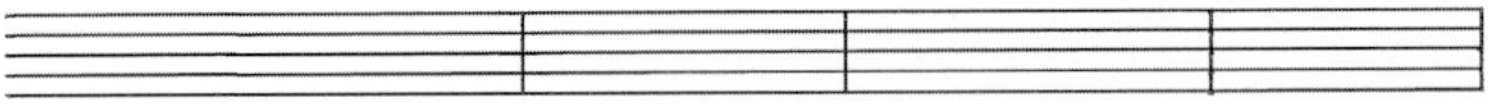

[問3]　上の楽譜を第1パートとし，アルトリコーダーによる二重奏となるよう，第2パートの楽譜を五線譜に書け。ただし，各小節とも次の(A)～(C)の条件をすべて満たすこと。

(A)　コードネームに示された構成音以外の音高の使用は1回までとする。

(B)　第2パートの音高は，第1パートを超えないこと。

(C)　3音以上用いること。ただし，同じ音高を連続させないこと。

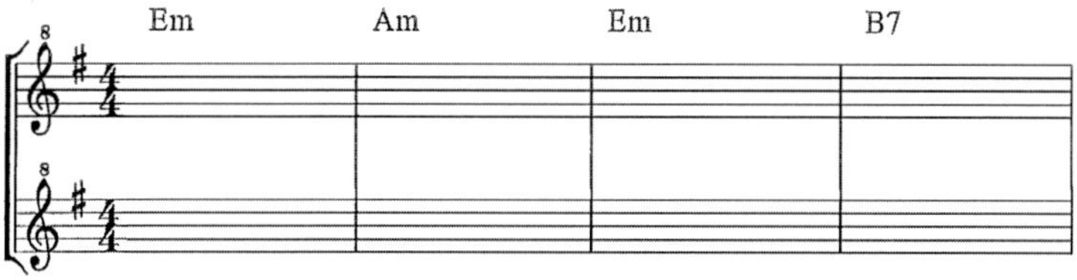

[問4]　上の楽譜の旋律から始まる16小節からなる旋律を創作して，五線譜に書け。ただし，次の(A)～(F)の条件をすべて満たすこと。

(A)　アルトリコーダーで演奏できる音域であること。

(B)　二部形式であること。

(C)　12小節目は半終止すること。

(D)　16小節目は完全終止すること。

(E)　1小節目の動機の反行形を用いた小節を含むこと。

(F)　シンコペーションのリズムを用いること。

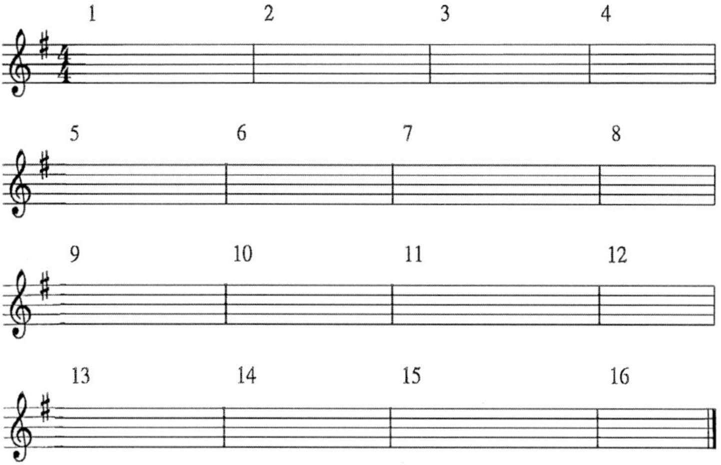

解答　[問1]　①　12　　②　Ø1235　　③　2

[問2]

[問3]

[問4]

解説 [問1] アルトリコーダーの運指の問題は頻出である。本問のように指番号で問われると正答しにくい。問題のリコーダーの図でよく確認すること。 [問2] フレンチホルン(ヘ管)の実音は完全5度低いので，記譜では，完全5度上に移調しなければならない。問いの楽譜の調性はホ短調であり，完全5度上の調性はロ短調となる。したがって調号は，ファ♯とド♯の2つとなる。 [問3] コードネームが提示されているので使用できる音は限定される。ソプラノメロディーに対して，下にアルトメロディーをつけるような意識で，重なる和声の響きを確認しながら作曲する。 [問4] 条件のうち，(A)アルトリコーダーの音域は，下一点ヘ音から二点ト音の間である。(B)二部形式とは，2つの大楽節からできている曲のことである。解答例では，1～8小節目がAの大楽節，9～10小節目がBの大楽節と

なっている。A(a a′) B (b a″) という構成でつくられている。構成が決められているので，二部形式の意味さえわかっていれば，主題に対して展開するだけなので，つくりやすい。(C)半終止とは，ドミナントVで一旦止めることである。12小節目はホ短調のVの和音であるBの和音にすること。(D)完全終止はその名の通り，V→Iで，曲の終止はEにすること。(E)反行形とは，上行のものは下行へ，下行は上行へと置き換えたもののことである。解答例では9小節目に使用されている。素材の発展，展開の技法については他に，逆行系，逆反行形がある。併せて確認しておくこと。(F)解答例では7小節目，10小節目，15小節目にシンコペーションが用いられている。音楽に動きと変化をつけられる。

問題 3

音楽を形づくっている要素の働きを変化させることによって，音楽の表情や雰囲気が変わることを感じ取りながら，創作を行う学習について，次の問いに答えよ。

へ長調4分の3拍子で4小節の終止感のある単旋律を作成せよ。

また，その後にそれを主題として2つの変奏を作り，それぞれの変奏について，主題に対して主にどのような変化を与えたかを書け。なお，2つの変奏については，それぞれ4小節とし，1段の五線譜上に書くものとする。

解答　へ長調，4分の3拍子，4小節の単旋律

変奏1

1～3小節の旋律をすべて8分音符にして装飾した。

変奏2

拍子を4拍子にするとともに，同主短調にした。

解説 へ長調の曲なので，へ(ファ)で始まり，へ(ファ)で終わると作りやすい。和声の進行は解答例ではⅠ-Ⅱ-Ⅴ-Ⅰ。和声の進行を決めてから，旋律を考えた方が作りやすいだろう。変奏については，指定がないので，難しく作るよりも正しく作ることを心がけること。

問題 4

A.ヴィヴァルディ作曲の「和声と創意の試み」第1集「四季」から「春」第1楽章をサキソフォンアンサンブルで演奏するために，編曲をしようとしている。次の楽譜は原曲の冒頭の部分の旋律である。この部分では全楽器をユニゾンで演奏することにより印象を強めようと考えた。以下の①～③の条件に沿って楽譜を書け。

① Soprano Saxの開始音は五線に記譜してある音とし，Soprano SaxとAlto Saxは同じ高さの音で演奏するものとする。

② Tenor SaxはAlto Saxの1オクターブ下の音で，Baritone SaxはTenor Saxの1オクターブ下の音で演奏するものとする。

③ 臨時記号を用いず，必要な場合は調号を書き加えること。

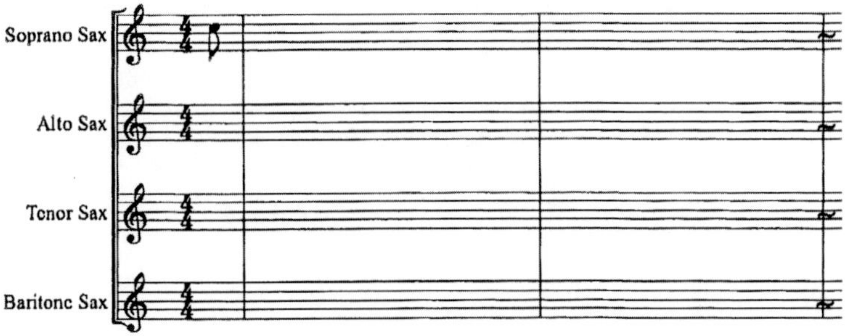

解答

解説 原調はE durである。ソプラノサキソフォンはB♭管で，実音が長2度低いので，指定された開始音が実音変ロ音になっていることから，元の調を増4度下げB durにする必要がある。記譜では長2度高くするので，C durで記譜する。アルトサキソフォンはE♭管で，実音は記譜音より長6度低いので，記譜は，B durの長6度上のG durにする。テナーサキソフォンはB♭管で，実音は記譜音の1オクターブと長2度低くなる。記譜はソプラノサキソフォンと同じである。バリトンサキソフォンはE♭管で，移調はアルトサキソフォンと同じだが，バリトンサキソフォンの1オクターブ下の音なので，アルトサキソフォンを1オクターブ下げて記譜する。

問題 5

次の動機とコードネームをもとに，「音楽Ⅰ」の授業で演奏するための三重奏を作曲せよ。編成はソプラノリコーダー(SR)，アルトリコーダー(AR)，ギター(Gt)とする。ただし，ギターは，あとのダイアグラムをもとにすること。

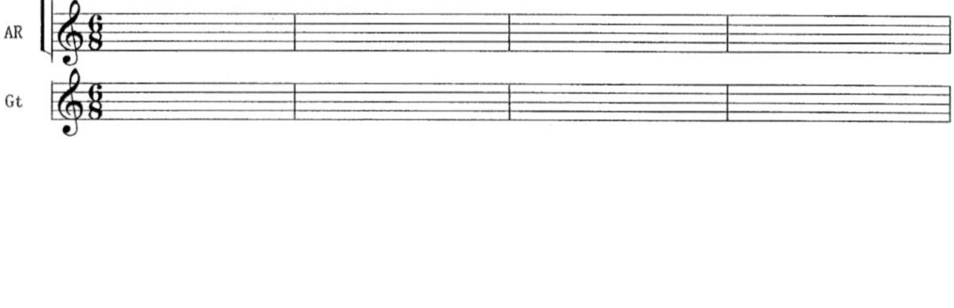

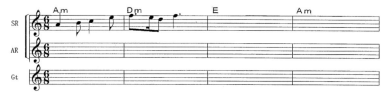

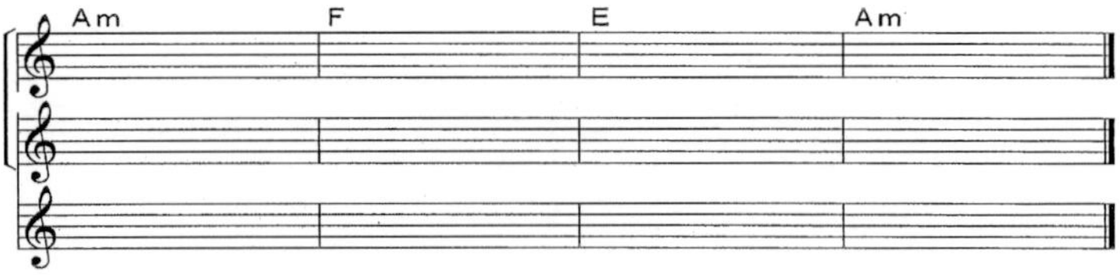

[ダイアグラム]

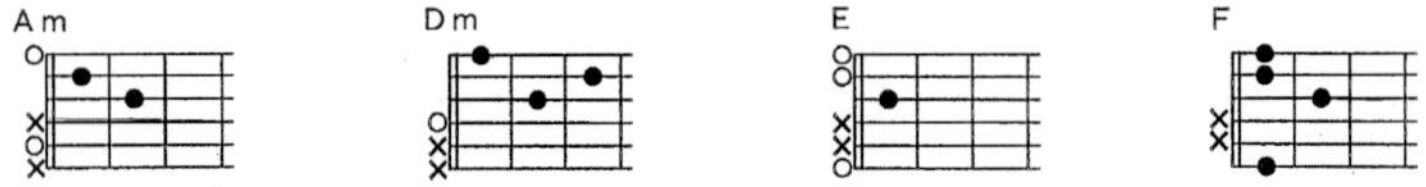

解答

解説　示された動機とコードネームをもとに，ソプラノリコーダー，アルトリコーダー，ギターの三重奏を作曲する問題。各コードネームは次の通りである。　・Am(A－C－E)　・Dm(D－F－A)　・E(E－G♯－H)　・F(F－A－C)。各小節にあたえられたコードネームをもとに，その小節の和音の種類を考えていく。

●書籍内容の訂正等について

弊社では教員採用試験対策シリーズ（参考書，過去問，全国まるごと過去問題集），公務員試験対策シリーズ，公立幼稚園・保育士試験対策シリーズ，会社別就職試験対策シリーズについて，正誤表をホームページ（https://www.kyodo-s.jp）に掲載いたします。内容に訂正等，疑問点がございましたら，まずホームページをご確認ください。もし，正誤表に掲載されていない訂正等，疑問点がございましたら，下記項目をご記入の上，以下の送付先までお送りいただくようお願いいたします。

① **書籍名，都道府県（学校）名，年度**
（例：教員採用試験過去問シリーズ　小学校教諭 過去問　2026 年度版）
② **ページ数**（書籍に記載されているページ数をご記入ください。）
③ **訂正等，疑問点**（内容は具体的にご記入ください。）
（例:問題文では“ア～オの中から選べ”とあるが,選択肢はエまでしかない）

〔ご注意〕
○ 電話での質問や相談等につきましては，受付けておりません。ご注意ください。
○ 正誤表の更新は適宜行います。
○ いただいた疑問点につきましては，当社編集制作部で検討の上，正誤表への反映を決定させていただきます（個別回答は，原則行いませんのであしからずご了承ください）。

●情報提供のお願い

協同教育研究会では，これから教員採用試験を受験される方々に，より正確な問題を，より多くご提供できるよう情報の収集を行っております。つきましては，教員採用試験に関する次の項目の情報を，以下の送付先までお送りいただけますと幸いでございます。お送りいただきました方には謝礼を差し上げます。
（情報量があまりに少ない場合は，謝礼をご用意できかねる場合があります）。
◆あなたの受験された面接試験，論作文試験の実施方法や質問内容
◆教員採用試験の受験体験記

送付先	
	○電子メール：edit@kyodo-s.jp
	○FAX：03-3233-1233（協同出版株式会社　編集制作部 行）
	○郵送：〒101-0054　東京都千代田区神田錦町 2-5 協同出版株式会社　編集制作部 行
	○HP：https://kyodo-s.jp/provision（右記の QR コードからもアクセスできます）

※謝礼をお送りする関係から，いずれの方法でお送りいただく際にも，「お名前」「ご住所」は，必ず明記いただきますよう，よろしくお願い申し上げます。

教員採用試験「参考書」シリーズ

徳島県の
音楽科 参考書

編　集　© 協同教育研究会
発　行　令和 6 年 7 月 25 日
発行者　小貫　輝雄
発行所　協同出版株式会社
〒 101－0054
東京都千代田区神田錦町2－5
電話　03－3295－1341
振替　東京00190－4－94061
印刷所　協同出版・POD 工場

落丁・乱丁はお取り替えいたします

本書の全部または一部を無断で複写複製（コピー）することは，著作権法上での例外を除き，禁じられています。

2025年夏に向けて

—教員を目指すあなたを全力サポート！—

●通信講座

詳細はこちら

志望自治体別の教材とプロによる
丁寧な添削指導で合格をサポート

●公開講座（＊1）

詳細はこちら

大学3年次受験対応！ オンデマンド講座で，
不得意分野のみピンポイントで学習できる！
受講料は6,000円～　＊一部対面講義もあり

●全国模試（＊1）

詳細はこちら

業界最多の **年5回** 実施！
定期的に学習到達度を測って
レベルアップを目指そう！

●自治体別対策模試（＊1）

詳細はこちら

的中問題がよく出る！
本試験の出題傾向・形式に合わせた
試験で実力を試そう！

上記の講座及び試験は，すべて右記のQRコードからお申し込みできます。また，講座及び試験の情報は，随時，更新していきます。

＊1・・・2025年対策の公開講座、全国模試、自治体別対策模試の情報は、2024年9月頃に公開予定です。

協同出版・協同教育研究会
https://kyodo-s.jp

お問い合わせは
通話料無料の
フリーダイヤル　0120（13）7300（いいみなさんおうえん）
受付時間：平日（月～金）9時～18時　まで